小众旅游时代
中国旅游细分市场深度解读

钟栎娜◎编著

XIAOZHONG LÜYOU SHIDAI

ZHONGGUO LÜYOU XIFEN SHICHANG SHENDU JIEDU

知识产权出版社
全国百佳图书出版单位

图书在版编目（CIP）数据

小众旅游时代：中国旅游细分市场深度解读/钟栎娜编著. —北京：
知识产权出版社，2019.6（2020.8 重印）
ISBN 978 - 7 - 5130 - 6257 - 2

Ⅰ.①小… Ⅱ.①钟… Ⅲ.①旅游市场—市场细分—研究—中国 Ⅳ.①F592

中国版本图书馆 CIP 数据核字（2019）第 087698 号

内容提要

本书深入研究了各种小众旅游市场，包括高净值人群旅游市场、蜜月人群旅游市
场、亲子人群旅游市场、退休人群旅游市场、探险人群旅游市场。从各种人群的旅游
特点、消费偏好、旅游方式等方面入手，辅以各种市场数据进行分析，对整个小众旅
游市场形成客观、深入的认识，同时也为旅游服务机构如何设计小众旅游产品提出了
可行性建议。

责任编辑：高志方　　　　　　　　　　责任校对：谷　洋

封面设计：邵建文　马倬麟　　　　　　责任印制：刘译文

小众旅游时代：中国旅游细分市场深度解读

钟栎娜　编著

出版发行：	知识产权出版社 有限责任公司	网　　址：	http：//www.ipph.cn
社　　址：	北京市海淀区气象路 50 号院	邮　　编：	100081
责编电话：	010 - 82000860 转 8390	责编邮箱：	15803837@qq.com
发行电话：	010 - 82000860 转 8101/8102	发行传真：	010 - 82000893/82005070/82000270
印　　刷：	北京九州迅驰传媒文化有限公司	经　　销：	各大网上书店、新华书店及相关专业书店
开　　本：	720mm×960mm　1/16	印　　张：	20
版　　次：	2019 年 6 月第 1 版	印　　次：	2020 年 8 月第 3 次印刷
字　　数：	300 千字	定　　价：	59.00 元

ISBN 978 -7 -5130 -6257 -2

CONTENTS 目录

插表目录

图　目　录

第一篇

小众旅游市场

第一节　小众旅游市场的定义

据统计，2016 年全年接待国内外旅游人数超过 44.4 亿人次，旅游总收入达到 4.69 万亿元，同比 2015 年分别增长 11% 和 13.6%；出境旅游人数 1.22 亿人次，出境旅游花费 1098 亿美元。目前我国国内游和出境游人次、国内旅游消费、境外旅游消费均列世界第一，旅游逐渐成为老百姓的生活常态。随着人民生活水平的提高、消费支出结构的变化，大众旅游的蓬勃发展，旅游观念、旅游方式也在迅速发生变化，居民的旅游差异化需求觉醒，开始追求独特的、有品位的旅游产品，旅游企业也开始从服务大众旅游消费转向服务小众旅游市场，也就是从"为全部人的旅游服务"转向"为部分人的旅游服务"，小众化的旅游市场正在悄然崛起，旅游产品个性化、定制化成为新旅游时代的发展趋势。

"小众"一词最初源于现代传播学和营销学。信息时代和网络传播的到来，使得媒介传播形式从大众传播转向小众传播，"小众传播"的出现是源自于大众传播自身的分化，即受众市场的细分。在大众传播时代，受众被笼统地看作一群同质的没有区别的人，只能被动地接受传媒提供的信息，而在小众传播时代，受众可以按照年龄、性别、收入水平、职业、教育水平和兴趣爱好等因素划分为不同的社会群体，媒体根据不同的群体特征和个性化需求提供信息。小众化传播不追求受众数量上的庞大，而是着眼于特定的受众群，为其提供符合特定需求的信息和服务。周国华认为顾客可划分为重度使用者、中度使用者与轻度使用者。"小众"营销的"小众"指的就是那些重度使用者。小众营销以顾客需求为导向，使企业的经营战略重心偏向顾客，相比大众营销，其内容更加专门化，受众更自由、积极、差异化。

一般来说，"小众旅游"是与"大众旅游"相对的旅游形式。学者们普遍认同小众旅游是大众旅游的一种替代，即小众旅游是指旅行人数明显少于大众旅游的小范围或小圈子内的旅游，是以客户细分、兴趣细分或需求细分为基础的一种与大众旅游形成鲜明对比的、满足不同兴趣群体的个性化消费需求的特色专题项目旅游活动。与大众旅游相比，它更深入、更独特，更能让游客在旅游过程中满足需求。张凌云认为，从需求角度看，大众旅游即大众消费；从供给角度看，大众旅游即以普通大众为目标市场，生产能满足其需求的符合其消费能力的旅游产品和服务；大众旅游具有价格固定、服务标准化以及销售规模化等特点。相比之下，小众旅游规模较小，相对分散，旅行人数明显少于大众旅游，但旅游者的消费能力较强，他们追求的是具有个性风格的小群体出游。王浩平认为，小众旅游更具个性、更为独特、更加深入，以特定的时间、线路、方式来满足个人或小群体特定的需求和某种专业目的，他们更加追求体验旅游过程和旅游目的地的生活方式和人文精神，更注重旅游行为和旅游过程的自由度、舒适度。小众旅游市场和大众旅游市场的区别具体见表1.1。

表1.1 小众旅游市场与大众旅游市场的区别

	小众旅游市场	大众旅游市场
旅游人数	少	多
出游频率	低	高
旅游客源特征	具有超前及高消费行为，兴趣和消费能力相近的旅行者集聚，讲品质、重体验、重享受	具有旅游动机与兴趣的一般旅游者
旅游产品特性	多样性、特色性、价格较高	单一性、从众性、价格较低
经营模式	异质性、享乐性，无强行购物	同质性、营利性
旅游过程	自由舒适、自主选择性较高	强制性、走马观花
旅游目的	重在体验旅行过程和旅游目的地的生活方式和人文精神	追求身心放松愉悦和观阅自然景观

关于小众旅游的定义，不同学者的角度不同。从旅游活动的角度，连玉銮认为，小众旅游是指针对细分了的旅游目标市场中某一类或某几类旅游者的需求、特点、心理、习惯开发设计的旅游活动。从旅游者的角度，王浩平认为，小众旅游是指小范围、小圈子里的出游方式和旅游行为，出游人数明显小于大众旅游；周国华认为小众旅游是指对某一类旅游产品具

有独特和持久兴趣的旅游者；旅游者可以根据自身优劣势和不同需求，选择不同的旅行方式，旅游者之间是一种相互理解、团结和平等的关系。从旅游过程和目的的角度，蔡晓芳认为，小众旅游能更深入和独特地体验当地的生活文化和人文精神；在游客和当地人之间建立直接的沟通和理解的渠道；陈麦池认为，小众旅游是基于实现自我需求和目的性突出的非大众的新型旅游，以旅游者为中心，体现旅游者的主体性，提高旅游过程中的个体自由度，具有理性化、小规模、小范围、多样化等主要特征。

旅游市场通常是指旅游需求市场或旅游客源市场，即某一特定旅游产品的经常购买者和潜在的购买者。从经济学角度讲，它是旅游产品供求双方交换关系的总和；从地理学角度讲，它是旅游市场旅游经济活动的中心。方民生等把旅游市场分为广义和狭义两种理解，广义的角度上，旅游市场是旅游商品群的交换领域，体现商品群的供求关系，旅游供给是旅游业所提供的旅游商品群的总和，旅游需求则是旅游者所提出的对该商品群的支付能力和购买力总和；狭义的理解上，旅游市场是在存在旅游供求关系的前提下，一定时期和一定地理区域中产生的一定规模的旅游者，即旅游商品的购买者。徐伟林认为，旅游市场是指在一定时期内，为满足现实和潜在的旅游者的需求，通过有形或无形的场所，实现的一种交换关系的总和。

笔者认为，小众旅游市场是与大众旅游市场相对的，为满足某一类具有特殊兴趣爱好的旅游群体的现实和潜在需求，开发设计相关旅游活动，使旅游者能够更独特和深入地体验目的地文化，具有出游人数规模小、旅游过程独特化、旅游目标多样化和选择自主化等主要特点。

第二节　小众旅游时代的来临

很长时间以来，国人的旅游方式主要以走马观花式的组团旅游为主，这种大众化的旅游方式的确促进和拉动了中国的旅游消费，但是也带来了旅游产品的单一性、人文体验的浅薄性、出游的从众性、经营模式的同质性、旅游服务的粗放性等问题。随着信息技术的发展、人民生活水平的提高和旅游经验的增多，国人不再满足于传统的一窝蜂式的旅游模式，旅游需求和旅游市场正在被细分化和散客化，不同方式和不同层面的旅游需求便在这样的环境下、在不同的群体范围内应运而生，小众旅游的需求正在日益增长。

一、小众化消费时代的影响

从 20 世纪 60 年代开始至今，随着人们经济收入的提高、中产阶级的大量涌现，很多企业开始提出了"只为部分人服务"的市场营销理念。从市场细分、目标客户分析以及产品的差异化定位，都是基于"只为部分人服务"这一小众市场服务理念。在小众化消费时代，企业不仅关注产品销售量，还更关注自己的产品销售地区、购买顾客类型以及促使消费者购买的因素。在小众化消费时代，消费者不再满足于基本的生活需求，更多地追求品质、品位、时尚、身份和归属感等要素，以找到更符合自己需求的产品，体现自己的身份和地位。消费者也变得更理智，不再盲目崇拜明星代言效应，而是更相信专家。

"多元化"是小众化消费时代的显著特征。小众消费市场上存在着纵横交错的小众消费群体。为更好地掌握目标市场客户的消费心理和消费流程，企业需要做大量的前期市场调研工作，了解目标客户的需求，并针对目标客户的需求提供相应的产品。在小众消费时代中，产品种类越来越丰富，为某一特定消费群体设计的产品涌现，旅游产品也不例外。

旅游产品作为一种商品，也同样受小众化消费时代的影响。旅游产品的生产、营销和消费也逐渐趋向于小众化、个性化和丰富化，以满足不同类型旅游者的消费需求。

二、经济发展为小众旅游市场提供经济基础

改革开放以来，我国经济持续高速增长，城乡居民可支配收入增加。人们在基本生活需求得到满足后，逐渐开始追求精神文化需求的满足，追

求更高品质的生活，而旅游也成为提高人们生活品质的一种重要途径。按照国际经验，居民的旅游需求伴随着其可支配收入的增加而增长，当人均 GDP 超过 1000 美元时，旅游需求萌芽；当人均 GDP 超过 2000 美元时，"大众旅游消费"开始形成；当人均 GDP 超过 3000 美元时，旅游需求出现井喷式增长。2016 年全年，我国人均 GDP（53980 元人民币）已超过 7000 美元，国内旅游人数达 44.4 亿人次，人均出游率高达 3 次，国内旅游收入 3.94 万亿元；入境旅游人数 1.38 亿人次，国际旅游收入 1200 亿美元；出境旅游人数 1.22 亿人次，出境旅游花费 1098 亿美元。以上这些数据表明，我国人民的收入水平和精神文化需求的提高，极大地刺激了旅游消费，促进了旅游业的发展，旅游成了人们的一种常态生活方式，我国旅游市场规模迅速扩大，已经进入了大众旅游时代。

与此同时，随着经济的持续发展和人们旅游消费观念的转变，小众旅游的需求越来越大。长期以来，大众旅游占据着中国整个旅游消费市场，导致旅游产品单一、游客出游从众、旅游服务质量低等问题。随着人们经济收入水平的持续增长，出游次数的增加，旅游经验和经历的不断丰富，传统的单一大众旅游产品已经无法满足需求。大众开始追求符合自己个性需求的旅游方式，不仅仅是观赏旅游地点和旅游景点，还更在意同行人之间的共同兴趣和话题，注重旅游过程中的独特体验。个人兴趣喜好的不断变化和对自己的了解不断深入，使人们开始寻找符合自己这一类人群独特需求的旅游产品及服务，愿意且能够为其独特旅游需求支付费用，小众旅游应时而生。同时，小众旅游的出现，拓宽了我国的旅游消费市场，丰富了传统的旅游方式。

三、信息时代催生小众旅游需求

信息时代的到来也催生了小众旅游需求。旅游者在了解旅游目的地信息、旅游目的地选择、旅游线路行程安排、出游时间、旅游方式及旅游活动体验等方面不再受传统的包价旅游团束缚，旅游模式更加自主化、多样化和个性化。

（一）互联网普及所展现的信息爆炸

20世纪90年代，互联网在中国旅游领域并不普及，大多数游客选择旅行，获取的旅游信息高度不对称，他们只能单方面地选择预订旅行社的固定产品并跟随旅行社出游。同时，旅游产品价格的不透明度和不公开使很多旅游者不便选择个性化的出行方式。而当互联网走进了千家万户，各种网络客户端的参与使大众获得信息的机会和权利趋于对等，获得的信息趋向对称化。

在互联网上，旅游者可以通过网络分享自身的旅游和旅行经验，大量的旅游信息在互联网上实现共享。旅游需求者可以在网上自主搜索景点的攻略、票价，甚至查看相关景点的评价。通过阅读这些信息，可以获得很多旅游相关的资讯，加深对旅游目的地的熟悉程度、了解更丰富多样的旅游方式。

在此背景下，很多旅游公司开始做起了电子商务，借助互联网这个平台推出自己的旅游产品，并配套提供更加多样化的旅游服务产品。逐渐增大的市场竞争也促使着旅游供应商不断优化旅游产品，针对不同类型的目标市场，调整产品内容和结构，以满足旅游者的个性化需求。

互联网技术的提高使更多的商家开创了自己对外的官方服务网站和窗口，使旅游者可以更加便捷地获取和旅游相关的实时动态和新闻，也使他们和商家的交易互动行为直接由线下的实体店转移到了线上，旅游者可以通过网络的方式查阅、筛选和预订最符合自身旅游需求的旅游产品，减少了时间和精力的消耗，大大减少了双方成本，提高双方满意度。

各种各样新兴的旅游电子商务网站方便了酒店和机票的预订，同时，保障体系的完善也使得越来越多的消费者敢于在线支付消费。在利益和权益受到损害的情况下，消费者可以拿起完善市场机制下的法律武器进行维权。

（二）消费群体的变化

中国改革开放后出生的"80后""90后"是拥有4.16亿人的庞大群

体，占据中国近三分之一人口数量。对于消费市场而言，他们成了消费主
体，因此对旅游市场的需求也有了巨大的改变。成长在开放年代的他们在
成长经历中迎来信息爆炸的互联网时代，丰富多彩的网络论坛与搜索引擎
为拥有各类兴趣爱好的民众搭建了可充分自由探索与交流的信息平台，
一改被动接受电视、广播、报纸等有限选择权的信息传递模式，促使社
会文化逐步由单一迈向多元，进而使民众的旅游消费需求逐步倾向于个
性化。新生代在信息社会的多元文化影响下旅游个性需求提升，且不乏
同类；有个性需求的他们通过网络社区聚集催生出多样化的小众旅游
市场。

　　80 后、90 后的年轻人平均知识水平和收入水平相较于上一代人均有
一定程度提高，并且生长在商品与劳务极大丰富的时代使其旅游消费行为
更加成熟，旅游消费需求也更加复杂。他们不再满足于走马观花式的旅
游，希望有更多的参与活动，希望能有反映旅游地文化特色的旅游纪念品
可供选购，希望旅游景区更加深入挖掘旅游景点文化、娱乐的内容和形
式，希望旅游服务行业的人员能够为游客提供个性化和人性化的服务等，
给他们留下深刻的体验。他们更愿意选择个性化定制的旅游产品而非标准
化产品，从"旁观"到"参与"，从只重视"到此一游"的结果到同时重
视"过程与结果"，从"被组织""被安排"到自己主动组织与安排。

四、大众旅游的局限迫使旅游市场模式转变

　　在规模经济驱动下，大众旅游以其固定的价格、标准化的服务以及大
批量的销售形式成为逐渐兴起的旅游热点。大众旅游在兴起的同时给接待
地带来诸多负面影响，成为破坏生态、污染环境的代名词，旅游者对大众
旅游体验的评价褒贬不一大众旅游受到了诸多批判，于是人们开始寻找新
的旅游形式来替代大众旅游，小众旅游随即产生。

（一）标准化的旅游产品不能满足消费者日益增长的个性化需求

　　2011 年以前，旅行社推出的 90% 的产品都是设计产品，也就是由旅行

社制定固定线路，推向消费者，消费者根据自己的喜好选择其中的线路组团旅行，只有10%的旅游产品是根据消费者的特殊需求而量身定做的。在这个阶段，消费者对旅行的要求并不是很具体，旅行社推出的旅游线路一般能满足多数游客的需求。2011年后，消费者对旅行的要求不再局限在景点上，而是对具体的酒店、餐厅、特定景点、旅游活动、旅游体验都有一定要求。

传统旅游产品的平庸大众化，对于追求个性化生活方式的小众旅游消费者来说是不能接受的。一般旅行团受到团体的限制与成本考虑，对于某个目的地的旅游交通、住宿、餐饮、旅游活动等行程安排高度统一，参与者必须服从旅游行程安排，所以让旅游者时常感觉有种处处受缚的感觉。此外，领队出于团体行动的统一性与安全性考虑，往往不愿意让团员单独行动。

随着出行次数的增加和互联网旅游信息的普及，旅游者对旅游更有经验，不再满足于能预知一切的固定包价旅游；由于旅游者的价值观和生活方式的改变，他们希望旅游活动更能满足自身需求，旅游成为生活本身的一种延伸，更希望增强旅游活动的探险性（不确定性）和主动参与性（运动性）。

（二）不考虑顾客差异的大众化旅游营销不再占主导地位

随着卖方市场向买方市场过渡，以顾客为中心的营销意识冲击着现代旅游。原本以产品为中心的营销策略改变为以消费者为中心。旅游产品的促销手段因消费者需求、收入、时间和兴趣的不同而异，大众化的营销理念不再占主导地位。

旅游营销的分众模式正在成为旅游营销的有效支撑结构，它要求对旅游产品进行细分，以细分的产品对应细分的市场需求，通过分众的渠道选择分众媒介进行分众传播，最后实现细分市场的有效营销。

个性化服务成为网络营销亮点。例如，美国航空公司目前采用BrodaVison公司的一对一销售软件，加强为经常坐飞机的乘客提供个性化服务。通过编制出发机场、航线、座舱和餐饮喜好以及他们自己和家人爱好的简介表，可以提高订票过程的效率。借助这种方式，在学校放假的几周时间里，美国航空公司为有孩子的父母提供的坐飞机到迪尼斯乐园的打折优惠机票大受欢迎，可以预见，个性化服务是一种全新的销售方法。清华大学总裁班网络营销专家、知名讲师刘东明指出，网络营销具有以个性化迅速赢得数以百万计的用户的能力，这种能力正在创造出过去不能以快捷方式销售的产品，正在培育巨大的商机。

第三节　小众旅游市场分类

一、小众旅游市场细分

小众旅游需求的日益增长呼唤着我国旅游业的发展方式、经营方式和服务方式的转型和创新。在当前转型升级的过程中，小众旅游市场细分有利于了解小众旅游人群的旅游需求和行为特征，开发小众旅游产品，开拓小众旅游市场。旅游企业可以有针对性地开发满足小众旅游群体需求的旅游产品，调整小众旅游市场营销组合策略，从而提高市场竞争力。小众旅游人群也有了更多的选择，其个性化、多元化的旅游需求也能得到满足。

（一）小众旅游市场细分的现实意义

1. 旅游企业进入与退出小众旅游市场的依据

通过小众旅游市场细分，旅游企业才能对各个小众旅游市场的需求容量进行有效的评估，准确判断主要竞争对手的实力与优势，并通过企业自身优势与竞争对手的对比，决定是否进入小众旅游市场，或者是否适时退出该小众旅游市场。否则又会进入下一轮的重复建设和恶性竞争，出现盲目的企业行为。

2. 旅游企业确定经营目标和营销战略的依据

通过小众旅游市场细分，旅游企业才能有效地确定目标市场，进而确定在该小众旅游市场参与竞争的营销战略。旅游企业到底应该占领哪些小众旅游市场，重点为哪一类人群提供产品和服务？是否是把旅游产品销售给全世界的每一个人？这些问题只有经过小众旅游市场细分之后才能确定解决方案。

3. 旅游企业确定市场发展的优先级和重要性的依据

在众多的小众旅游市场中，对旅游企业而言，到底哪些细分市场相对吸引力更大？如何确定先后顺序和轻重缓急，只有经过小众旅游市场细分，并进行评估以后，才能分清细分市场的主次。

（二）小众旅游市场细分的概念

通俗地讲，市场细分就是将一个大市场划分为若干个小市场的过程，将在某一方面具有相同或相近的需求、价值观念、购买心态、购买方式的消费者分到一起。

小众旅游市场细分是指根据旅游者特点及其需求的差异性，将一个整体的旅游市场划分为两个或两个以上具有相类似需求特点的旅游者群体的活动过程，每个具有相类似需求特点的旅游者群体就是一个小众旅游市场。

由于旅游者的欲望、购买力、地理环境、文化、社会、购买习惯和购买心理等方面的特征不同，旅游者之间的需求存在着广泛的差异。因此，可以根据旅游者特点及其需求的差异性，把一个整体旅游市场加以细分，即可以划分为具有不同需求、不同购买行为的小众旅游群体。属于一个细分市场的小众旅游群体是假设他们有相同的需要和欲望，但他们并非等同于一个人。虽然对旅游市场的细分不可能精确到每个人，但也比大众化营销要精细得多。

二、小众旅游市场细分的方法

（一）旅游市场细分的指标

传统旅游市场细分常用的指标主要包括按旅游者的地理因素细分、按心理因素细分、按行为因素细分和按人文因素细分。

1. 按旅游者地理因素细分

所谓按地理区域进行市场细分，是指企业按照旅游者所在的地理位置来细分旅游市场，以便从地域的角度研究各细分市场的特征。要求把市场划分为不同的地理区域单位，如按区域、国家、地区、城市、乡村、气候、空间距离等，将旅游市场分为不同的细分市场。其主要理论根据是：处于不同地理位置的旅游者，对企业的产品各有不同的需要和偏好，对企业所采取的市场营销战略、市场营销策略也各有不同的反应。按地理区域进行市场细分主要有以下几种具体形式：

1）按主要地区细分

世界旅游组织（UNWTO）将国际旅游市场划分为六大区域，即欧洲区、美洲区、东亚及太平洋地区、南亚区、中东区、非洲区。据有关统计，欧洲和北美出国旅游者及所接待的国际旅游者人数最多，国际旅游收入也最高。而近二十年来，旅游业发展和增长最快的地区则是东亚及太平洋地区。

2）按国家、地区细分

这是旅游业最常用的一个细分标准。通过把旅游者按其国别划分，有利于旅游地或旅游企业了解主要客源国市场情况，从而针对特定客源国市场的需求特性，制定相应的市场营销策略，从而提高市场营销效果。

3）按气候细分

各地气候的不同会影响旅游产品的消费，影响旅游者的流向。从国际旅游市场看，凡气候寒冷、缺少阳光地区的旅游者一般趋向到阳光充足的温暖地区旅游。这也是地中海地区、加勒比海地区旅游业发达的一个主要原因。根据气候特点的不同，企业可以把旅游市场细分为热带旅游区、亚热带旅游区、温带旅游区、寒带旅游区等。

4）按人口密度细分

可以将旅游市场细分为都市、郊区、乡村等。

2. 按旅游者心理因素细分

所谓按心理因素细分，就是按照旅游者的生活方式、态度、个性等心理因素来细分旅游市场。旅游者的欲望、需要和购买行为不仅受人文统计特征因素影响，而且受心理因素影响。在同一人文统计特征群体中的人可能表现出差异极大的心理特性，旅游企业可据此将旅游市场细分为不同的细分市场。

1）按生活方式细分

生活方式是指人们如何打发时间（活动）、他们认为什么比较重要（兴趣）、他们对自己及其所处环境的看法（态度）等。生活方式是人们生活和花费时间及金钱的模式，是影响旅游者欲望和需要的一个重要因素。目前，越来越多的企业按照旅游者的不同生活方式来细分旅游市场，并且针对生活方式不同的群体来设计不同的产品和安排市场营销组合。例如，家庭观念强的旅游者外出旅行更多的是家庭旅游，事业心重的游客外出旅游则以公务旅游、修学旅游为主。

按照生活方式来划分，旅游者的类型大致有以下几种：

（1）喜欢安静生活的旅游者：这类旅游者重视家庭，关心孩子，维护传统，爱好整洁，而且对身体健康异常注意。这种人喜欢平静的生活，不愿意冒任何风险。一般情况下，他们选择的旅游景点大多数是环境宜人的湖滨、海岛、山庄等旅游区。他们喜欢这里清新的空气、明媚的阳光，喜欢去狩猎、钓鱼或者与家人野餐。

（2）喜欢交际的旅游者：这类旅游者活跃、外向、自信、易于接受新鲜事物，他们喜欢参加各种社会活动，认为旅游度假的含义不能局限于休息和轻松，而应该将其看成是结交新朋友、联络老朋友、扩大交往范围的良好时机。他们还喜欢到遥远的有异国情调的旅游景点去旅游。总之，他们是敢作敢为的、活跃的、对新经历充满兴趣的人群。

（3）对历史感兴趣的旅游者：对历史感兴趣的旅游者认为旅游度假应该过得有教育意义，能够增长见识，而娱乐只是一个次要的动机。他们认为旅游度假是了解他人、了解他们的习俗和文化的良机，是对形成今天这个世界产生过影响的历史人物和事件的了解良机。他们把自己的家庭和孩子看成是生活中最重要的部分，认为教育孩子是做家长的主要责任。因此，他们认为假期应该是为孩子安排的，并且认为全家能在一起度假的家庭是幸福的家庭。

对于生活方式不同的旅游者群体，不仅要设计不同的产品，而且产品价格、经销方式、广告宣传等也要有所不同。许多旅游企业从生活方式细分中发现了更多更有吸引力的市场机会，可分为基本需求者市场、自我完善者市场、开拓扩张者市场。

2）按性格特点细分

可分为安逸者市场、冒险者市场、廉价购物者市场等。

3. 按旅游者行为因素细分

根据旅游者对旅游产品的了解程度、利益考量、消费情况或反应，可将他们划分为不同的群体。行为变量中行为目的、时机、利益、使用者状况、使用率、忠诚状况等是划分细分市场至关重要的出发点。

1）按购买目的细分市场

按一般旅游者外出旅游的目的来细分市场，大体上可划分为以下几种：

（1）度假旅游；

（2）商务旅游；

（3）会议旅游；

（4）探亲访友；

（5）外出购物旅游；

（6）工作假期旅游；

（7）宗教或精神探索旅游；

（8）探险旅游；

（9）体育保健旅游；

（10）以教育为目的的旅游。

这些细分市场，由于旅游者购买目的不同，对旅游产品的需求特点也有差异。如度假旅游者需要较高的服务含金量，在做决定时需要时间和指导意见，不断做价格比较，通常度假时间较长，并且受季节的影响；而商务旅游者则做决定较快，接到通知的提前时间较短，出行时间短、次数多，对价格的敏感性不高，不受季节影响，他们需要的是快捷、方便、灵活和单据齐全。

2）按购买时机细分市场

根据旅游者产生需要、购买或消费产品和服务的时机，可将他们区分开来。例如，某些产品和服务主要适用于某些特定的时机，诸如五一劳动节、国庆节、春节、寒暑假等。旅游企业可以把购买时机作为细分指标，专门为某种特定时机的特定需求设计和提供旅游服务，如餐厅可在春节时提供诸如年夜饭服务，专门为学生提供寒暑假特别旅游服务等。

3）按组织方式细分

可分为组团旅游市场、散客旅游市场。

4）按旅游者寻求的利益细分市场

即按旅游者对产品和服务追求的不同利益，将其归入各类群体。一般来说，旅游者购买某种产品其实是在寻求某种特殊的利益。因此，企业可以根据旅游者对所购产品追求的不同利益来细分市场。旅游企业在采用这种方法时，要判断旅游者对旅游产品所追求的最主要利益是什么，他们各是什么类型的人，企业的各种旅游产品提供了什么利益，旅游者追求的利益与旅游企业提供的利益是否匹配等。只有了解旅游者寻求的真正利益，企业才能通过为旅游者提供最大的利益来实现自身的营销目标。

5）按使用者状况细分市场

旅游市场可被细分为某一产品和服务的从未使用者、曾经使用者、潜在使用者、首次使用者和经常使用者。在某种程度上，经济状况将决定企业把重点集中在哪一类使用者的身上。在经济增长缓慢时，企业将把重心放在首次使用者上，或在生命周期中进入新阶段的人。为了保护市场份额，企业应该在维护品牌知名度和阻止忠诚客户转移上做工作。

6）按使用率细分市场

使用率是指旅游者使用某种产品和服务的频率，被细分为少量使用者、中度使用者和大量使用者。例如，一份旅游业的研究报告说，旅行社的经常性旅客在假日旅游上比不经常的旅客更投入，更喜好变革，更具有知识和更喜好成为意见带头人。这些旅客经常旅游，常常从报刊、书籍和旅游展示会上收集旅游信息。很显然，旅行社应该指导其营销人员主要通过电信营销、特定合伙和促销活动把重点放在经常性旅客身上。

7）按旅游者忠诚程度细分市场

旅游者忠诚程度是指一个旅游者更偏好购买某一品牌产品和服务的一种持续信仰和约束的程度。根据旅游者的忠诚状况将他们分为4类：

（1）坚定忠诚者，即始终不渝地购买一种品牌的消费者；

（2）中度的忠诚者，即忠诚于两种或三种品牌的消费者；

（3）转移型的忠诚者，即从偏爱一种品牌转换到偏爱另一种品牌的消费者；

（4）多变者，即对任何一种品牌都不忠诚的消费者。

一个旅游企业可以从分析客户的品牌忠诚程度中学到很多东西。旅游企业通过研究自己的坚定忠诚者的特征，可以确定自身产品的开发战略；通过研究中度忠诚者，可以确认对自己最有竞争性的那些品牌；通过考察从自己的品牌转移出去的顾客，可以了解到自己营销方面的薄弱环节，进而纠正它们；对于多变者，企业可以通过变换销售方式来吸引他们。

旅游市场细分的目的，就是要寻找那些能够忠实于企业产品、购买频率及规模程度都很高的顾客作为企业的目标市场。

4. 按旅游者人文因素细分

旅游者的人文因素特点可以表现在很多方面，如年龄、性别、家庭人数、家庭生命周期、收入、职业、受教育程度、社会阶层、种族、宗教、国籍等。与其他细分指标相比，这种细分方法较为常用，因为这些指标都与旅游者的欲望、偏好、出游频率等直接相关，而且旅游者的人文因素比其他因素更容易测量。因此，对旅游企业而言，按旅游者的人文因素分类更具有现实意义。旅游企业能够为具备某一类特质的旅游群体单独设计旅游产品。

1）按年龄细分

消费者在不同的年龄阶段，由于生理、性格、爱好的变化，对旅游产品的需求往往有很大的差别。因此，可按年龄范围细分出许多各具特色的旅游者市场，比如可分为：6 岁以下、6 ~ 11 岁、12 ~ 19 岁、20 ~ 34 岁、35 ~ 49 岁、50 ~ 64 岁、65 岁以上等，或者可分为儿童市场、青年市场、中年市场、老年市场和退休人群市场等。

2）按性别细分

在对产品的需求、购买行为、购买动机、购买角色方面，两性之间有很大差别。如参加探险旅游的多为男性，而女性外出旅游时则更注重人身财产安全；公务旅游以男性为主，家庭旅游时间和旅游目的地的选择也一般由男性决定，在购物方面女性通常有较大的发言权；在购买旅游产品时，男性通常对价格反应较迟钝，而女性则较敏感。

3）按收入细分

人们收入水平的不同，不仅决定其购买旅游产品的性质，还会影响其购买行为和购买习惯。如收入较高的人往往喜欢到高档饭店消费，愿意选择豪华型旅游产品和服务；而收入较低的人则通常在普通饭店消费，更愿意选择经济型旅游产品和服务。

4）按家庭结构细分

针对情侣市场、蜜月旅游市场、中年家庭旅游市场、老年夫妇市场等相应地推出"蜜月旅游""合家欢旅游""追忆往昔旅游"等不同的旅游产品来满足个性化的需要。

5）按种族或民族细分

从世界范围来看，可以分为白种人、黑种人、黄种人。中国不同的民族也有不同的传统习俗、生活方式，从而呈现出对旅游产品的不同需求。按民族进行细分，可以更好地满足不同民族的不同需求，从而进一步扩大旅游企业的产品市场。

6）按职业细分

从事不同职业的人由于职业特点及收入的不同，其消费需求差异很大，可细分为专业技术人员、管理人员、官员和老板、普通职员、农民、退休人员、学生、家庭主妇、失业人员等。

7）按受教育程度细分

旅游者受教育程度的不同，其兴趣、生活方式、文化素养、价值观念、审美偏好等方面都会有所不同，会引起对旅游产品的需求、购买行为及购买习惯的差异。一般可分为小学或以下、中学、中专、大专和大学、硕士以上等人群。

8）按宗教细分

可分为天主教、基督教、犹太教、伊斯兰教、印度教，等等。

（二）小众旅游市场细分的原则

要使小众旅游市场细分真正发挥其作用，还必须符合某些原则，即一个有效的小众旅游市场必须具备足够的容量，并且是可以区分、可以衡量的。

1. 差异性

差异性是指不同小众旅游市场的旅游者需求之间具有较明显的差异，或者说小众旅游市场细分的结果应能凸显出各小众旅游市场需求方面的特点，这些特点的差异将使细分出来的小众旅游市场对企业市场营销组合有独特的反应。对于各个小众旅游市场，其成员对旅游企业市场营销组合的反应必须是不同的。如果各个小众旅游市场在需求方面不存在差异，那么就应该属于同一个细分市场。

2. 可衡量性

可衡量性是指各小众旅游市场的需求特征、购买行为等要能被明显地区分开来，市场的规模和购买力大小等要能被具体测量。要做到这一点，就要保证所选择的细分指标清楚明确，能被定量地测定，这样才能确定划分各细分市场的界限。另外，所选择的指标要与旅游者的某种或某些旅游购买行为有必然的联系，这样才能使各小众旅游市场的特征明显，且范围比较清晰。

3. 可赢利性

细分出的小众旅游市场在人数和购买力上足以保证旅游企业取得良好的经济效益。首先必须保证小众旅游市场的相对稳定性，也就是说，旅游企业在占领市场后的相当一段时期内不会改变自己的目标市场，以便制定较长期的经营策略。不仅要保证旅游企业的短期利润，还必须有一定的发展潜力，保持较长时期的经济效益，从而不断提高旅游企业竞争能力。

4. 可进入性

即细分后的小众旅游市场要使旅游产品有条件进入并能占有一定的市场份额。旅游企业必须从实际出发，以保证其选择的小众旅游市场是企业的人力、物力、财力等资源所能达到的，是企业经营力所能及的，否则不能贸然去开拓。此外，旅游企业营销人员要有与目标小众旅游市场进行有效信息沟通的可能，具有畅通的销售渠道，这对于具有异地性特征的旅游市场尤其重要。

5. 规模性

它是指各小众旅游市场的容量大小必须具备一定的规模，达到值得旅游企业采取有针对性的营销措施的程度，即划分出来的小众旅游市场必须是值得采取单独营销方案的最小单位。它的规模不但能保证旅游企业的短期利润，还具有一定的发展潜力，以保持较长时期的经济效益。

（三）小众旅游市场细分

随着旅游消费需求越来越分散、多元化，对应这些旅游消费行为的变化，我国旅游市场已经从千篇一律的大众形态走向更具个性意义的小众群体形态。如今，走小众路线，细分化需求市场的思维早不是什么新鲜概念，已经有不少旅游机构开始按照人群进行分类，针对不同人群和兴趣开发不同的旅游产品。目前，标准化旅游产品领域已经被几家大型旅游企业占据，竞争也已经非常激烈，一些后来者只能做细分、做垂直、做小众旅游市场，这些领域也更具有成长性。

在对旅游市场进行细分时，可选的依据和指标有很多，要根据具体情况选择具有实际意义的市场细分指标，一些细分指标在表面上看来都是独立存在的，但是在实际的市场细分中往往需要同时采取几种指标来进行市场细分。笔者在这里结合小众旅游市场细分的原则，对当前中国旅游市场进行细分，结合市场发展与投资潜质，根据不同的细分方法，选择其中最有产业发展潜力的几个小众市场进行特别阐述：

1. 根据收入细分：高净值旅游人群

收入的变化将直接影响消费者的需求欲望和支出模式。根据平均收入水平的高低，可将消费者划分为高收入、次高收入、中等收入、次低收入、低收入五个群体。一般来说，收入高的消费者比收入低的消费者愿意购买更高价的产品，喜欢到大百货公司或品牌专卖店购物，更注重精神享受。作为较高层次的精神文化消费，旅游消费受旅游者的收入水平影响较大。因此，根据收入水平的高低对旅游市场进行细分具有重要的实际意义，不同收入水平的人群对旅游产品和旅游服务的消费水平、消费观念和旅游需求有较大差异。

改革开放以来，随着社会经济的发展和人均可支配收入的提高，我国的高净值人群数量迅速上涨，高净值人群的旅游消费特征也逐渐显现。从消费水平上看，高净值人群的旅游消费水平要明显高于旅游市场中的平均水平，旅游费用是普通旅游者的数倍甚至数十倍。正因为消费水平高，高净值人群在景点选择、出行交通、住宿标准、餐饮标准、配套设施及服务层次等各环节，都有较高的定位与要求，其娱乐、住宿、餐饮等花费所占比例较大。从消费特征和档次来看，高净值人群具有重访率高、对配套设施要求较高、停留时间较长等特征。《2016 年中国高净值人群出国需求与趋势白皮书》数据显示，截至2016年5月，我国高净值人群数量约134万人，旅游是中国的高净值人群最希望得到的服务消费领域之一。

相比其他中低端收入人群，高端旅游人群虽然用户人数不多，但却有极高的利润，越来越多为高净值人群提供高端旅游定制服务的旅游机构涌现。反观中低端旅游市场，价格战已使得旅游企业纷纷"割肉"，利润空间几乎为零。对一些在线旅游企业来说，低端旅游利润已经可以忽略不计，但企业仍要靠这块来抢占资源和市场，而利润来源则转向高端旅游市场。

高净值旅游人群是一个特殊且极具开发价值的小众旅游群体，若能为这个群体提供足够贴合他们需求的个性化服务与产品，不仅能满足高净值人群的旅游需求，也能给旅游企业带来较大的利润，从而促进我国整体旅游经济的健康发展。

2. 根据家庭结构细分：蜜月旅游人群和亲子旅游人群

根据中国旅游研究院发布的《2017中国旅行服务业发展年度报告》显示，以亲子游为代表的家庭旅游正成为我国旅游消费市场主力。

家庭结构类型是影响家庭旅游决策类型的因素之一，而不同的家庭生命周期与家庭旅游决策者类型显著相关。刚结婚的蜜月旅游人群多为妻子决策型；无小孩夫妇多为夫妻协商型；随着家庭生命周期的延续，当家庭出现孩子时，年轻的夫妇多为两人决策或者由妻子决策，随着孩子年龄的增大，孩子的意愿是出游决策的首要影响因素。

不同家庭结构的居民出游时，在出游时间、出游偏好、出游行为空间等方面具有明显的差异和特征。不同的家庭生命周期又与旅游动机、旅游资源偏好、旅游方式、旅游天数、旅游时间、网络信息搜集、网络预定或购买显著相关。

旅游产生的条件是一定的闲暇、行动自由和金钱，从理论上讲青年已婚无子女人群是主要的消费市场，但现实中有一定经济基础不具备广泛的时间与自由的家庭（中年已婚有孩子）也是很重要的旅游消费市场。

因此，结合家庭结构类型、家庭生命周期和家庭经济收入的角度来看，主要可以分为蜜月旅游人群和亲子旅游人群。这样细分具有较强的现实意义，也有利于旅游企业制定相应的、有针对性的营销策略以吸引不同的家庭旅游对象。

3. 根据年龄细分：退休旅游人群

年龄是旅游市场细分理论的一个重要社会—人口学变量，它影响着旅游者的消费偏好、出游方式、出游天数和空间行为，从而影响到整个旅游市场的发展。

在刻画旅游者年龄结构时，无论是在业界实践还是学界研究中，被普遍采用但标准各异的旅游者年龄"上中下"分组模式，主要分为年轻型、成年型和年老型等3种类型。欧盟国家、加拿大和中国的旅游业在"上中下"年龄分组模式中，头尾段的起算年龄分别是15岁和65岁。在这里，15岁刚完成基础教育，65岁通常意味着个人步入老年，处于退休年龄。

年轻旅游人群主要是以学生以及青年游客为主。他们活跃好动，外出旅游探索新事物的欲望强烈，对游乐设施倍感兴趣，旅游目的是以学习新东西为主，但经济上的依赖性会阻碍其旅游需求的实现，旅游购买力低。

成年旅游人群以中年游客居多。他们精力充沛，富有挑战力，具有稳定的收入及较多的可自由支配时间，限制因素少。但成年人的旅游需求受多种因素共同影响，其家庭结构、收入水平、旅游动机差异化较大，该类型人群的市场细分意义不大。

老年/退休旅游人群主要是老年游客。近年来，老年人可支配收入增多，闲暇时间增多，身体状况良好，加上传统观念的改变等因素刺激了老年/退休人群的旅游需求增长。随着我国进入老龄化时代，中老年人群在旅游领域也许会成为主力军；同时，由于80后、90后消费观念的更新，他们也认可父母将旅游作为养老生活的一部分，这将促使更多的老年人在退休之后出去旅游。根据旅游企业"驴妈妈"的数据，60岁以上旅游人数2015年同比增长41%，2016年同比增长114%，2017年上半年增长了121%。

退休旅游人群日益成为旅游市场开发的潜在热点。《中国中老年人旅游消费行为研究报告 2016》指出，如今已退休或临近退休的老年人已成为国内旅客的"主力军"之一，特别是错峰、淡季出行的重要客流。随着生活水平不断提高，许多老年人不再满足于"闲"在家里，而是纷纷走进大千世界开阔眼界。退休旅游人群市场的开发具有很强的经济效益与社会效益。

4. 根据目的细分：探险旅游人群

随着旅游个性化的发展，越来越多的人渴望接近大自然，以一种更环保更健康的方式来缓解生活和工作压力。跟过去相比，目前主导中国旅游消费市场的年青一代更具冒险精神，他们希望尝试新的目的地和旅游体验，小众、专业的探险旅游吸引了以年轻消费者为群体的旅游爱好者融入其中，探险旅游产业也随之发展壮大，参加探险旅游的人数呈井喷式增长。

"十三五"规划发布后，体育旅游进入高速发展期，体育旅游和户外旅游市场规模和投资规模近年都以 20% ~ 40% 的幅度在增长，探险旅游亦变得火爆。数据显示，2016 年，我国有 3.8 亿人进行体育运动（占总人口的 27.79%），有 1.3 亿人开展徒步旅行、休闲户外等泛户外运动（占总人口的 9.5%），其中爬山、徒步、露营、高海拔登山就占据了 40%，即有近6000 万人进行与探险旅游关联的活动（占总人口的 4.38%）。

6000 万人口带来的经济效益甚为可观，根据国家旅游局测算，我国体育旅游产业目前正以 30% ~ 40% 的年均速度增长。在探险旅游当中，登山旅游、沙漠旅游、高原旅游、房车营地旅游，以及南极探险、宇宙旅行等许多新旅行业态已经成为时尚，探险旅游产业正以令人惊叹的速度迅速发展壮大，许多专家学者已经初步预测了中国旅游探险产业将在今后有着3000 亿元的巨大市场潜力。在这样一种探险旅游产业积极发展的背景下，对探险旅游人群的研究具有重要的现实意义。

第二篇

高净值人群旅游市场研究

第一节　高净值人群的定义

高净值人群，一般指个人金融资产和投资性房产等可投资资产较高的社会人群。中国大部分媒体用 1000 万元作为判断高净值人群的基准线，而胡润研究院与兴业银行联合发布的《2012 中国高净值人群消费需求白皮书》中，将"高净值人群"定义为个人资产在 600 万元以上的人群。

个人资产包括个人所拥有的固定资产和流动资产。固定资产类别分为：自己所拥有的上市或未上市股权，自住房产、投资性房产；流动资产包括股票、基金、债券、存款、保险等。民生财富投资管理有限公司联合社科院国家金融与发展实验室以及大数据科技公司东方国信发布的《2017 中国高净值人群数据分析报告》也是将拥有可投资资产在 600 万元以上人群定位为高净值人群。

综合来说，高净值人群一般指资产净值在 600 万元人民币（100 万美元）资产以上的个人，他们也是金融资产和投资性房产等可投资资产较高的社会群体。

根据胡润百富和中信银行联合发布的《2016 中国高净值人群出国需求与趋势白皮书》数据显示，我国高净值人群规模增长迅速（见表 2.1）。截至 2016 年 5 月，中国大陆地区总资产千万元以上的高净值人群数量约 134 万人，比上一年增加 13 万人，增长率达到 10.7%。2016 年，广东省千万元高净值人数最多且增长最快，取代北京成为当年千万元总资产人群最多的省份，其千万元总资产人群数量为 24 万人，作为增幅最高的省份达到 17.65%；北京千万元总资产人数排名第二，共 23.8 万人，比上一年增加了 2.4 万人；再次是上海，比去年增加 2.4 万人，达到 20.5 万人；浙江省排名第四，比上一年增加 1.4 万人，达到 16 万人。这四个省市共拥有总资产千万元以上高净值人群 84.3 万人，占全国的 63%；同时是拥有可投资资产千万元以上人群最多的四个省市，人数均已超过 8 万人。

表 2.1　中国大陆地区千万元资产高净值人群地区分布

省份	千万资产人数（万人）	增长率（%）
广东	24	17.65
北京	23.8	11.2
上海	20.5	13.3
浙江	16	9.6
江苏	9.8	11.4
福建	4.8	9.1
山东	4.69	7.3
四川	3.24	6.6
辽宁	3.2	1.0
天津	2.36	5.4
全国总和	134	10.7

高净值人群家庭结构以核心家庭为主，占比 73.5%。其次是三代同堂的家庭模式，占比 17.7%，单身的比例较低，仅为 3.1%。子女处于学龄阶段的占比为 73.7%，其中正处于小学阶段的占比最高，为 25.8%，其次是大学阶段，为 19.3%。高净值人群家庭平均赡养 3 位老人，其中超过 5 成家庭的老人年龄为 70～79 岁，18% 的家庭的老人年龄超过 80 岁。

第二节　高净值人群的行为特征

一、高净值人群的消费行为特征

根据《2012 中国高净值人群消费需求白皮书》报告显示，中国高净值人群经历了利用奢侈品品牌凸显社会地位的创富阶段，已步入以低调、适用型的生活方式为主的守富阶段，并逐步向以投身公益慈善事业为代表的享富阶段过渡。其中守富阶段的主要特征为：适度消费，开始注重生活的品质、自身的身心修养及子女的内涵气质教育。

（一）高净值人群的消费理念

适度消费和绿色消费是高净值人群最主要的消费理念。《2012 中国高净值人群消费需求白皮书》指出，将近一半的高净值人群提倡量入为出、适度消费的理念。另外，男性更愿意根据个人偏好进行消费，如男性有收藏行为的比例远高于女性。

虽然网络不是高净值人群通常使用的购买渠道，但已成为他们最主要的消费品信息来源。超过六成的高净值人群会通过网络获取购物信息，电视、杂志和亲戚/朋友介绍各占五成。女性相对男性更多通过电视和杂志收集消费品信息。年轻高净值人群更多使用网络和杂志，年长人群更多使用电视、亲戚/朋友介绍和报纸。

高净值人群的喜好正逐渐由高端装饰品转向体验服务式消费。根据调查显示，高端体验服务式消费市场在 2016 年至 2023 年的复合年增长率将达 5%～6%，增幅高于整体个人高端消费市场（同期复合年增长率为 2%～3%）。最受高净值人群推崇的几大要素包括：个性化礼宾服务、独家专享权益、开发专属优惠权益、体验至上等。具体来说，高净值人群注重服务品质、积极主动的态度及高频率互动，在服务过程中提供单点联络、了解客户偏好、过往习惯及需求，并能积极主动地提供建议和推荐，是高净值人士所青睐的。另外，尽管不缺钱，但这部分以高净值人士为主的 VIP 客户群希望获得"金钱所买不到的东西"，享受或体验难以获取的独家特权。

目前中国大陆高净值人士在生活品位与价值观上已不同以往，从单纯对奢华物质的享受转向梦想实践及对特殊体验的追求。这些财富人士的需求和行为习惯会越来越个性化，他们可能在巴黎时装周与世界顶级设计师进行一对一的时尚对话，也可能向最炙手可热的明星厨师学习厨艺，一切皆有可能。

（二）高净值人群的消费习惯

1. 旅游是高净值人群最主要的消费领域

兴业银行与胡润研究院联合发布的《2012 中国高净值人群消费需求白

皮书》特别提到：高净值人群最希望得到金融服务的消费领域是旅游，有六成高净值人群表示会选择旅游方面的消费金融服务。据报告显示，旅游、日用奢侈品、子女教育是目前主要的消费领域。旅游是高净值人群的最主要消费领域，金额占年消费量的 19%，即 28 万元。其次，日用奢侈品消费占比 15%，即 22 万元。子女教育占年消费量的 12%，排名第三，即 17 万元，如图 2.1 所示。

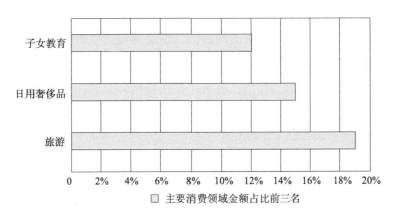

图 2.1　高净值人群主要消费领域金额占比

这些数据显示，针对高端客户的旅游服务是一个令人心潮澎湃的市场，而这个市场目前在中国还没有领导者。显然，小众、高端的旅游市场是旅游业内的一片广阔蓝海。不断庞大的富裕阶层在大手笔购买和自己身份与财富相匹配的生活必需品和奢侈品的同时，会发现想去旅游和度假的时候却无物可参。如何和大众玩得不一样，这个阶段还很难有答案。这个没有细分的市场大得惊人，金字塔尖的部分却始终没有人能够聚沙成塔，形成规模。然而，这方面的相关研究也较少。因此，在这样的现实背景下，对中国高端定制旅游市场的研究很有必要，有助于推动这一市场的良性发展。

2. 子女教育消费备受重视

子女教育是高净值人群主要消费领域的前 3 名之一，也始终是高净值人群最感兴趣的话题之一。高净值人群送子女去海外接受教育最主要是为了寻找优质教育资源，期望通过海外教育模式培养子女独立思考、沟通、创造力及领导力等各方面能力，让子女能够在未来就业与发展的方向和机会上更加广阔。

胡润百富对 458 位个人资产在一千万元以上的中国家庭进行调研，《2016 出国留学趋势特别报告》评选出了最受高净值人士青睐的前十名留学目的地，美国、英国、澳大利亚分列前三位，这与三个国家给出的数目庞大的中国留学生人数（官方数字）表现出强烈的一致性。但是亚洲地区仅有（中国）香港、新加坡入榜。瑞士成为高净值家庭的留学新宠。

至于选择留学目的地国家的重要因素中，超过六成的被调查高净值人群更青睐名校集中的国家。同时，瑞士、新西兰、德国排名紧追美国、英国、澳大利亚、加拿大之后成为高净值家庭的留学目标国。其中，最值得关注的是瑞士。根据胡润百富给出的官方说明，尽管目前瑞士留学生群体的规模无法与美国、英国等国相比，但上升的趋势却十分明显。业内人士表示，中国的家长（以高净值人群为主）和学生对瑞士教育，尤其是寄宿中学的认可度和接受度有了质的飞跃，2012—2015 年留学瑞士人数也翻了一番。

而在留学年龄段上，高净值人士也做出了与大众差别较大的选择，超过 30% 的高净值人士认为应该在高中阶段即送孩子出国读书；大学排在了第二位，占比 23.14%；初中以 13.76% 的比例排名第三。过半的高净值家庭选择中学送孩子出国。也就是说，中学阶段出国的比例达到近 45%，而小学阶段的比例甚至超过了研究生。这说明在高净值人士心目中，低龄留学已经是一种主流的价值观。同时，和工薪阶层不同的是，超过 66% 的家庭有意愿为孩子的教育而选择海外移民。

《2016 出国留学趋势特别报告》提取了美国《外交政策》发布的"中国留学生最多的常青藤联盟学校排名"，其中哥伦比亚大学里中国学生最多，其次是康奈尔大学，第三名是宾夕法尼亚大学。

当面对中国留学生扎堆，孩子难以深入当地生活以及交际圈的难题时，高净值人却持积极态度：毕竟依托于名校背景的人脉关系、社交圈资源，海外留学对于学生现在以及未来的发展起着至关重要的作用。

高净值人群及中薪阶层都关注留学后服务。如何尽快适应当地文化、教育制度及生活环境，顺利完成学业并找到工作，是中国学生在申请留学之后最需要接触的问题，"申请后"市场开始受到越来越多家长及留学机构的关注。

《2016 留学趋势特别报告》发布当天，胡润先生认为英国排名前三的顶尖女子寄宿学校威克姆阿贝女中（Wycombe Abbey）进入中国，将成为该年度高净值人群教育投资的新目标。在低龄留学市场进入平稳期的当下，留学中介面临国外名校的"中国分校行动"还需转换压力为动力，推出更独特优质的海外教育项目来撬动高净值人群的留学需求兴奋点。

3. 需求日益"个性化"

全球知名的礼宾服务公司奥思礼 2016 年在上海发布了"高净值人群十大生活方式趋势及创新服务解决方案"。奥思礼礼宾首席执行官陈楷植表示，"如何打造有效的忠诚度计划"一直是企业寻求差异化、管理客户关系的制胜点，在这方面，满足、留住贵宾客户（VIP）十分重要。而这些 VIP 客户中 80% 都是高净值人士。

在市场竞争日趋激烈的产品同质化时代，想要获得有利的竞争地位，更好地吸引顾客，促进其消费支出，提升其忠诚度和参与度，企业需要走得更远。总的来说，就是尽可能满足这部分高净值人士的特殊化需求。

目前最受高净值客户推崇的几大要素包括：个性化礼宾服务、独家专享权益、开发专属优惠权益、体验至上、重视旅游等。具体来说，高净值人群注重服务品质、积极主动的态度及高频率互动，因此在服务过程中提供单点联络、了解客户偏好、过往习惯及需求，并能积极主动地提供建议和推荐，是高净值人士所青睐的。另外，尽管不缺钱，但这部分以高净值人群为主的 VIP 客户群希望获得"金钱所买不到的东西"，享受或体验难以获取的独家特权。

《高净值人群十大生活方式趋势及创新服务解决方案》显示，2015 年最受客户喜爱的五大礼宾服务分别是：健康管理、一般礼宾咨询、定制旅行、机场贵宾服务以及留学服务。以定制旅行为例，最早开始于自助游，随着生活水平、受教育程度、交通条件和其他内外因条件的提高，旅游者对旅游内容的要求越来越高，行程的安排也日益个性化。但目前在中国，定制旅行还属于起步阶段，存在专业化不足、同质化问题严重和服务缺失等现象，直接影响高净值人群的旅行质量。

（三）高净值人群的消费需求趋势

1. 精神化

在满足基本的生存需要之后，高净值人群的消费更追求精神享受。他们希望更多地参与爱心消费，更多地参与慈善活动，更多地获得教育培训机会，更多地培养收藏等个人爱好。他们希望观看和阅读优秀的影视作品和文学作品、精彩的戏剧和曲艺，希望观赏赛车、赛马等各种具有充分魅力的竞技比赛，希望更多地回归自然，如自助旅游、享受优雅的乡村生活、品尝绿色有机食品等。

2. 交际化

高净值人群的消费已经成为他们人际联系的纽带和沟通的平台。通过消费名车、游艇等组成车友会、游艇会，通过参加 EMBA、国学等培训班组成校友会，通过户外自助旅游组成"驴友俱乐部"，通过收藏名酒、艺术品等组成名酒、艺术品沙龙，这些交际型消费能够使高净值人群互相交流信息、提高格调、增长见闻。

3. 圈层化

圈层是一些兴趣相近的人因为特定的环境组成同盟体，如地域圈、行业圈、爱好圈、同学圈等，私交是圈层得以生存和发展的核心。圈层外人群难以进入，圈层内人群通常集体行动，如组团考察、聚会、旅游等。在策划项目时，圈层也是一个最快最有效的沟通渠道。没有人想离开圈层，但是人人都想进入圈层。

4. 个性化

高净值人群个性化消费通常与昂贵的价格直接挂钩。大众化、普遍型的商品已不被他们看好。最明显的是，如果衣服款式千人一面，往往会被他们束之高阁，而休闲的、个性的、独特的款式往往成为他们消费的首选。对于住房装修，他们告别了那种单调、统一的模式，开始讲究个性、品味、舒适。此外，个性化的消费还表现在消费品价值上，一些个性化消费已达到"百万元级"，如越野车、赛车、名贵手表、名犬等。

二、高净值人群的旅游行为特征

1. 高净值旅游者的类型

不同收入层次的消费者在旅游消费行为上存在明显差异。收入高的旅游消费者支付能力较强。高净值人群是高端旅游产品的主要消费者。

欧美学者认为，人们越富裕就越愿意出游，旅游经验就越丰富，而旅游经验越丰富的人也越乐于旅游；而且随着旅游者富裕程度的不断提高和旅游经历的不断丰富，他们会更具冒险精神、更加自信。英国亨利研究中心（Henley Research Centre）的研究人员根据旅游者的富裕程度和旅游经验将外出度假的旅游者分为四个级别：

（1）"透明罩"下的旅游者，即富裕程度较低，欠缺旅游经验，处于国际旅游的初级阶段的旅游者。他们到国外旅游的主要动机之一是好奇。对他们而言，传统的"组团式"包价旅游是理想的选择。这样，他们可以有机会一睹异邦风采，又可免遭异国他乡不同的生活方式所带来的困扰。

（2）追求理想化体验的旅游者。这类旅游者富裕程度稍高，且具有一定的出国旅游经验。以往的旅游经验坚定了他们出游的信心。与"透明罩"下的旅游者相比较，他们更乐于选择自主性、灵活性较强的旅游活动，并乐于到文化差异较大或地域较远的目的地去度假。

（3）旨在增长见闻的旅游者。当人们在富裕程度有了大幅提高且旅游经验日益丰富后，就有足够的信心去体验各种不同的文化氛围，按照自己的意愿展开范围更广的旅行。

（4）完全沉浸其中的旅游者。这类旅游者几乎超越了我们通常所了解的旅游者。他们不再满足于以游客的身份感受外国文化，而是要像当地人一样创造文化体验，完全融入当地的文化、传统和生活之中。

简而言之，不同富裕程度的旅游消费者有不同的旅游动机，随着他们旅游经验的日渐丰富，他们对旅游目的地和旅游产品的需求也逐步变化。

2. 旅游行为特征

高净值人群平均每月出差近 8 天。男性比女性的出差频率略高。除国家法定假日外，高净值人群平均年假有 10 天，每年出国 3.4 次，旅游目的以旅游和商务为主。

旅游是高净值人群最常见的娱乐方式。《2017 至尚优品——中国千万富豪品牌倾向报告》指出，超过两成的高净值人群会在空闲时选择旅游，其次是看书、品茶和自驾车。男性对于品酒有较高热情，这是一种个人爱好，也是社交会友的一种方式。男性也相对更喜欢户外活动，如自驾车、钓鱼；女性高净值人群则偏好室内休闲活动，如 SPA、美食等。

表 2.2　高净值人群最喜爱的娱乐方式及比例

排序	娱乐方式	比例
1	旅游	21.70%
2	看书	12.00%
3	品茶	11.20%
4	自驾车	9.50%
5	美食	8.20%
6	家庭活动	7.90%
7	品酒	5.80%
8	SPA	4.90%
9	钓鱼	3.90%
10	养宠物	3.50%

续表

排序	娱乐方式	比例
11	游艇	3.30%
12	摄影	3.00%
13	卡拉 OK	2.70%
14	足道	2.30%

资料来源：胡润百富《2017 至尚优品——中国千万富豪品牌倾向报告》

未来三年最想尝试的活动中，骑马、冲浪和帆船分别成为高净值人群选择的前三名，第四是艺术品收藏，第五是滑翔伞，其他还有马拉松、攀岩、蹦极和辟谷等（见表 2.3）。

表 2.3 未来三年高净值人群最想尝试的活动

排序	未来三年想尝试的活动	比例
1	骑马	16.00%
2	冲浪	13.50%
3	帆船	13.10%
4	艺术品收藏	12.40%
5	滑翔伞	11.00%
6	马拉松	8.30%
7	攀岩	8.00%
8	蹦极	7.40%
9	辟谷	4.60%

资料来源：胡润百富《2017 至尚优品——中国千万富豪品牌倾向报告》

运动作为健康养生的最主要方式，越来越受到高净值人群的关注（见表 2.4）。最受欢迎的三大运动方式则在性别上体现了略微的差异，其中男性高净值人群中排名前三的分别是跑步、高尔夫和游泳。女性则更偏好瑜伽和跑步及游泳。在物理理疗的选择上，相比男性，女性则对水疗的热情度明显更高。

表 2.4　高净值人群的运动方式

排序	男性		女性	
	运动方式	比例	运动方式	比例
1	跑步	21.00%	瑜伽	22.50%
2	高尔夫	19.20%	跑步	21.50%
3	游泳	18.20%	游泳	12.30%
4	登山	8.50%	高尔夫	8.90%
5	滑雪	6.10%	滑雪	7.30%
6	羽毛球	6.10%	羽毛球	6.30%
7	网球	4.90%	潜水	6.00%
8	潜水	4.20%	登山	5.10%
9	骑马	3.00%	骑马	4.40%
10	瑜伽	2.60%	网球	1.90%

资料来源：胡润百富《2017 至尚优品——中国千万富豪品牌倾向报告》

第三节　高净值人群的旅游偏好

一、旅游主题偏好

根据《2016 年中国高净值人群出国需求与趋势白皮书》的调查数据显示，高净值人群出境游大都以休闲度假为主要目的，有 85.2% 的人群因此选择出境游；其次是"投资考察"和"购物美食"，选择人群比例为 41.9%、39.1%；与此同时，还有 30% 以上的人群选择"子女教育学习"、"商务考察"和"周游世界"。此外，男性对"投资考察""商务考察"的热衷程度明显高于女性，女性则更加热衷"购物美食"和"子女学习考察"。另外，《2016 年中国奢华旅游白皮书》显示，"周游世界""极地探险"和"轻度冒险"这三个主题连续多年占据"未来三年旅游主题"榜单的前 3 名，高净值人群期望在旅游中尝试到新鲜事物并挑战自我极限，在旅游度假中获得全身心的放松。

《2016 中国高净值人群医养白皮书》显示，医疗旅游也成为高净值人群维护健康的新兴方式。其中，男性更看重医疗旅游的体检功能，而女性则关注其美容功效。同时，高净值人群的海外教育、移民和海外置业需求也将推动出境游市场。

（一）高尔夫旅游正热门

根据汇丰携手消费者调查公司 The Futures Company 制作的《高尔夫 2020 愿景（Golf's 2020 Vision）显示》，尽管这些年由于欧美经济危机，旅游市场下滑很严重，高尔夫旅游因为只与最富裕的 10% 的阶层挂钩，所以并没有受到什么影响，特别是本身经济发展得还不错的亚洲。至于中国，高尔夫海外游也越来越受欢迎。

下面针对世界顶级高尔夫球场进行具体介绍。

1. 高球"麦加"——英国圣安德鲁斯

圣安德鲁斯高尔夫球场拥有神圣至尊地位，主要是因为如今高尔夫传统和规则皆出自这里，从 1887 年以来，十二个人组成的高尔夫规则委员会被赋予至高无上的权利，除了美国高尔夫球协会意外，任何其他机构都没有实际发言权（见图 2.2）。

圣安德鲁斯球场建于中世纪，是世界上最老的高尔夫球场，共有 22 条球道，11 道出发，11 道回来。1754 年 5 月 14 日，为赢得一根银制球杆，22

图 2.2　英国圣安德鲁斯球场

为绅士在这里打了一场非常热闹的比赛；十年后，他们把距离过短的球道合并起来，改为 18 道球场，从此以后，"18 洞"便成了神圣不可侵犯的规则。每个高球迷一生必要来这座世界最知名的老球场朝圣，难能可贵的是它一如既往坚持作为苏格兰公共球场的原则，只要交纳一定的果岭费，谁都可以来此打球；然而由于异常火爆，每年只有极少数的幸运儿能如愿到这里打球。

几个世纪之前，人们就被苏格兰奇妙的风向和 100 个天然沙坑吸引至此，打球、度假、休闲，能一次完成 18 洞的人必定会成为上流社交圈中的贵族，其中最困难也最让人害怕的，一定是第 17 洞 "Road Hole"。除了在设置沙坑、果岭的起伏上给选手带来很高难度之外，球道右手方有一家圣安德鲁斯老球场酒店成为最难的地方！

这座气势恢宏的酒店坐落于苏格兰海岸，距离南海仅仅十米左右，拥有 144 个房间，其中 35 间套房正好可以看到第 17 洞开球的盛况。究竟哪一年建成的？这个问题已经说不清楚了，但强大的气场、豪华体验的 SPA 中心以及多次获奖的"第十七洞餐厅"，就足以让朝拜圣安德鲁斯的人都渴求在这里住宿一宿。

2. 全球第一——美国松树谷

一般的人是无法成为美国松树谷会员的，因为这个球场 20 年之内已经被预订完。毋庸置疑，如果没来过松树谷，就无法体验什么是真正的高尔夫意境。美国松树谷坐落在新泽西山谷，松林环绕，前不久被评为世界上最好的高尔夫球场，有专家认为：它的豪华程度已经远远地超过了一般人的预期（见图 2.3）。

图 2.3　美国松树谷球场

如果想在在这里打出好成绩，那无异于登天揽月。到目前为止还没有任何一个球手第一次在这里打球就能高于九十杆。18 个洞完全不一样，地形非常复杂，但景色非常优美。第12洞发球区旁边有旧水塔，让人心怀狂妄；在开阔的第13洞轻击区，你就能够获得自知之明；接下来在短距离坡道的第14洞，你就会你忘记一切，只专注用经验与自然对话。

最后，当看到第18洞的时候，就一定会知道为什么它被称之为"高尔夫的终极测试场所"：要求球员必须打出足够远的距离来实现从一个果岭到下一个洞杯，堪称是一次异常高端的行军：行走在松林、沙坑、湖泊之间，对话复杂地形，寻找世上最伟大的洞和最纯粹的乐趣，老练的球童也会一直相伴。正如球场设计者所说：当你到达此处，就马上意识到自己将迎来一场严肃的比赛，一场和自己、和球场、和队友对决的比赛。

秉承古老传统，球场的会所酒店全部采用原木打造，散发着迷人而又低调奢华的气息；为了致敬乔治·克伦普，他的画像挂在正中间，因为是他突发灵感创建了松树山谷，但却又在梦想成真时离世。

小屋和院落都是独栋的，名字也和开创者有关，比如"佩林小屋"，有暖和壁炉、覆盖脚背的地毯、水流汹涌的淋浴龙头以及泛光灯轻击区。在月光中，沿着清幽林道去"大屋"餐厅，那里能够遇到无数神秘的来客。

3. 极限第19洞——南非传奇

这个球场的发球台和果岭落差430米，必须借助动用直升机才能够如愿以偿。

它是世界落差最大的三杆洞位高尔夫球场，位于南非传奇高尔夫狩猎度假村（LegendsGolfandSafariResort），也被称为"极限第十九洞"，球员必须要站在没有防护栏的426米悬崖边向下面的19洞击球，如果开球时候站不稳，就容易摔下去（见图2.4）。

图 2.4　南非高尔夫狩猎度假村球场

这个也是最赚钱的高尔夫球洞，因为打一次需要 1000 多美元，球员可以享受直升机、帽子和手套，以及打这一洞的时候所拍下的照片。但这也是最可能得到天价奖金的高尔夫球洞，对于第一次进洞的人奖励 100 万美元，但是到目前为止还没有人做到。

"世界上最难进洞"的比赛确有它的独到之处，很多职业高球手都想体验，但是专业人士的建议是："如果球手没有登山运动员那种心理素质，就不要选择这项挑战。"

传奇高尔夫狩猎度假村在南非东北部林波波省的瓦特贝格地区，周边有恩塔贝尼野生动物自然保护区。除了打高尔夫，每天的行程还可有很多惊险刺激的项目：乘坐具有良好安全措施的越野吉普，窗外还有成群羚羊以及雄狮在一起飞奔，这样的画面简直堪称绝妙。

夜晚点起篝火，就可以和非洲原住民一起边吃边聊；也可以躺在床上，侧耳倾听远处教堂唱诗班传出的歌曲。

4. 史上最长——澳大利亚诺拉波

诺拉波高尔夫球场全长 1365 千米，跨越两大时区以及两大洲，是当今世界最长的球场。它位于广袤而又美丽的诺拉波平原（Nullarbor Plain）上，四周被瑰丽景色所包围，并且能够看到随处跳动的袋鼠。球场沿着连接南澳大利亚和西澳大利亚两地的艾尔高速公路一路蜿蜒，像是走到天边尽头（见图 2.5）。

图 2.5　澳大利亚诺拉波球场

球场每个洞之间的平均距离为 66 千米，最远的两洞相距近 200 千米。球手不仅需要发出好的球，还需要带上好的司机，驾车在各个小镇间追随球的运动轨迹；夜幕降临，还要在路边的旅店养精蓄锐，以便第二天才能继续向下一洞进发。通常情况下，打完一轮球的大概需要 4 天甚至一周。

从南澳大利亚的首府阿得莱德由西向东，或者从西澳大利亚的首府珀斯由东向西，沿着艾尔高速公路就可进入诺拉波平原，打球的旅程已经成为一次独一无二的巅峰体验：先看到逐渐变缓的幽绿山丘，再目睹灌木点缀的高原，还有成群的袋鼠聚在公路两旁好奇张望；广阔牧场、古朴农庄、文艺的小火车站以及一望无垠的诺拉波国家公园；球手可以在艾尔酒店近距离观察珍稀的鸟类，在本达崖边上观看南露脊鲸，还可以入住佛勒斯湾，再打完一杆球之后静心垂钓。

5. 沙漠至奢——阿联酋高尔夫俱乐部

在酷热干旱的阿拉伯，距离朱美拉海滩十多分钟的车程，有一片辽阔无边的绿洲，还有一片贝多因风格的巨型帐篷，恍惚之间仿佛像看到了海市蜃楼，如梦境一般。

阿联酋高尔夫俱乐部是中东地区首个锦标赛级的草地球场，所有参加过"迪拜沙漠精英赛"的专业选手都认为这是世界第一球场：长7100码，标准杆72杆，一共有6个景致优美的人工湖进行隔离，全场共有9个球洞，球场布满的水障碍和沙坑，让球技再好的球手也难以轻松完成。

它的草坪造价是3000美元每平方米，在淡水和石油一样珍贵的阿拉伯，光是养护草皮就需要巨大人力和财力投入，由于沙漠地区降雨非常稀少，为了让球场始终保持绿意盎然，养护者采取先从海中汲水，随后进行复杂而又漫长的淡化加工的方式，可谓奢侈至极。它征服了整个沙漠，而球手们则需要去征服它。

会馆的设计灵感来自游牧民族的传统居所，面积达5500平方米，非常气派。下榻营帐之后可以看到大漠日落，骑上骆驼或者乘坐越野吉普车，沿着沙丘起伏的曲线看沙海如金；在阿拉伯风格的音乐中，和蒙面的妩媚舞娘一起翩翩起舞，抽着阿拉伯水烟，享受着中东酋长般的高尔夫假日（见图2.6）。

图2.6　阿联酋高尔夫俱乐部

6. 改写史诗——新西兰绑匪海角

在电影《霍比特人》中，有一个关于高尔夫起源的场景："曾曾曾祖叔'吼牛'在绿原之役中，用棒棍把半兽人王的头打了下来，人王的头飞了几百米之后掉进了一个兔子的洞穴之中，从而赢得了这场战役，并由此发明了高尔夫球赛！"新西兰绑匪海角球场就是这个场景的真实写照。

新西兰壮美如一部史诗，而绑匪海角球场就坐落于北岛的东海岸，它充分利用地形地貌，将自然之美原汁原味地展现出来，同时又巧妙地与自然融为一体。球道在广阔的草场对比之下看上去好像非常小巧，但这只是视觉上误导，如果因此掉以轻心就很容易输掉比赛。当球手赞美完了悬崖峭壁之后，球场的沙坑和果岭就会给球手带来新一轮的心灵震撼，设计师 Tom Doak 是重塑并提升沙坑惩罚的设计先锋，特别擅长处理树木和水障碍的，同时在球场走向形状及果岭边沙坑的设计布局上有着独到的见解，他一生的最终目标是让所有高尔夫球手"在世界上再也找不到比绑匪海角球场更有趣的球洞"。

球场会馆的外部和房顶采用波纹金属的样式，内部则将当地死去的古老树桩变废为宝，环保而奢侈。从球场大门开车到会馆需要二十分钟的时间，当然这段旅程充满了野趣，有成群结对的牛羊，有一望无际的矮灌丛，有高耸入的云悬崖峭壁，车就像土拨鼠一样时常出没在这片广袤的原始大地上，宛如电影中才得一见的精美场景；等到球手安顿下来，就可以坐在霍克斯湾畔慢慢品尝当地的美酒，远远的瞥见后 9 洞沿着弯曲的小峡谷延伸向大海（见图 2.7）。

图 2.7　新西兰绑匪海角球场

7. 世上最美——北爱尔兰皇家乡村

有经验的老球手，通常都会用三个"最"来形容这个神奇的球场：爱尔兰岛最古老的高尔夫俱乐部、世界上最美丽的球场、世界上最具挑战性的球场之一（见图2.8）。

每年春天，漫天的鹅黄洋水仙和紫色石楠会铺满整个球道，竞相开放的金雀花有着特殊椰子香气，球场的果岭被修剪得十分精致，与野草野花自由蓬生的沙坑形成鲜明的对比。正如爱尔兰作家笔下的古老传说一般，俱乐部古老的红色屋顶，在连片起伏

图2.8　北爱尔兰皇家高尔夫球场

的绿色沙丘中若隐若现。这就是北爱尔兰的皇家乡村高尔夫球场，在靠近贝尔法斯特海边的一处寂静小镇，是整个岛上最古老的高尔夫俱乐部，一个拥有上百年历史，并且是世界上最美的球场之一。但是甜美的花丛背后很可能就是一个很大的沙坑，球手们千万不能被这美不胜收的景色所迷失，也不能眺望高大巍峨的莫恩山脉和繁忙的邓德拉姆海湾。与别的天然球场不同，这里没有传统意义上的前九洞和后九洞之分，因为前九洞和后九洞被一条天然曲线分开：弧线外的部分靠近蓝色的爱尔兰海，与弧线内的部分相比，多了很多天然海滨沙土，沙丘自然也大了很多。当漫步在第一个球道上，汹涌澎湃的海浪声阵阵袭来将让人毕生难忘。

球场上最大的挑战是在有海风的时候如何选杆。由于东临深蓝色的爱尔兰海，海风变幻莫测，让陷阱重重的路程增加了更大难度，这也是为什么它能够成为世上最具挑战性球场的原因。有一个非常有趣的传说：当年俱乐部聘请老汤姆·莫里司设计球场，仅花费了4英镑！

球场附近有很多住宿的地方，最文艺的是那些具有爱尔兰特色的B&B，比如Number10，就是典型的北爱尔兰乡村风格，搭配原木桌椅和粗

瓷盘，摆放当季水果，让人感觉就像外婆正在厨房忙碌一般；球手可以随意免费饮用威士忌，体验征服的快感，让自己成为战场上的英雄！

8. 返朴洛基山——加拿大费尔蒙贾斯珀

这座高尔夫球场早在 1925 年就已经建成了，设计师坦利·汤普森是知名北美鬼才。球场地处北美最大的自然保护区，位于由联合国教科文组织认定的世界文化遗产贾斯珀国家公园内（这是加拿大最早的一个国家公园），其他大大小小的国家公园把球场层层包围起来，形成一个静谧、安宁、至上的私密空间（见图 2.9）。

图 2.9　加拿大费尔蒙贾斯珀球场

球场全长 6663 米，有 18 洞、71 杆，汤普森认为这是他一生设计的最好的球场，他随地势高低起伏巧妙迂回布局 18 个球洞，使其不仅经过茂密的树林，还要横跨广阔的湖滨；球洞与球洞间打破按顺序排列的旧制，互相穿越，像是在球场上编织无穷的乐趣。第 14 洞的发球台毗邻碧蓝的波瓦特湖，吸引了无数的摄影大师在此驻足，它也是球场最具挑战的部分，挥杆时候必须心无旁骛，还要时刻高度警惕树林、湖水、山脉交织在一起铺设的障眼法。

现在，这里已经成了加拿大所有高球爱好者此生必到场地之一。如果能够预定到尔蒙贾斯珀公园酒店，那么这次高尔夫之旅可谓完美，这个酒店起家于 20 世纪初的八间野外营地，如今已经发展成了占地 700 英亩的奢华山地度假村，共有 400 多间套房和独栋木屋别墅，最引以为傲的地方是它创造了阖家团聚的宁静时光。英国王子乔治六世和王后伊丽莎白仅在这里住宿一晚，就立即爱上了这里的自然野趣。25 年后，英国女王伊丽莎白二世和她的丈夫在订婚之际也曾下榻这个酒店。木屋别墅里面有一至八间卧室，无论两口之家还是多达 16 人的大家庭，都能尽享天伦之乐，即便不打球，只为这幅动人画面，也值得即刻启程。

9. 云端击球——拉巴斯最高球场

在海拔 4369 米的秘鲁塔克图俱乐部荒废以后，玻利维亚拉巴斯就成了世界上最高的球场，它对所有人敞开大门，而不是只供少数人享受的秘密球场（见图 2.10）。

图 2.10　玻利维亚拉巴斯球场

拉巴斯的球道一年中多数时候都仿佛漂浮在美丽的云朵之上，果岭全部都覆盖着冰雪，3291.8 米的海拔造成了极度缺氧，吸引着当地社会精英和广大敢于挑战高原反应的高球英雄。拉巴斯俱乐部始建于 1912 年，历史悠久，是整个玻利维亚最好的 18 洞球场，但身体较差的球手是无法享受其中乐趣的，很多球手一到这里就头疼恶心，高原反应非常严重，还没上场就立马脚软。

拉巴斯球场面对一座座小山丘，在天然屏障守护下，目前还没人能一次把球打飞到山那边去。

这里的鸟类总是一副旁若无人的样子，落在草坡和湖畔休息；碧绿的球场、赭红的高山、幽深的峡谷形成了一幅美妙的画卷，挥杆之后举目眺望，美得让人不由得窒息，让人叹为观止。

虽然苏克雷是玻利维亚法定的首都，但拉巴斯却是它实际的首都，找到一个满意的酒店非常容易，El Consulado 精品酒店以拉丁风格为特色，窗外景色迷人：西部为高原，东南是山地，东部是热带河谷，北部是亚马孙河边缘流域，拉巴斯河缓慢流过，能看到残雪巨岩，也能看到热带雨林，恍若天堂。

10. 推杆火山口——海口观澜湖

古老的琼北火山在一万多年前最后一次喷发，形成的滚烫岩浆和漫天烟灰在这片土地上覆盖了一层厚厚的火山熔岩。必须在如此之大的沙漠上铺设超过 1 米厚的软土，才满足种植草皮的基本条件，设计者从 20 千米之外运来 3000 万立方米土方，然后开挖了七个人工大湖，开发了八百亩湿地，保留了两万多棵千年老树并补充种植三万多新树，建设了 88 个避雨石屋，50 千米长的火山石墙，570 千米长的灌溉给排水管道，28000 千米长的地下电缆（见图 2.11）……

图 2.11　推杆火山口海口观澜湖球场

与其他球场不同，观澜湖球场高度自信自己的客源市场，具有充足的底气和自信，因此统统不卖会籍。世界上任何优秀的职业选手都可以来这里接受挑战，这里几乎没有高草区，只有球道和障碍区，草皮被修建的干净整洁，沙坑边缘也显得非常清爽，呈现出非同寻常的硬朗轮廓；因地制宜利用大量不规则的沙坑，从而让沙坑边缘自然过渡到火山岩，依托火山岩起伏趋势，球道倾泻不一，沿着地势"流动"，就像梦回万年之前，再次看到熔浆流淌。

火山脚下是球场度假村，丰沃火山土和南方无冬气候滋养出繁花和无尽美食。作为海南岛上最奢侈高雅的酒店，拥有 525 间客套房，以海南独特风情配合精美细节设计，巧妙借取高尔夫球场开的阔景致设置观景阳台。

介绍完世界顶级的高尔夫球场，下面以中国大陆第一家高尔夫旅行定制服务机构——至尊旅程为例进行进一步介绍。

至尊旅程创立于 2006 年，锁定以高尔夫运动为主的目标客户人群，开创了国内高端高尔夫订制旅行的先河。至尊旅程承办过上百次海内外高尔夫赛事活动，平均每年 11 场国内赛事、4 场海外赛事；近 50 条成熟的高端旅行路线产品覆盖亚洲、欧洲、北美洲、南美洲、大洋洲 70% 的主要高尔夫目的地。至尊旅程与 100 多个国外旅游局、航空公司合作推广高尔夫及高端旅行；与国内六十余家知名企业合作，承办年会、赛事等活动；与国内 120 多家高尔夫俱乐部、300 多支球队有良好的合作关系；与国内 50 余家高尔夫媒体长期保持良好合作关系。

高尔夫旅游的价格一般较高，除了因为国外球场的价格普遍偏高外，特别是私人球会更高，更重要的是出国打球的人一般都会选择最好的酒店、最好的饮食，大部分还会选择头等舱或者公务舱出行。这些都决定了高尔夫旅游的受众主要是高收入群体。

（二）滑雪旅游市场潜力巨大

根据《2016 中国奢华旅游白皮书》调查显示，跳伞、滑雪等比较刺激的极限旅游专业性更强，难度系数最大，是高净值人群的最爱。

中国滑雪市场见证了滑雪人数的快速增长，滑雪场的数量从1996年的11家增加至2015年的568家（包括9家室内滑雪馆），其中2010—2015年的增长特别强劲，一共新增了298家。随着滑雪场的开发，滑雪者的人数也在上升，从1999年的近10000人次增加至2014—2015年雪季的1250万人次。其中，以华东和东北地区的滑雪者为多，而就省份来讲，北京和黑龙江是主要客源市场。滑雪者主要以男性为主，约占64%。"80后"的年青一代对该运动项目特别热衷，占45%。

许多国家都是在举办冬奥会前后进入滑雪产业的高速发展期，如美国（1960年美国斯阔谷冬奥会）、法国（1968年法国格勒诺尔冬奥会）和日本（1972年日本札幌冬奥会）。因此，2022年中国将举办冬奥会，也将成为中国滑雪产业高速增长的发展期。

虽然中国滑雪人次与滑雪场都正在迅速增长，大部分的雪场都是面对初学者，只配备了几条"魔毯"，绝大多数滑雪场的环境和配备设施落后、基础设施有限，且服务质量和安全标准均不达标，缺少安全的具挑战性的能供富有经验、追求高端滑雪体验的滑雪者使用的雪道。只有有限的几家雪场能够称得上真正的滑雪度假胜地。

中国人的滑雪技能正在日趋提高，新开发和正在开发的滑雪旅游度假区提供适合初级、中级和高级滑雪者使用的各类滑雪道，配置有资质的教练协助中国游客完成初次滑雪，同时吸引滑雪爱好者再次到访。此外，这些新的旅游度假区力求提供国际水准服务，确保客人带着难忘的体验离开。

个人收入水平的日益上升使得游客，尤其是那些居住在城市中的中层人士有财力寻求新的娱乐活动。在冬季娱乐市场中，一些中层人士已经从旁观者转变成滑雪活动的积极参与者，并将滑雪活动纳入他们生活方式中的优选运动之一。对于许多人来说，这项运动是他们财富水平的一种体现和象征，正如在西方世界也被许多人视为象征成功和富裕的运动。中层人士是一个增长最快的客源群，个人收入水平上升将推动中国滑雪产业继续增长。随着消费者购买力的持续上升，滑雪也成为一项比较能负担得起的运动。

在法定节假日期间，中国都会涌现大量休闲旅游需求。由于春节刚好属于滑雪旺季期，中国的滑雪产业将受益于此期间大量滑雪者和其他游客到访滑雪场和度假区。此外，政府鼓励企业在传统的"黄金周"之外给予雇员额外的带薪假期，试图通过鼓励更多国人出游带动中国经济发展。一些政府服务组织和私营企业开始向他们的雇员提供这种额外带薪假期。2015 年中国国内旅游人数达 40 亿人次，旅游收入 3.42 万亿元，分别比上年同比增长 10.5% 和 13%。

2015 年，在中国经济新常态的背景下，中国经济增长更趋平稳，发展前景稳定，居民人均可支配收入持续增长，消费水平不断提高，给滑雪产业发展带来机遇。同时，国家的"北雪南移"战略、"3 亿人参与冰雪运动"宏伟愿景的提出，使滑雪产业在全国范围内全面展开，滑雪运动逐步向大众休闲体育等多元化方向发展。

目前国内滑雪人口已经突破千万，其中 80% 都是初学者，大部分视滑雪场为一次性体验的游乐场。据统计，2015 年，有超过 100 万中国游客选择出国滑雪，越来越多的国人已经不再满足于国内的雪场。在雪质资源上，我国北方各省与世界上的滑雪胜地加拿大、瑞士、日本等地相比并不逊色，但在配套设施和服务上还有待完善。同时，旅行社目前也在不断开发滑雪主题游产品，希望让不同等级的滑雪爱好者都能在享受各地风光的同时体验到滑雪的乐趣。可以预见的是，随着 2022 年北京—张家口冬季奥运会的成功申办，冰雪体育运动有了更大的发展空间，而滑雪游也必将成为一个潜力巨大的主题旅游市场。

随着滑雪经验的丰富，一些中高端玩家也开始希望到世界上最著名的滑雪胜地去进行体验。对此，国外相关目的地的一些旅游部门也有针对性地推出了很多产品和服务。

1. 加拿大

加拿大不乏滑雪胜地，多伦多旅游局方面表示，加拿大的滑雪季节相对比较长，从 11 月中旬到 4 月中旬都可以安排滑雪行程。而多伦多市内就有很多雪场，这些雪场推出的滑雪项目适合各个年龄阶段的滑雪爱好者，一些顶级滑雪场离市中心只有很短的车程。安大略省旅游局方面表示，户外体验是安大略冬季的一大特色，其中蓝山度假村非常适合滑雪初学者体验，那里有绵延超过 4 千米的滑雪跑道。而多伦多旅游局相关负责人指出，从科灵伍德（Collingwood）小镇还可一览蓝山全景，夜场滑雪还能从高处俯瞰万家灯火。

2. 日本

日本国家旅游局相关负责人表示，在日本不只是北海道、本州的东北地区，新潟县、长野县、岐阜县、群马县、栃木县、山梨县、滋贺县、兵库县等都有天然雪的滑雪场，它们与人工雪场不同，欣赏到的景观也不一样，还有一些雪场附近有温泉，在露天温泉观赏雪景也是不错的体验。同时，该负责人坦言，中国滑雪市场的成长速度比日本滑雪相关人员所预料的要快很多，从而使得日本的滑雪相关机构无法及时提供相应的信息。"我们也在督促日本的滑雪业者能更多地向中国市场发布有关日本的滑雪场、住宿设施等相关信息。这样的话，中国的旅行社也就可以更多地开发销售日本的滑雪产品。"

3. 瑞士

此外，瑞士国家旅游局北京办事处媒体经理皇甫一宁表示，瑞士拥有 200 多个滑雪场，大部分滑雪场由 12 月第一或第二周开至复活节后，许多滑雪坡道距离长达 16 千米，高差 2000 米，另外夜晚雪场在瑞士也越来越普遍。数据显示，中国已经成为瑞士旅游海外第四大客源市场，2016—2017 年冬季，中国游客在瑞士停留夜次增长了 7.4%，其中仅山区停留便达 195038 夜次。对此，皇甫一宁指出，瑞士国家旅游局对于中国冬季游客市场的增长也充满信心，"中国游客想尝试阿尔卑斯山滑雪无须考虑装备及入门基础等问题，2017—2018 年雪季期间，瑞士 13 个滑雪场都将提供中文滑雪教练服务，满足更多中国游客的需求。"

（三）环游世界的梦想

鸿鹄逸游 2016 年发布的《高端人群环游世界旅行报告》数据显示，环游世界旅客的平均年龄多集中在 40 岁左右，并呈现低龄化趋势。这些趋于低龄化的中国新兴消费群体受过良好的教育并具有超凡的品位，更懂得享受生活和丰富自身的精神层面。他们有经济实力，有环球的梦想，并且大多数 40 岁左右的中国富人还处于事业的上升期，因而 60 天的环球安排是适合此类高端客群期望的旅行天数。

环游世界旅游产品的开发设计对旅行社要求较高，成功开发环游世界产品需具备：强盛的品牌影响力、高端线路的设计能力、稀缺资源的采购协调能力、复杂行程的签证规划和送签能力、高端客群的获取能力和行前、行中、行后的服务能力。此外，环游世界的行程设计需要有创意又巧妙，途经的国家和城市都要在最适当的季节或节庆前往；有些顶级稀缺资源，如南极顶级小型银海邮轮、巴西嘉年华贵宾座席、复活节岛酒店、芬兰极光玻璃屋等需要提前预订。整个行程秉持高规格标准，米其林餐厅、超五星级酒店、国际航段公务舱，以及当地专属车导全程衔接都是环游行程的标准配备。

2017 年，鸿鹄逸游推出了"环游世界 60 天"的产品，产品只有十个名额，售价高达 100 万元。

这次旅行售价百万，将带游客访问世界五大洲和南北极，覆盖了世界上 18 个国家和地区。在这个 60 天环游世界的行程安排里，所有目的地均选择了最适宜游玩的时节；此外，考虑到很多高端客人拥有丰富的旅行经验，便剔除了许多经典的大众旅行地，转而选择了一些一生必看的世界美景、小众旅游目的地（如南美、加勒比海的岛屿）及难以到达的地区（如南北极）。经过一系列优化之后，将行程定为 60 天，让高端旅行者能够在最适合的天数内游遍五大洲，横跨极地和 18 个国家。

此外，HHtravel 鸿鹄逸游动用全球顶级的资源，以期能够给游客一段更完美的旅程。比如：乘坐世界最小巧的邮轮——顶级银海邮轮Silversea

冒险南极，乘坐大洋邮轮蔚蓝海岸号 Oceania Cruise Riviera 游览加勒比海，入住由珍贵的芬兰极光玻璃建造而成的酒店，享受巴西嘉年华狂欢盛典的 VIP 待遇，乘坐大型客机探索纳斯卡线，形成系列全球高端之旅及盛典，在配套设施上，按照超越五星级酒店、稀缺一房难求的酒店、法国米其林餐、国际大型客机公务舱的高标准。

在这个 60 天环游世界的行程安排里，覆盖了 18 个国家和地区。主要包括：南非、西班牙、美国、伯利兹、秘鲁、英国、芬兰、捷克、洪都拉斯、墨西哥、开曼岛、尼加拉瓜、危地马拉、阿根廷、南极、巴西、智利、澳大利亚。为了让获得极致的旅游体验，HHtravel 鸿鹄逸游选择了各种各样的交通方式，配置多种奢华的交通工具，让整个行程充满好奇，其中主要包含：

- 飞机舱等：国际大型客机全程公务舱；
- 两段顶级邮轮；
- 南极洲—全球第一大银海邮轮 Silversea；
- 中美洲加勒比海—全球最大的邮轮蔚蓝海岸号 Oceania Cruise Riviera；
- 一段顶级列车；
- 秘鲁马丘比丘—世界最新奇豪华的火车"东方快车 Orient Express – Hiram Bingham"。

HHtravel 鸿鹄逸游准备了全球顶尖料理餐饮服务，采用当地特色餐饮和传统中餐穿插布局的方式。全程全部在所在地最高级的中餐厅，如在伦敦的时候，安排客人在伦敦唯一一家米其林一星中餐厅 Hakkasan 就餐，目前世界上米其林餐厅中的中餐厅仅有 10 家，这个餐厅的稀缺程度由此可见。此外，按照营养需求合理搭配饮食，保证客人在欢乐、舒适、自在的环境中完成壮大的旅程。在大洋邮轮蔚蓝海岸号上，可以享受以世界超级名厨 Jacque Pepin 命名的米其林餐厅，可以在美式餐厅 Polo Grill 吃 5 斤重的活龙虾、32 盎司的巨无霸汉堡。在伦敦，除了米其林餐厅以外，还可以充分品尝到当地特色美食，比如：

- 非洲：克鲁格国家森林公园专属森林晚餐、开普敦葡萄酒庄午餐；

- 欧洲：西班牙世界顶级 Boton 餐厅、北欧雪堡餐厅、法兰克福最美景观餐厅、伦敦摩天轮上与品酒师品鉴香槟；
- 南美洲：马丘比丘森林餐厅、阿根廷探戈千年餐厅、米其林精选巴西窑烤、修道院电影主题餐厅、利马 La Rosa Nautica 浪漫海上旋转餐厅；
- 大洋洲：澳洲前三甲厨师餐厅、悉尼歌剧院 Bennelong 澳式料理、悉尼私人游艇品鉴香槟；
- 南极洲：银海邮轮罗来夏朵（Relais & Chateaux）主厨料理；
- 北美洲：迈阿密石蟹餐（Joes Stone Crab）。

此外，环游世界 60 天的中主要住宿的酒店包括：

- 伊瓜苏瀑布酒店（Hotel Das Cataratas Iguazu），唯一位于巴西伊瓜苏国家公园内的酒店；
- 芬兰极光玻璃酒店（Kakslauttanen Glass Igloo），世界知名的十大浪漫酒店第五位，躺在床上就可以独享璀璨的星空。通常至少需要提前 180 天预定；
- 复活节岛 Hotel La Posada de Mike Rapu 酒店，只有 30 间客房，2011 年美国旅游与休闲杂志《Travel + Leisure》将其评为世界十佳酒店之一，酒店的建筑材料取自小岛上的火山岩，并从日本本土运送来大量木材，主打环保概念；
- 辛吉塔莱邦博度假屋（Singita Lebombo Lodge），仅有 15 间房，位于南非克鲁格国家公园。

HHtravel 鸿鹄逸游环游世界的旅行全部都选取了世界之最的景点，对于每一个热爱旅游的人来说，这都是一生必不可少的旅行体验，徜徉在美轮美奂的世界之最景点之中，感受人生的真谛，可谓不虚此行。比如：

- 阿根廷乌斯怀亚火山岛：世界最南边的城市；
- 悉尼歌剧院：世界文化遗产；
- 复活节岛巨石像群：世界文化和自然双遗产；
- 布宜诺斯艾利斯：世界知名非物质文化遗产，是阿根廷 tango 的发源地；

- 南极：深入南极探索之旅；
- 巴西嘉年华会：VIP 席位；
- 里约热内卢基督像：世界最新的七大奇迹之一；
- 南美伊瓜苏瀑布：世界三大瀑布之一，世界自然遗产；
- 库斯科：世界遗产西班牙巴洛克式建筑，位于印加古都废墟上；
- 马丘比丘：世界文化与自然双遗产，世界最新的七大奇迹之一；
- 纳斯卡线：世界自然遗产，世界十大谜题之一；
- 北极：芬兰卡克斯劳塔宁（Kakslauttanen）体验极光玻璃屋；
- 罗凡涅米：圣诞老人的发祥地。

（四）极地游市场火热

近年来极地游市场火热，相比可造访时间较少的北极，南极是极地游中较受欢迎的目的地。根据国际南极旅游组织协会的数据显示，2015—2016 年南极旅游季，约有 4100 名中国人来到南极旅行，10 年前这一数字仅为 99 人。中国目前已超越澳洲，成为仅次于美国的旅客来源地。

去南极的旅行方式有邮轮、空海联行以及飞机三类，其中 90% 的游客选择邮轮旅游。旅客大多会从阿根廷乌斯怀亚登船前往南极半岛。为了更好地体验，高端旅行者往往会选择乘坐人数最少的 C1 级（载客数在 13 ~ 200 人）豪华邮轮。此级别的豪华探险船为高端旅行者提供宽敞的公共空间和休息室，五星级设施的豪华住宿，有些客舱类型还提供阳台和管家服务，一般价格在 7 万 ~ 20 万元人民币，具体需要根据路线、出发时间与舱位来确定。

鸿鹄逸游发布的《2017 中国人极地高端旅游报告》显示：极地游的主力人群为 35 ~ 50 岁，以企业高管和私营业主等富裕阶层为主；一次极地游人均花费 25 万元左右，出行天数 70% 以上为 16 天或更多。专属中文服务和邮轮舒适度及安全性为高端客最关注的因素，中文陪同是大多年龄较长的高端客所关注的因素，极地游行程中的知识讲座和随行讲解都需要专属中文服务消除语言障碍。邮轮方面，富裕人群对旅行舒适度也极为看重，中小型邮轮能实现高端客入住拥有超大私人空间的豪华阳台套房，还可尊享 24 小时私人管家服务，以最舒适的方式造访极地。旅游活动方面，登岛探险项目最受欢迎，包括企鹅探访，冰海漂流以及追逐鲸鱼点等活动。

2017 年 12 月 16 日晚，一架中国飞机平安着陆在南极洲狼牙机场 2500 米的跑道上，实现了中国商用飞机首次飞抵南极洲。这架商用飞机由海航公司提供，共乘载 22 名中国乘客。这架航班从香港出发，经 15 小时飞行抵达南非开普敦补给，再经过 5.5 小时的飞行后降落在南极的冰雪跑道上，开创了由中国航空飞机运载乘客平安飞抵南极的新历史。

目前中国南极游客的数量已排在全球第二，九年增长近 40 倍，但遗憾的是，中国并没有掌握南极的旅游资源，更没有南极旅游规则与制度的话语权。迄今为止，具有国际南极旅游组织营运资质的上百艘南极游船中，没有一艘是中国的，空中航线也没有中国飞机。中国游客要到南极，只能在国内组团，再外包给外国公司来运营。海航此次组团，经历了长达十年的调研、考察与安全起降试飞。

每年 11 月至次年 2 月是南极旅游的最佳时期。近年来，随着极地旅游逐渐升温，越来越多的中国游客前往南极尝鲜。时下众多旅行社都在争先恐后地争夺这一高端旅游市场，因为"有钱又有闲"的中国人正变得越来越多。

市场需求增加，南北极旅游的线路产品日益多样化，价格差别也很大。某知名旅游极地探险事业部总经理介绍，南极游价格整体高于北极游，尤其到南极点一般要 60 万元左右。近年来，参与极地旅游的游客群体也正从专业化、高端化、相对高龄化向年轻化、个性化转变。

（五）轻度冒险

除了传统的美景美食之外，高净值人群还期望挑战户外极限、体验荒野精神、新鲜刺激的旅程，这也是他们实现精神满足和自我实现的重要途径。

随着冒险旅游目的地的日渐发展和成熟，阿尔卑斯山、马丘比丘等一些以往只允许专业探险人士抵达的目的地也开始接纳更多"轻度冒险"的旅游者。旅游者不需要背负沉重的登山包，可以选择住在宾馆，出行以汽车或其他交通工具代步，不需要冒着生命危险去面对艰苦的环境。轻度冒险旅游注重体验，高净值人群在挑战自我的同时，也不必忍受辛苦劳累，能够受到最好的照顾，这是与一般户外极限旅行的不同。相较之下，轻度冒险旅游的运动强度和危险性较低，各个年龄层次和性别的高净值人群都能够适应。冒险挑战仍在，但在商业开发和旅行服务的帮助下，冒险的难度和要求逐步降低，轻度冒险旅游正越来越成为高净值人群出行的新选择。下面具体介绍全球著名的轻度探险目的地。

1. 智利

如果说要寻找世界上最纯正的自然景观原貌，最丰富的野生动物种类，最原始的山峰峡谷，最人迹罕至的冰川大山和最神秘的复活节岛，那么智利就是首选之地。徒步穿行于百内国家公园里面的高山湖泊之间，开车追逐公园里的野生羊驼，徒步在神秘的复活节岛上健行，沿着海边骑行山地自行车，膜拜被遗弃和未完成的巨型人像，观看太平洋沿岸的日出日落，还可以坐船出海和当地渔民一起垂钓（见图2.12）。

图2.12　智利复活节岛石像

2. 阿拉斯加

在每个探险家心中，都有一片荒野，在每个旅行家心中，都有一块净土，这就是阿拉斯加。徒步走在丹奈利国家公园里，看遍原始壮观的山脉，欣赏寒带草原、冰河，观赏极地植物与野生动物。还可以看到千年蓝色冰川，和座头鲸海狮来一次近距离约会；了解锡特卡当地原住民得历史及图腾文化，在凯奇坎寻找北美洲黑熊的踪迹，坐皮筏艇在伯纳德湖探险冰川湖，亲身感受阿拉斯加的宏大奇景和狂放魅力（见图2.13）。

图2.13　阿拉斯加山河美景

3. 肯尼亚

这里有最原始的沼泽和草原，有狂放的雪山和沙漠，这里是最接近自然的地方，是人类起源的摇篮，这里就是坦桑尼亚。乘坐热气球腾空，可以看到马赛马拉大草原，俯瞰大批动物的迁徙，看到他们捕食和逃生的第一场景；可以骑骆驼，可以钓鱼，可以骑山地自行车，也可以徒步，感受大自然馈赠的清凉与快乐。这里还有世界上最特别的酒店之一"路易萨巴"星空下的小屋，在这里可以与真爱的人一起，睡在漫天星空之下（见图2.14）。

图 2.14　坦桑尼亚草原热气球

4. 迪拜

这是一个建设在沙漠之上的豪华城市，拥有世界最奢侈的酒店，拥有世界第一高楼，拥有世界第一大购物中心，这就是迪拜。如果想远离城市的喧嚣，那就可以去迪拜沙漠保护区，可以体验沙漠探险活动，开着四驱越野车在广袤的沙漠中飞驰，尽情地享受冲沙的惊险和刺激。经过小山一样高的沙丘，汽车一会儿朝上、一会儿朝下、一会儿左倾、一会儿右倾，蜿蜒盘行在大沙漠之中，滚滚黄沙被车轮卷起，在狂野的沙漠里享受犹如巨石翻滚般的翻腾奔驰快感（见图 2.15）。

图 2.15　迪拜哈利法塔

5. 澳大利亚

澳大利亚有充沛的阳光，成片的绿地和细腻的沙滩，也因此产生了各式各样的户外运动。塔斯玛尼亚有一个最著名的森林，在这里可以徒步穿过"塔胡恩空中走道"，就像云中漫步一般行走在温带原始森林的顶端，欣赏保存完好的处女林，观赏红瓦绿树碧海蓝天。骑马穿过纯净的海滩，欣赏海岸线两边迷人的风景，也可以乘坐游船穿梭于从没有被污染的原始海峡，品尝海鲜饕餮，亲手烹饪沿途捕捞的各种顶级野生海鲜（见图2.16）。

图 2.16　澳大利亚塔胡恩空中走道

6. 美国加利福尼亚州

由于地貌复杂多变，加利福尼亚州因此成为探险旅程的必到之处，这里可以看到罕见的荒野，可以看到古老的峡谷，可以看到壮观的沙丘，可以在世界自然遗产——优胜美地国家公园内的众多登山步道中行走，观赏壮观的火山岩悬崖、火山瀑布、水灵的溪流、巨大的杉木和丰富的动植物。可以参观纳帕的葡萄园，这里是美国最优秀的葡萄酒产区，深入拜访各大知名酒庄，品尝不同口味的葡萄酒，感受酒香在唇齿之间绽放的美妙（见图 2.17）。

图 2.17　美国加利福尼亚州优胜美地国家公园

7. 新西兰

新西兰是刺激的户外运动最理想的地方。进入繁星似锦的维多摩萤火虫洞，体验惊险刺激的黑水漂流，一直漂到萤火虫栖息的洞中；健步行走在汤加里罗国家公园里面的步道，观看火山口、火山弹坑、熔岩岩浆等自然奇观。在这里可以品尝到新西兰独特的美味佳肴：世界珍稀的深海野生布拉夫生蚝（3 ~ 8 月才可以），"最娇小"的葡萄黑皮诺生产出的美酒（见图 2.18）。

图 2.18　新西兰户外探险

8. 挪威

挪威最有名的就是海峡和港湾，由于具有独特的魅力，被评为世界上最好的户外旅游目的地。走在挪威的山山水水之中，可以看到雪山融化的雪水汇集成无数条美丽的瀑布。如果旅行者希望奇遇与冒险，那一定要去探秘全球最壮观的自然风景——布道石，徒步走到下方海湾，垂直落差达604米，登顶俯瞰峡谷中的吕瑟峡湾，就像飘浮在空中一样，在这里可以感受到极致的大自然气息，还可以坐在布道石上思考人生，这已经成为旅游者必做的一件事（见图2.19）。

图2.19　挪威峡弯布道石和吕瑟峡弯

9. 瑞士

瑞士可谓是户外运动的理想地，钓鱼、健行、美酒、雪山、森林火车、温泉SPA、骑行趣味尽在于此。在锡尔斯湖可以驾驶惊险刺激的帆船，参加滑水、滑翔跳伞等水上运动项目，也可以坐着手划艇泛舟于湖面之上，享受片刻宁静安详。可以步行或骑车游览环湖小路，欣赏五大湖的优美景致。可乘坐森林火车"冰川快车"前往小镇采尔马特，走在和童话一样美丽的瑞士小镇之中，欣赏绵绵不断的白色山脉，它们在天际留下美丽的线条（见图2.20）。

图 2.20 瑞士美景

10. 不丹

不丹绝对可以用神秘来形容，因为这里有让人叹为观止山峰和绝色风景，以及世外桃源一样的宁静安详，一直被称作是世界上最美丽的香格里拉。晚上可以在哈宗山谷中露营，可以骑行寻觅珍稀而又神秘的国花"绿花蓝绒蒿"；徒步走上山顶，这里是喜马拉雅山朝圣必经途径之一，路上有一个建于七世纪的虎穴寺，每天有大量的人在这里朝拜。这是一个超脱物欲的小国，游客能够寻找内心深处的原始净土（见图2.21）。

图 2.21 不丹山腰，世外桃源

（六）医疗旅游

据易观智库《2016 中国海外医疗旅游市场专题研究报告》，迄今为止中国出境医疗旅游发展大致经历了三个阶段：探索阶段为 2000—2010 年，患者自主求医，主要以疑难病症寻诊为主，供需关系不明确；起步阶段为 2011—2014 年，旅游机构起家居多，小规模会所形式机构服务出现，满足少数高净值人群出国休养、健康检查的需求；平台化发展阶段始于 2014 年，市场需求增长，互联网技术成熟，平台化的服务供应商出现，包括在线旅行社（Online Travel Agency，OTA）、医疗服务商等。

据携程网《2016 在线医疗旅游报告》显示，2016 年出境医疗旅游的中国游客超过 50 万人次，人均订单费用超过 5 万元，是出境旅游人均花费的 10 倍左右。医疗体检用户主要是一些 50 岁以上的中老年群体，美容项目则以女性客户为主，年龄在 20～40 岁。

随着大量中国高净值人群对于健康的重视，在高端医疗旅游的金字塔尖之下，海外医疗旅游已持续发酵多年，早期的目的地多为韩国、日本，现在中国富豪阶级和中产阶级纷纷奔向医疗资源更好的东亚各国以及医疗更为成熟的欧洲。

1. 瑞士

瑞娜集团股份有限公司是一个由居住在瑞士的原住民和融入当地生活的华人共同成立经营的医疗旅游公司。虽然这个公司主要为高端客户提供金融、留学、移民服务，但是医疗旅游才是主要的经营业务。瑞士是一个只有 730 万人口的山地小国，其人均寿命却是欧洲最长的国家，男性平均能活 77 岁，女性平均能活 83 岁。除了自然环境和生活水平很好之外，60 多年以来对抗衰老的科学研究和治疗技术水平一直领先全球，成为人均寿命长的重要因素。除了抗衰老的项目，瑞士健康体检也是具有很强诱惑力的。他们的体检项目非常人性化，检查仪器非常精密，最典型的就是在癌症的初期进行排查。

2. 马来西亚

医疗费用比较低廉是马来西亚医疗旅游的主要优势，为游客提供健康检查英国需要马来西亚五倍的费用。马来西亚医疗旅游的有一个主打口号：最好的检查时机就是放松的时候。游客可以在休闲、购物、打高尔夫球的空当期，在与酒店合作的医疗中心做胸部透视、血压检测、肝脏检测等健康检查。做完检查一般需要五个小时，再过五个小时就能拿到完整的检查报告，报告显示需要进一步治疗或者手术的，可以转往医疗中心。

3. 新加坡

新加坡被世界卫生组织列为亚洲拥有最佳医疗系统国家，近年来已经成为亚洲地区富商喜欢看病疗养的主阵地。许多印度尼西亚的商人每年都会定时到新加坡修养三个星期，做做健康检查。新加坡政府目前也在大力发展医疗旅游，据统计每年大约有四十万的患者到新加坡接受治疗，主要包括 X 光检测，眼、肝脏、大脑、癌症等手术，提供一系列的医学治疗，为当地带来了巨额收益。为了开拓医疗旅游市场，新加坡重点瞄准中国和印度的客群。2017 年底，新加坡组成专门团队到上海推介医疗旅游业务，吸引中国病人到新加坡看病。

（七）定制旅游受追捧

财富让人对私密性和"自我"更加重视。近年来定制消费正在悄然兴起，消费者都想要享受个性化的衣食住行服务。超过一半的高净值人群表示喜欢定制消费。除了常见的服饰定制外，旅行服务在中国也进入了定制时代，各大旅行社纷纷推出为高净值人群量身打造的旅行定制方面的个性化服务。

高端旅行公司 Crystal Cruises 曾经开发了私人飞机"环游世界"之旅，旅游者缴纳 15.9 万美元的团费，就可以参加这次豪华旅行。2016 年，半岛酒店、四季酒店、安缦酒店等豪华酒店品牌，也曾经开发过豪华私人飞机环球旅行。Great Plains Conservation、And Beyond 等企业专门开发野外草原旅游，现在也开始利用私人飞机，带着游客一起去探究肯尼亚非洲大草原，目前提供独特的私人飞机定制游的公司还在不断地增长。

以中国为例，根据财富品质研究院发布的报告，私人飞机成为中国高薪阶层们越来越青睐的境外旅游服务，相比于购买私人公务飞机，直接包机更容易操作，2016 年资产过亿的中国高薪阶层的潜在包机人数已经接近一万人，潜在包机需求总量近 20.5 万小时。但是在中国，目前还没有一家公司从事私人飞机业务。

大多数人在参与私人飞机定制旅行之后，都会给出非常好的评价。虽然私人飞机定制旅行市场现在的规模还比较小，但随着人们收入的不断增多，未来将会有潜力成为一个巨大的市场。

二、旅游目的地偏好

（一）境外旅游目的地偏好

高净值人群海外旅游经历比较丰富，甚至有些超级旅游者去过上百个国家。《2016 中国高净值人群出国需求与趋势白皮书》显示（见表 2.5），高净值人群平均每人去过 10 个国家旅游，5 ~ 10 个占比 46.6%，10 个以上的占比 36.7%。平均每年去海外旅游 3 次，五成以上的人群每年去境外旅游超过 3 次及以上，超过 5 次及以上人群占比为 12.7%。平均每次去海外旅游的时间为 10 天，近四成为 5 ~ 8 天，超过 8 天的占比 56.3%，年度出国天数平均为 30 天。单次海外旅游人均花费 5 万元左右。

在高净值人群最青睐的旅游国家中，以美国、日本、马尔代夫和澳大利亚最为热门；美国旅游主题主要以休闲度假、投资考察、商务出行、子女教育等为主；日本良好的购物消费环境和美食对于中国高净值人群具有不可抗拒的吸引力；近年来马尔代夫备受中国高净值人群的关注，成为绝佳的蜜月、休闲度假胜地；澳大利亚旅游则主要体现在休闲度假、子女教育方面，这与澳大利亚地广人稀的海岛风情和享誉国际的高质量教育水平是分不开的（见表 2.5）。

表 2.5　最受欢迎的境外旅游目的地

名次	国际旅游目的地	比例
1	马尔代夫	29.70%
2	法国	26.50%
3	美国	25.40%
4	澳大利亚	25.10%
5	日本	24.50%
6	英国	19.20%
7	夏威夷	18.40%
8	迪拜	17.20%
9	加拿大	15.50%
10	瑞士	15.40%
11	意大利	15.30%
12	新西兰	15.20%
13	泰国	11.70%
14	新加坡	9.60%
15	德国	8.50%

马尔代夫第一次成为高净值人群"最青睐的国际旅游目的地"第一名。过去几年，马尔代夫基本也都排名靠前，而冠军一直都是法国、澳大利亚或美国。胡润表示："中国护照在全球范围内可以免签或落地签进入 58 个国家或地区了，马尔代夫这么小的国家却是其中最热门的。"英国"脱欧"后，英镑的下跌使得其旅游业受到国内高净值人群的欢迎，排名第六。

未来三年旅游目的地中，欧洲以 41.1% 位居榜首，也是传统的休闲度假胜地；其次是美洲，占比 14.3%。其他几个热门的旅游目的地，包括南北极、大洋洲及其岛屿以及非洲都充满神秘色彩，地域特色强烈，是探索和冒险的乐园。

（二）境内旅游目的地偏好

三亚连续第七年成为"最青睐的国内旅游目的地"；西藏上升 2 位，位居第 2；香港下降 1 位，排名第 3；青岛、厦门旅游热度升高，均上升 5

个名次；四川下降最多，从第 5 降至第 13 位（见表 2.6）。

表 2.6 最受欢迎的境内旅游目的地

名次	境内旅游目的地	比例
1	三亚	39.00%
2	西藏	26.30%
3	（中国）香港	26.00%
4	云南	22.30%
5	（中国）澳门	13.30%
6	青岛	13.00%
7	杭州	12.40%
8	长白山	11.30%
9	厦门	10.70%
10	新疆	10.40%
11	大连	7.90%
12	北京	7.80%
13	四川	7.50%
14	上海	4.10%

三、旅游方式偏好

（一）行程预订偏好

高净值人群比较热衷通过"朋友亲戚"和"旅行社"获取海外旅游信息，除了对于亲戚朋友比较信任外，旅游也是一个比较具有谈资的话题（旅游度假是高净值人群除工作以外第二感兴趣的话题）；而旅行社则是专业旅游机构，专业个性化的服务是他们比较看重的。同时随着网络时代信息来源的多元化和便捷化，旅游信息的获取方式更为丰富、多样，通过手机端直接获取信息越来越方便，旅游 App、微信、微博等也是他们获取信息的主要来源。

高净值人群出国旅游在行程制定上比较分散，相对来说比较青睐"微

69

调产品"，即向专业旅游机构定制部分行程产品，其余行程由个人自行安排或在标准产品基础上进行调整；同时自由行也是比较受追捧的。根据《2016 中国高净值人群出国需求与趋势白皮书》调研数据，选择自行制订旅游计划的高净值人群占 41.1%，这一现象在女性高净值人群中现象比较明显，选择比例高达 55.3%。从财富等级来看，资产等级越高，对于"完全定制产品"的选择趋势越明显，资产在 1 亿元以上人群占比达 57.7%。在旅行机构的选择上，高净值人群非常注重"个性化服务"和"合理的行程设计"，这两项的选择比例均超过 60%；从年龄段来看，30 岁以下的人群则更看重"个性化服务"和"解决问题的能力"，选择比例分别为 63%和 59.3%。在安排行程时，高净值人群一般考虑较多的是"当地美食"和"购物"的便利性，选择比例均超过 68%；其次是"景点"，占比 56.8%；再次是当地的"人文环境"和"安全"，比例均超过 40%。

《2016 中国奢华旅游白皮书》显示，在旅行社的选择上，年青一代高净值人群（1980 年后出生的）非常注重个性化服务、解决问题的能力和行程设计合理，这三项的选择比例均超过五成。他们对定制化旅行服务的接受度较高，73%的年青一代高净值人群表示曾体验过旅行社提供的私人定制服务。

根据 ILTM（International Luxury Travel Market，国际豪华旅游博览会）和嘉希传讯公关策略公司的最新统计，麦韬旅行、携程网、八大洲旅游、鸿鹄逸游、赞那度、皇家礼御、中国国际旅行社、国旅运通、德迈国际、中国青年旅行社、碧山旅行和中国旅行社是目前中国大陆地区最受欢迎的十二大出境游奢华旅行社（见表 2.7）。

表 2.7　中国大陆地区最受欢迎的十二大出境游奢华旅行社

中文名	英文名
麦韬旅行	MyTour
携程网	Ctrip
八大洲旅游	8Continents
鸿鹄逸游	HHtravel

续表

中文名	英文名
赞那度	Zanadu
皇家礼御	Imperial Tours
中国国际旅行社	CITS
国旅运通	CITS Amex
德迈国际	Diadema
中国青年旅行社	CYTS
碧山旅行	Wild China
中国旅行社	CTS

（二）出行方式偏好

高净值人群的旅游出行工具以飞机为主，选择较为舒适的商务舱和头等舱。《2017 至尚优品——中国千万富豪品牌倾向报告》指出，在航空公司方面，中国国际航空公司（国航）是最受欢迎的，有79.5%的被访者是国航的活跃会员；新加坡航空摘得"最受青睐的国际商务头等舱"，阿联酋航空位居其后。东方航空公司（东航）摘得"最受青睐的国内商务头等舱"，国航位居其后。

亿万元资产高净值人群中，三分之一的受访者表示未来三年将购买公务机或使用包机，公务机市场热情下降。平均包机时间为一年28小时：一次国际包机，一次国内包机。湾流宇航公司仍是"最青睐的公务机品牌"，达索猎鹰7X也蝉联了"最青睐的超远程公务机"桂冠。根据财富品质研究院发布的《要客境外生活方式报告》，私人飞行成为中国富豪们越来越青睐的境外出行服务，相较于购买公务机，直接包机更容易实现。2016年资产过亿元的中国富豪的潜在包机人数达9000人，潜在包机需求总量近20.5万小时。

而游艇方面，法拉帝和阿兹慕分列"最青睐的豪华游艇品牌"一二位；博纳多则成为"最受青睐的帆船品牌"。5%的高净值人群有购买游艇的意向，在亿万元资产以上的高净值人群中，这一数字达到15%。在闲暇时出海，在海上聚会是非常时髦的休闲方式。不准备购买游艇的高净值人群也会愿意租赁游艇，相对于购买，省去了保养的花费，也可以根据需要选择游艇的规模。中国游艇业市场的发展空间很大，目前有1300艘左右的私人游艇。估计今后10年内中国的游艇购买量将达10万艘，其中企业类的购买和个人购买各占一半。美国是世界上拥有游艇最多的国家。挪威、芬兰、新西兰等地的拥有率较美国更高，每6~7人中就有一人拥有一艘游艇。中国的现状与欧美发达国家之间仍有很大距离。

（三）住宿偏好

《2017至尚优品——中国千万富豪品牌倾向报告》显示（见表2.8），丽思卡尔顿卫冕"最受青睐的豪华酒店品牌"，悦榕庄以微弱的差距排名第二，费尔蒙、安缦等精品酒店新进榜单，半岛酒店下降最多，从第三降至第六。希尔顿摘取"最受青睐的高端商务酒店品牌"之冠（见表2.9），香格里拉、喜来登、万豪则紧随其后，万达第一次进入前十。

表 2.8　最受青睐的豪华酒店品牌

名次	豪华酒店品牌	名次	豪华酒店品牌
1	丽思卡尔顿	6	半岛
2	悦榕庄	7	安缦
3	四季	8	朗廷
4	文华东方	9	柏悦
5	费尔蒙	10	瑞吉

表 2.9　最受青睐的高端商务酒店品牌

名次	高端商务酒店品牌	名次	高端商务酒店品牌
1	希尔顿	6	君悦
2	香格里拉	7	威斯汀
3	喜来登	8	万达
4	万豪	9	凯宾斯基
5	洲际	10	凯悦

　　《2016 中国奢华旅游白皮书》指出，年青一代高净值人群（1980 年后出生的）选择酒店时的考虑因素首先是房间状况，其次是服务人性化、地理位置好、设施高科技和喜欢酒店的风格。

　　年青一代高净值人群对房间要求较高，他们更期望奢华酒店的房间能够提供高品质的入住体验，如房间内有清新淡雅的香薰调剂，优质崭新的设施，柔和温馨的灯光，帮助深度睡眠且软硬适中的床具，有不同功效和高低选择的枕头，有独特或开阔景色的房间视野，有融入当地文化和特色的小设计和惊喜等。

　　高科技数字化设备管家式服务和电子化互动服务是年青一代高净值人群最喜欢的酒店服务风格。年青一代高净值人群既期待人性化和个性化的服务体验，希望酒店服务人员以"朋友"的方式待客，能够事先站在顾客的角度提供解决问题的措施和细致入微的贴心；同时希望酒店能够了解顾客的个人喜好，适时制造些小惊喜。但他们也强调私密的个人空间，不希望被过于殷勤的服务打扰。

　　年青一代高净值人群青睐具有品牌特色、具有艺术设计的酒店风格，有当地特色、有文化底蕴等小资设计也受相当一部分年青一代高净值人群的喜爱。在他们心目中，五星级酒店的设计显得过于标准化，缺乏差异性，导致入住时新奇的体验不足。因此他们更偏好更有特色的酒店风格，以此来增加旅途中"与众不同"和"趣味体验"的满足感。因此除传统五星级酒店外，年青一代高净值人群也更多会考虑其他住宿方式，如私人精品酒店、邮轮/游艇、私人短租房等。

　　酒店在奢华旅游的过程中不仅承担了提供住宿的角色，同时也为奢华旅游者们提供休闲娱乐服务。私人宴请、健身游泳、酒吧聚会等均是年青一代高净值人群使用酒店的重要场合。年青一代高净值人群在美食的选择上显得多元化。在酒店菜系的选择上，中餐、西餐和当地特色菜等都是他们青睐的菜系，均超过五成的喜好度。在旅游中，他们更偏向于去酒店附近的特色餐厅或美食街就餐，对酒店内的餐饮主要是早餐、附近缺少餐饮场所时以及夜宵点餐等场合下使用，使用频率相对不高。

年青一代旅游者在酒店预订方式上较为自主化，自己预订酒店的比例高达73%。预订方式上，第三方预订网站是首选，其次是旅行社、酒店官网。

（四）出行时间偏好

《2016中国奢华旅游白皮书》指出，年青一代高净值人群过去一年平均出国3.3次，平均天数为25天，其中旅游占69%，即17天，他们每三四个月会选择出国，主要是为了休闲娱乐。对于2017年的旅游时间，55%的年青一代高净值人群选择不定时出游；其次为"选择十一游"，占比36%；选择暑期和春节出游的人数为20%。2017年，年青一代高净值人群出游热情依旧不减，期望年度出游次数在3～5次的人数为最多，达到六成。

（五）旅游消费偏好

2015年，参与《2016中国奢华旅游白皮书》调研的五百余位"80后"高净值旅游者平均家庭年旅游消费达42万元，其中购物消费平均22万元。可见，高净值人群在旅游中表现出很强的消费能力。

高净值人群对服饰、包、手表和珠宝的购买欲望较强，而对购买当地特产、电子产品、酒类的兴趣度明显较低。服饰、手袋、钟表和珠宝是年青一代高净值人群的前四大购买项目，均有六成以上的占比。

第四节　如何为高净值人群设计旅游产品

一、设计原则

（一）个性化需求原则

旅游企业要深入研究高净值人群的基本特征和需求，有针对性地设计旅游产品，满足其个性需求。如今的世界正在迅速变化，没什么是一成不变的，高净值人群的旅游需求也在发生改变，人们期望旅行的过程不仅能拓宽个人视野，还要能达成某些目标，如越来越多高净值人群期望在旅游中能够尝试新鲜事物和挑战自我极限，在旅游度假中获得全身心的放松。

针对高净值人群需求的多样性和复杂性，定制服务是必要的。高端定制旅游即根据旅游者的需求，以旅游者为主导进行旅游行动流程的设计，按定制程度可分为"全定制"和"半定制"。"全定制"是从路线、方式和服务着手为客户量身打造具有浓郁个人专属风格的旅行，它提供的是一种个性化、专属化、"一对一"式的高品质服务；"半定制"是以标准化定制产品为先导，制作出大量旅游产品进行展示售卖，然后再针对高净值人群的个性化需求进行微调。目前，我国市面上的高端定制旅游产品主要以半定制为主。

根据皮尔斯提出的旅游需求层次模型，旅游需求的最高层次是"实现梦想、理解自我和体验和谐"。高净值人群一般具有较高的文化素养，并追求精神愉悦，他们更希望通过旅游深入了解当地的社会文化和居民的生活方式，这就要求旅游企业能够开发出具有深度文化内涵的高端旅游产品，使消费者能够获得更高的旅游体验质量水平。

（二）创意精品原则

从消费水平上看，高净值人群的消费水平要明显高于普通旅游人群的平均水平，旅游费用是普通旅游者的数倍甚至数十倍。正因为消费水平高，高净值人群在景点选择、出行交通、居住饭店、餐饮标准、配套设施及服务层次等各环节，都有较高的定位与要求。

高净值人群普遍希望获得独一无二的旅行体验，在旅游产品的设计中要增加文化创意元素，塑造出具有竞争力和独特个性的高端旅游产品。这对旅游企业的资源组织能力、人才团队方面提出了很高要求。高净值人群旅游服务机构需要根据客人偏好量身定制旅行服务，这意味着其需要掌控更为广泛的旅游资源和一定的经济投入，才能够设计出令客人耳目一新的产品。因此，背靠大企业的高端旅行服务企业可能会更有优势，在个别资源上可以享受到规模化采购低成本的好处，比如为了满足南北极线路供给，奇迹旅行分别在两极包了一艘邮轮。在产品形态上，目前奇迹旅行提供相对标准化的主题特色类散拼团（10人以内）和私人定制服务，散拼团可以满足志趣相投、有共同爱好群体的需求，同时，根据客人要求，也可以提供量身定制行程服务。

（三）体验原则

旅游是人们离开惯常环境到异地去寻求某种体验的活动，因此旅游是天然的体验经济。由于高净值人群旅游经验丰富，已经厌烦了传统大众观光旅游中所存在的旅游资源共产化、旅游产品单一化、旅游过程机械化等陈旧特征，希望获得更新奇的体验、更自由更人性化的服务，甚至有意愿、有能力主动参与旅游产品的设计。因此，对于高端旅游产品的开发和设计必须遵循体验原则。

人们选择高端旅行产品，除了休闲旅游度假的需求外，还有心理、社交甚至工作等其他内在需求。"在小包团旅行中，客人比较喜欢那些与自己社会地位相近、兴趣相同或潜在事业有合作可能的人同行，在行前咨询中，客人尤为关注同行伙伴的情况。因此，需要深入了解每位客人的需求，比如饮食习惯、睡觉习惯、性格特点等，这样做会让客人感到很周全、很人性化。"

（四）"三好一格"原则

"三好一格"的产品策略中"三好"是指生态友好、文化友好、社区友好，"一格"为别具一格。随着人们环保意识的提高，许多旅行者开始意识到他们的消费对环境、社会和健康的负面影响。因此，高净值人群开始关注如何使旅游目的地可持续发展，以及如何参与到社会公益中去。"三好一格"的产品策略即在坚持生态友好、文化友好、社区友好的前提下，以特色资源为基础，以创意创新为动力，打造产品和服务的独特性。

二、高净值人群旅游服务机构

（一）鸿鹄逸游

2012 年 3 月，携程旅行网与香港永安旅游、台湾易游网共同成立鸿鹄逸游高端旅游定制品牌。鸿鹄逸游的前身是太美旅行，当年在业内已经颇有名气，创立 4 年来专注服务中国高端人群两万余人次，积累了丰富的针对目标人群的旅游产品和旅游经验。依靠携程旅行网庞大的会员体系、遍布全球的旅游资源和强大的品牌影响力、台湾易游网在顶级旅游方面的专业人才和运作经验，加上香港永安旅游资深导游、领队以及太美旅游服务高端游客的丰富经验，鸿鹄逸游成为我国最大的高净值人群旅游服务机构。

鸿鹄逸游主攻华人市场的高端旅游客户，以创作挑战极限、服务精雕细琢的品牌理念，坚持打造高规格：公务舱、高端酒店、米其林餐食、私家团 2~6 人成行；连续多年成功推出"高端环游世界 80 天"，行程遍布全球七大洲的旅游产品。作为《旅讯》（Travel Weekly China）2017 年度最佳奢华定制旅行社前三名之一，鸿鹄逸游的经营发展历程有很多值得借鉴的地方。

首先，从鸿鹄逸游的实践经验来看，为高净值人群提供旅游服务最重要的是"灵活性"。在 2014 年下半年，鸿鹄逸游提出了标准加私家团定制路线，即在标准产品的基础上进行弹性定制，为高净值人群提供既高效又个性的旅行解决方案。客户会一遍遍改行程，细化要求，甚至有些会推倒重来，这就要求旅行社的反应必须迅速。

其次是"互动"。客户不是被动的接收者，而是产品的合作者，共同参与到产品和线路的最终确立中。中国高净值人群很少非常清楚自己的旅游需求，所以需要定制师一步步进行引导，而引导的过程中定制师要把自己和客人放在一个层次上面，理解他的审美和品位。一个专业的旅行定制师需要从各个方面体现服务的专业性和价值。此外，鸿鹄逸游的高级定制师要做到引领需求，而不是当"保姆"。鸿鹄逸游还提供一对一私人微信客服、产品经理专属服务等。这要求产品经理不仅要有设计行程的能力，还要有出色的沟通能力、行中进一步服务和接待的能力。

再次是"创意"。创意水平体现了公司的价值，要与文化、艺术、体育等多种资源做一些结合。鸿鹄逸游专注高端旅游的两个核心元素，一个是对稀缺、珍贵旅游资源的掌控力，另一个是对高端品质的鉴赏能力。鸿鹄逸游的产品经理要接受定期考核，要求第一时间获取资讯，包括对业务知识和供应商的即时把控、市场动态和竞业新闻的获知。产品开发团队要对行程中经过的"大城小镇"都非常了解，抓好每个细节，前导车服务、讲解服务等都要根据客户需要进行选择性配置。

最后是"价格透明"。一般人认为定制旅游很贵，因此会产生顾虑，我们于是就把成本透明化。做高端旅游市场的口碑至关重要，做好了一单，会产生"回购"甚至引发圈层的辐射效应；而如果一旦做砸了一单，负面传播的效果也是可怕的。

（二）Abercrombie & Kent（A&K）

作为奢华旅行的领军机构——Abercrombie & Kent（A&K）自创始之初便致力于提供独特的行程和尊贵的服务，并由此开创了世界奢华旅行的先河。半个多世纪以来，A&K 不断探索和提升着奢华旅行的内涵。

在非洲，A&K 原创了"星空下的流动营地"，将欧式贵族的游猎生活搬到了茫茫草原上；A&K 还是第一家定制四驱大马力越野车作为代步工具的旅行机构，至今已有两百多辆定制车和专业司机团队。在中国的长江、埃及的尼罗河以及缅甸的伊洛瓦底江上，A&K 拥有专属私家豪华邮轮，长江上的"探索号"更是被选定为洛克菲勒财富论坛的召开地。A&K 对世界各地诸多重要旅游景点拥有特殊权限，可享受独家特许准入参观。A&K 聘请了考古、历史、野生动物等各个领域的世界级专家作为随队向导，开创性地突破了"导游"的概念，增加了旅行的深度和广度。A&K 也因此斩获了无数国际旅行行业大奖。A&K 的旅行主题包括固定出发的精品小团、极地探索、文化与艺术之旅、自然与动物之旅、家庭出行、轻奢短假、名人领航和邮轮风情等。其品牌优势包括奢华旅行的开创者、拥有世界级专家向导、结合旅行与慈善、提供私人飞机之旅，以及拥有世界顶级的旅行资源等。

五十余年来，A&K 服务过的全球名流政要不计其数，包括美国前总统吉米·卡特和比尔·克林顿、商界大亨洛克菲勒、比尔·盖茨和沃伦·巴菲特、好莱坞明星茱莉亚·罗伯茨和汤姆·克鲁斯等。

为了保证一流的旅行体验，A&K 在硬件方面投入大量资金整合了自己的游轮、车队、酒店等资源，每个目的地都有自己的 DMC（Destination Management Company，地接团队），以此确保每段旅程都拥有顶级的服务和体验，也便于弹性服务。在目的地资源方面，A&K 除了拥有分布在全球各地的专属目的地专家向导，还有很多特权，可以参观一些不对一般公众开放的区域，比如非洲私人保护区、克里姆林宫闭馆参观等。在团队配置上，A&K 在三十多个国家拥有五十余间办公室和超过 2500 名具备良好专业素养的员工（截至 2017 年年底），在人员配置上做到国际化和本地化相结合。在中国市场团队中，大部分成员是具备国际背景的中国员工。凭借强大的资源优势，A&K 成为全球最大的高端旅游服务商。

A&K 的中国团队在 2017 年年初正式取得出境牌照，也正式开始大力拓展中国高端出境游的 B2B（Business to Business，企业对企业）市场。

1. 落地的中国化服务

中西文化差异较大，在为中国客人提供服务的过程中，A&K "入乡随俗"，根据中国高净值人群的消费特征调整其产品服务。比如，来自中国的客人喜欢发微信朋友圈，因此在旅行过程中绝对不能少了 Wi‐Fi（无线网）。为了满足中国客人的需求，在非洲草原这样的荒野上，A&K 要求所有非洲越野车里面都必须配备 Wi‐Fi，方面旅游者可以一边拍摄着野生动物的视频或照片，一边及时发到朋友圈里。

在旅游饮食方面，有些文化差异大的地方根本找不到中餐，A&K 会跟当地酒店协调，提供适合"中国胃"的食物，比如粥、面条等。有些地方实在没办法，A&K 会配备"老干妈"。目前，A&K 的南极团、欧洲团都会准备"老干妈"。

富有服务经验的中国领队可以有效地减少中西方文化冲突。A&K 会派一个有 7 年以上服务经验的中国领队全程陪同，因为领队了解中国客户和公司的服务标准，所以在外国文化和中国文化之间起到一个很好的协调作用。另外，领队还可以充当翻译，尽管不少高端客群的英文水平挺高，但中文的服务会让客人感觉更为亲切。

A&K 目前在中国市场主要运用其优秀的 DMC（分销商监控及管理策略）专业能力同旅行社进行合作，做高端旅游标准产品的 B2B 分销。但中国市场很注重价格，所以很多旅行社会去对比行程，主要也是看价格贵在哪里。因此，A&K 中国区的行程定价与 A&K 在其他国家和地区出台的产品售价相比，其实已经更加优惠，主要分享的产品可以帮助旅行社更好地覆盖市场中的高净值人群。

同时，针对中国游客喜欢结伴出游的习惯，A&K 还在中国市场推出了 10 人左右的固定出发精品小团。既满足了人们在小团中的旅游社交，也可以将精彩目的地以更优惠的价格呈现。

2. 私人飞机旅行 + 地接服务

在 2017 年 A&K 的推介会上，正式在中国市场上推出了"私人飞机旅行 + 地接服务"的专属行程"Wings Over the World"（环游世界之翼）。这个私人飞机旅行产品可以根据每个市场情况做出策略调整，中国区的产品就和总部不一样。在总部旅行产品的行程中，通常采用波音 757 飞机，可以乘坐 50 人。但考虑到中西文化差异，中国高端人群不能接受同这么多人乘坐同一架飞机，所以 A&K 的中国旅行产品安排的都是小型私人飞机，可以乘坐 15 人左右，每个私人飞机团的成员也会控制在 10 人左右。

在中国，一个私人飞机航线的旅行客户，更多的是直接联系私人飞机公司，落地后，私人飞机公司再找地接来服务，这是比较常见的。这当中经常出现的问题是，私人飞机和地接的服务很多时候无法完全对接，这个行程的主导权在私人飞机公司，而不是旅行社。而 A&K 是全球较早做这种私人飞机行程的旅游服务机构之一，已经与很多私人飞机公司达成合作，除了自己的飞机之外，也会提供顶级机型和配置的飞机。A&K 把私人飞机的行程放在常规旅行团里面作为一站旅行的卖点，能够做到标准化的服务。

（三）高端旅游产品营销——十家知名定制游公司的获客渠道和方法

1. 鸿鹄逸游

鸿鹄逸游创作挑战极限、服务精雕细琢的品牌理念，坚持打造高规格：公务舱、高端酒店、米其林餐食、私家团 2～6 人成行；连续多年成功推出"高端环游世界 80 天"，行程遍布全球七大洲。旅客可以从北京、上海、广州、成都、香港、台北等多个城市出发，百条高端旅游行程可供选择。

鸿鹄逸游首席运营官郭明说："目前大部分的客人来源于我们鸿鹄逸游的网站，首先和客人接触的是我们的客服。客服中心从行前一直到行后都是客服在负责。客服帮助客人挑产品，而不是销售。客服通过现有的基础类产品和客人沟通，确定客人具体的需求，然后把需求提交给产品经理，产品经理再安排详细的行程。"

2. 极之美

极之美是中国专业开展南极北极旅行服务的品牌，目的地覆盖南极点、北极点、南极半岛、北极圈等，以其专业服务获得了国际南极旅行组织协会（IAATO）、北极探险邮轮运营商协会（AECO）、冰岛旅游局等国际组织颁发的专业认证。

极之美总经理周沫说："获客 60% 是靠口碑传播的，跟我们走过的客户基本都会把我们推荐给他们的亲朋好友。有 40% 的客户是通过在线旅行社的渠道来的，像携程网、途牛网和飞猪等，我们很少做广告。"

3. 游心旅行

游心旅行成立于 2014 年，是一家面向中高端个人和企业客户的品质旅行服务平台，提供定制、半定制旅行和高品质的自由行产品。目前游心旅行累计注册用户达到 100 万人。2016 年，游心旅行先后成立游心商旅和闻医富馨两家子公司，分别从纵深拓展游心旅行现有任务板块，深耕旅行产业链，以求打造更加完善的一站式品质旅行服务平台。

游心旅行市场总监 Gideon 说："'获客'是一个跟产品结构相关性很强的课题。首先要看客户是哪些、在哪里。

从业务上讲，核心一是垂直细分平台，定位于中高端用户；二是我们和携程网、去哪儿网不一样，我们是以定制、半定制为主，但是我们在此基础之上还有一些品质化的服务，包括一些高品质的机酒套餐。最终是希望打造一个一站式的旅行服务平台。我们将自身定位为旅行管家的角色，旅行管家为用户提供一对一的旅行咨询和定制服务，收取服务费。

从产品布局讲，用户群是金字塔式的布局，塔尖是高端私人定制，我们关注几个高端的领域，包括亲子、教育、留学、医疗，还有商旅。目前我们已经把高端医疗和商旅开辟出来成立独立的子公司；并且，游心商旅已经在近期完成新一轮融资。

从发展战略看，我们希望做的是中高端旅行这样一个比较大的平台，并且能够形成自己的体系，既能保证自己的服务，又能保证一定的规模。把一块块金字塔塔尖拆分出来，保证服务的品质。

做中高端有一个很大的问题——容易陷入小而美，规模做不大；规模做很大的话，品质又不能保证。游心目前的模式类似于高端旅行服务领域的"保洁"，基于游心这个大体系下，根据商旅、医疗、亲子、游学等品类的不同，有不同的品牌和平台。但是我们的用户体系、供应商体系是统一的，包括在市场品牌的宣传上，这样就能兼顾品质规模，这个就是金字塔塔尖的部分。

中间就是半定制，现在市场上友商也在做，类似于为用户制定行程规划，平均客单价比高端定制低一些，主要覆盖中产这个群体。

针对低端入门级的自由行产品，我们有不同类型的产品。这块儿很注重渠道运营，每个业务模块都有一个相对重点的平台来经营，这样一来体量和品质都有保障。现在我们在携程网、去哪儿网、穷游网这类平台上都有销售，而且效果都不错。举个例子来讲，穷游全平台有 500 多家供应商，游心能做到前 5 名左右。"

4. 卧客

卧客（WOKEE）国际旅行社（北京）有限公司，是一家致力于为中国高净值人群提供海外消费的高端服务商。卧客品牌有着十三年的历史，在中国有七家落地服务中心，是以 B2C（Business to Cuctomer，商家对客户）的境外旅行产品为核心，为高净值人群提供全球化定制旅行的高端消费服务平台。

卧客市场策划主管唐小双说："原则上来说，卧客目前是不需要通过外部拓展来获客的。卧客十多年的商务舱、头等舱机票业务为企业积累了一批高净值客户群，大部分客户已经属于卧客机票业务的精准会员。卧客定制旅行业务的获客方式主要就是基于这些高净值老客户的口碑宣传，同时会举办一些基于高净值人群圈层内的线下活动。"

5. 海豚哆哆

海豚哆哆于 2013 年在深圳成立，最初以斐济为突破点，打开了海岛度假市场，后来推出主题游和私人定制两大业务板块，产品覆盖澳洲、欧洲以及全球目的地。它曾被塞舌尔旅游局评为"2016 年中国最佳精品旅行社"；斐济旅游局授予其"2016 中国最佳出境奢华旅行社"称号。

海豚哆哆首席运营官文禄说："第一，由于大平台已经占据了大部分流量，所以今天，一家做服务的创业公司做在线是很难避开这几个我们经常提到的平台的。面对这样的情况，创业公司要做的第一件事情就是迎合平台的需求。

对于风险，和平台的合作确实可能会遇到风险。但在了解自己的阶段性的目标是什么以后，至少在公司发展的初级阶段，我们是能够在一定的程度上和平台达成共赢的。

第二，是在既有的客户板块里做一些文章。今天的创业公司，如果要在新流量上做文章，除了价格的问题外，还有获取难度的问题。你花很多的钱也不一定能够获得这么多的流量，所以想要成功其实很难。而你的客户和他身边的朋友其实就是你最想要的客户，所以在客户板块里做文章，从用定位用户群看是比任何渠道都要精准的。

第三，今天你不管做什么，旅行这件事情都难避开线下渠道。所以和一些线下机构的合作是必须尝试的。比如我们就和摄影师张大枪先生合作，进行了一次瓦努阿图的火山摄影的尝试。如果这次尝试能够成功，我也希望能借助他的能量，做一些欧洲的或者澳洲的类似的摄影产品，并在这个基础上加一些线上、线下的分享，然后结合与一些摄影公司、机构、俱乐部的合作，获得公关营销＋销售＋产品相互加成后的比较好的效果。"

6. 理想国之旅

理想国之旅是于潇与合伙人在 2015 年 8 月创建的，最初以工作室的形式开展小包团业务。经过不到两年的快速发展，2017 年获得了泰然天合基金数百万元人民币的天使轮投资，成为 2017 年最热门境外私人定制旅游公司。

理想国之旅创始人兼首席执行官于潇说："在获客方面，我们现在有这样几块：第一是最传统的 SEM（Search Engine Marketing，搜索引擎营销）。转化率真实成交的数据，而 SEM 是一个市场回报率越来越低的东西。所以我会把价格控制在每次点击 2.3 元左右。这样我们每天可以收到 8 ～ 10 组客户，只要出一单就可以收回成本。

第二，我们是携程网供应商。携程网的模式有点像滴滴派单，它会把一个单子同时推给三个人，所以最重要的是要从三家里脱颖而出。在这方面，由于现在携程网上 90% 的入驻商家都是传统旅行社的人，所以只要我们保持服务质量和产品品质，就一直都能有不错的转化。

第三，投资方泰然天合基金有很多高级客户资源，理想国就在做这块的转化。泰然天合集团本身就有电商，懂销售。而他们的客户又都是买基金、懂理财的人，对定制游的接受度普遍较高。我们作为他们在定制旅游这个板块的唯一供应商，本来就拥有一批很好的用户资源。"

7. 柏路旅行

柏路旅行是旅行高定新锐设计师品牌，主张有性格的旅行，由加百利（Gabriel）和合伙人在 2015 年 3 月创立。其子品牌香蕉星球是一个致力于推广"海外定制自由行"的新锐创意旅行品牌。2016 年 10 月，公司获得千万级天使轮融资。

柏路旅行创始人兼首席运营官加百利说："柏路旅行的定位比较奢华，获客渠道偏传统，主要是线下。早期是存量客户资源，然后口碑传播产生增量，另外还会跟一些机构合作，比如像银行和财富管理公司，他们有客群与我们的客户画像吻合，比如黑卡、白金卡客户理财顾问与其客户联系很紧密，会帮忙处理客户的很多事情，客户很多生活琐事都会找他，其中也会有旅游出行的诉求，其实服务高净值人群的行业门类很多，这些都是我们尝试的方向。

至于线上这一块，自己做流量较难，主要是贵，目前有一些知名度比较高、流量聚集的高端定制游公司具有头部效应。"

8. 慢蜗牛旅行家

"慢蜗牛旅游家"是一家旅游定制服务公司。很多人问，蜗牛行动已经很迟缓，为何还要加个"慢"？其实说到底是希望人们在现在这个愈发快节奏的社会里能有慢下来的情怀，慢下来，将时间拉长变成时光、不负旅行好时光，旅行便不再是走马观花；同时不论去到世界的什么地方都能像蜗牛一样自带一个家，总有安全和温暖的感觉。这正是慢蜗牛旅游家想要带给客户的体验，精心安排策划一段旅程，让旅行慢下来且更有温度，为客户节省时间，让客户将时间用在更美好的事物上。

慢蜗牛旅游家联合创始人兼副总经理丹尼尔·李（Daniel Lee）说："慢蜗牛主要的获客渠道是老客户的口碑。作为云南第一家旅行定制服务公司，慢蜗牛没有受到传统旅行社的影响，可谓拥有纯正的定制基因，定制师对行程细节的精心设计，行程中事无巨细的关怀和服务，赢得不少客户的口碑。因此，通过朋友、老客户推荐在慢蜗牛主要的获客渠道中占比

85

达到 50%，其余大致分三种：线上微信渠道 30%，线下活动推广 10%，同业推荐 10%。"

9. 环球高定

环球高定位于成都，专注服务高端游客已有 5 年，主营目的地线路包括日本、迪拜、澳大利亚、南极、欧洲、美国，以及奢华海岛（大溪地、马尔代夫、塞舌尔等）和东南亚的一些海岛（沽岛、苏梅、巴厘岛等）。主要服务以家庭和朋友为主的团体，此外，提供商务头等舱特价机票预定、奢华酒店（如安缦、四季、丽思等）、合约价预定，以及签证服务。

环球高定首席运营官李秋冬说："我们获客这块是纯线下模式，比较深耕细作。获客渠道主要都是朋友圈积累的，此外，也有几家合作机构，包括医疗器械公司、地产公司，但是数量不多。微信和网站主要也是服务圈内客户，并没有对外投放广告吸引流量。客户群体以中小企业的老板为主，因为客户在自己圈子里会互相比较，谁玩得好很快就会扩散，形成口碑传播。为了赢得口碑，我们每次给客户设计的产品都会再细化一些，考虑到他所在的行业。很多老客户会介绍圈内朋友来，复购率可以达到 30%，我们未来会努力做到更高。"

10. 非途旅游

非途旅游出自云南熊猫国际旅行社，是一家专业为用户提供定制服务的公司。依托云南熊猫国际旅行社资源，仅在 2015 年，非途旅游服务过的客户高达 2000 人次，为旅行社创收 1000 多万元！在 2016 年，非途旅游正式成立，成为一家独立运作的定制旅游公司。

非途旅游运营总监瞿智萍说："我们有很大一部分客户是原来旅行社的老客户，体验过定制服务后，会把我们推荐给亲朋好友；还有就是通过举办线上和线下推广活动获客。此外，我们会和大的旅游在线网站合作，作为他们定制游的供应商。"

第三篇
蜜月旅游人群旅游市场研究

第一节　蜜月旅游人群定义

一、蜜月旅游的概念

蜜月旅游的概念界定是了解蜜月旅游主体、蜜月旅游过程的基础。"蜜月"是由英语"honeymoon"一词翻译而得。在新版韦氏字典中，对"honeymoon"一词的词源表达为"新婚的第一个月是最甜蜜的"。早期，在欧洲的许多地区，人们都会为新婚的夫妇提供一个月的蜂蜜酒，以示甜蜜；人们也把新婚夫妇之间的情感比作满月，以示美满。随着社会文化发展与婚俗文化的传承，"蜜月"逐渐被认同为新婚夫妇共同度过的第一个月，或是为了庆祝新婚而共同度过的第一个假期。

"蜜月旅游"，也就是我们日常所说的"度蜜月"来源于古代欧洲日耳曼民族条顿人的抢婚习俗。新郎为防止抢来的新娘被其他男性抢夺而去，故在新婚后携带新娘外出进行一个月的旅行生活，其间每日饮用蜂蜜酒，象征幸福甜蜜。这种新婚后外出旅游的习俗之后被沿袭和传播到了欧洲各地，并逐渐被世界各地所效仿。

经过现代文化和生活方式的传播、交流和渗透，我国婚俗礼仪和婚庆活动的形式也都有了很大程度的改变。传统的婚庆活动一般由迎亲、拜堂、闹洞房以及三朝回门四个部分组成。如今，我国的婚庆习俗在保留了部分传统内容的同时，也增添了许多新的婚庆环节，蜜月旅游活动便是其一。

蜜月旅游是幸福婚姻开始前的必需，也是一生中最难忘的回忆之一。蜜月旅游是一种社会性现象，象征了亲密的夫妻关系和一种文化的传递，它已经演变成了一种个性化的经历和惯例化的习俗。作为一种外来引进的文化习俗，我国的相关研究中也出现了对蜜月旅游的定义。

从出游时间与旅游主体的角度出发，蜜月旅游是指人们以在旅游目的地举行婚礼而进行的旅游（通常同时也会度蜜月）或者仅仅是以婚后度蜜月为目的的一种旅游活动，蜜月旅游不仅仅是指新婚夫妇为了举办婚礼或度蜜月而进行的旅游活动,通常还包括与他们同行的家人或朋友的旅游活动。从旅游产品类型的分析来看,陈小春认为婚庆旅游通常是人们以在旅游目的地享受蜜月或欢庆自己的结婚纪念为目的,将婚庆活动与旅游相结合的一种高层次的休闲、度假类型的旅游产品或旅游活动。而生延超与张红专从文化旅游的角度对婚庆蜜月旅游产品进行了定义,他们认为婚庆蜜月旅游是一种文化旅游产品,其内涵便是通过一系列有意义的旅游活动,使结婚这一人生中最重大的事情之一体现出浪漫的情调,在人们的心中留下永久而美好的回忆。婚庆蜜月旅游是以婚庆活动与旅行游览相结合的一种复合型的旅游活动。

传统观点认为蜜月旅游是新婚夫妇的专利,但近年再婚人群、二度蜜月的夫妇以及情侣的加入,使蜜月旅游者的包含范围不断扩大。既然蜜月旅游的本质在于追求与爱人间的亲密体验,那么只要联系双方关系的纽带是情爱,出行核心动机是加强两人间的情爱,凡是符合蜜月旅游本质的旅游活动就应纳入蜜月旅游范围。

根据美国旅行产业协会(Travel Industry of America)对蜜月旅游的定义,蜜月旅游是不带孩子的夫妻两人或者以情爱为动机的其他恋人为了加强或庆祝双方的恋爱关系进行的一次旅游。由于孩子在家庭中的特殊地位,孩子的加入往往使旅游的重心发生转移,将"不带孩子"这一条件加入,有利于保证达到蜜月旅游的目的。不论双方性别、年龄等外在限制因素,也不论是否新婚,放宽了蜜月旅游限制范围,符合市场发展现状,有利于蜜月旅游供给者进行市场操作。

蜜月旅游定义的特点:

(1)出行人数限制:两人;

(2)同行伙伴关系:以情爱为联系纽带的恋人或法律认可的夫妻关系;

(3)出行目的:以加强或庆祝双方的恋爱关系为核心动机,同时可兼有其他动机。

蜜月旅游定义的三个条件缺一不可。其中,双方关系和出行目的是决定蜜月旅游性质的核心要素。

二、蜜月旅游人群的概念

在蜜月旅游定义的基础上，蜜月旅游者可定义为仅以恋人或丈夫（妻子）为旅游结伴者，以加强或庆祝双方恋爱关系为核心动机而进行的旅游活动的主体。从旅游市场运营的角度，凡是联系双方关系是恋爱的情侣或是法律许可的夫妇，旅游核心动机是加强或庆祝双方恋爱关系的旅游者都可称为蜜月旅游者。蜜月旅游人群正是由蜜月旅游者组成的，具有相似的旅游动机和旅游消费特征的特定旅游人群。构成蜜月旅游市场的人群可以是新婚夫妻，也可以是补度蜜月的夫妻和通过旅游来过结婚纪念日的夫妻。

三、蜜月旅游人群市场分析

按照蜜月旅游人群的结婚年限来分，蜜月旅游人群市场可以分为新婚蜜月旅游人群市场和婚龄纪念游人群市场。

（一）新婚蜜月旅游人群市场

国家民政部全国民政事业统计数据显示，每年约有 1000 万对新人结婚。虽然我国近几年结婚对数增速有所放缓，但是由于我国人口基数庞大，相较于其他国家，我国结婚对数规模仍然较大（见表 3.1）。

表 3.1　全国 2011—2016 年婚姻登记数据

年度	结婚登记数据（万对）	主要年龄段
2016	1142.8	25～29 岁
2015	1224.7	24～30 岁
2014	1306.7	25～29 岁
2013	1346.9	25～29 岁
2012	1323.6	20～24 岁
2011	1297.5	20～24 岁

婚姻产业作为一项朝阳产业蕴藏着巨大的商机。据国家统计局统计：

现在全国每年用于结婚的消费大概在 2500 亿元左右。婚庆产业带动上下游几十个相关产业的发展，我们在此仅讨论狭义的婚庆产业，主要以关键的结婚消费为主，例如：婚纱照、婚戒等饰品、婚宴、婚礼服务、婚纱、婚车、旅游等；我们将新房、装修、家具、家用电器、新车等其他结婚消费列入广义的结婚消费，其特点是高价低频。预计全国单对平均结婚消费约为 12.08 万元，以 2016 年结婚对数为基准，预计国内平均结婚消费规模约为 1.38 万亿元，国内婚庆市场的空间巨大。

其中蜜月旅游的市场需求量很大。从 20 世纪 80 年代新婚夫妇选择就近地区度蜜月，到 90 年代新人选择长途的国内旅游，进入 21 世纪以来，出境蜜月旅游的兴起都说明蜜月旅游市场在发生天翻地覆的变化。同时，随着物质生活水平的提高和人们旅游意识的不断成熟，新婚夫妇对蜜月旅游的需求不断增长，要求也在不断提高。资料显示，新婚群体中 20% 会选择免掉传统形式婚礼，直接外出蜜月旅游，另外 80% 会在居住地举办完结婚典礼后外出蜜月旅游；新人蜜月旅游的人均消费在 1 万至 2.5 万元之间。

（二）婚龄纪念游人群市场

随着我国经济的迅速发展，人们收入水平的不断提高，人们的思想意识和价值观念也逐渐在发生变化，特别是中老年人的生活态度和生活方式也发生了巨大的改变。随着《金婚》《金婚·风雨情》《父母爱情》等一系列电视剧的热播，在全国范围内掀起了婚龄纪念高潮。中老年人的消费需求开始向高品质、多元化方向发展，他们把闲暇时间和部分积蓄用来享受晚年的幸福和对快乐的追求上，重温青春的温馨。另外，越来越多的子女选择以安排父母婚龄纪念游的方式来表达对父母的爱，希望父母能够享受天伦之乐，在开心和幸福中度过余生。因此婚龄纪念游也是蜜月旅游人群市场中具有巨大潜力的细分市场。

第二节　蜜月旅游人群的行为特征

一、蜜月旅游的特点

蜜月旅游是一种专项旅游，专项旅游有别于传统的观光游、度假游等，实际上是围绕一定的主题线索将许多旅游活动组合在一起而形成的一种参与性、知识性、趣味性更强的旅游产品。除了具备专项旅游的众多特点外，蜜月旅游有着更深的区别于其他专项旅游的特点：

（一）旅游时间较长

蜜月旅游是蜜月旅游者增进感情、寻求浪漫的旅行，更是人生中一段特殊而美好的旅行，对于美好的时光人们总是尽自己的最大努力去享受，没有人会觉得美好的时光太久，因此蜜月旅游者从心理上就愿意花较其他旅游活动更长的时间在蜜月旅游上。

按照《婚姻法》以及《计划生育条例》，我国在婚假制度上有两个标准，即法定结婚年龄结婚的夫妇（男22周岁，女20周岁）可以享受三天婚假；而结婚符合晚婚年龄的夫妇（男25周岁，女23周岁）可以享受十五天婚假。这个假期主要用来办理结婚方面事宜，没有足够的剩余时间来进行蜜月旅游。因此，有相当一部分新婚夫妇都不会选择在婚期进行蜜月旅游，而是在"五一"和"十一"黄金周期间参与蜜月旅游，从而能够有效地延长蜜月旅游的时间。

蜜月旅游也是具有很强休闲度假性质的旅游活动，它的活动速度较一般的观光旅游活动慢，速度慢了，要玩转旅游目的地就需要更多的时间，在旅游目的地的停留时间也自然增多。在美国和欧洲，蜜月旅游平均停留天数为9天，而一般的休闲旅游则为5天；在日本，海外蜜月旅游平均停留天数为8天；而国内蜜月旅游则为5天。

（二）旅游季节性

现代旅游活动在时间分布上往往呈现出不均衡的特点，即旅游活动的季节性，消遣性目的的外出旅游对旅游季节性的形成以及季节性的程度具有重大影响。一般的大众旅游由于主要是以观光旅游和度假旅游为主，使用的旅游资源多是自然旅游资源，所以旅游者的活动或多或少地受到季节的影响。而蜜月旅游产品正是观光旅游产品和度假旅游产品的综合，蜜月人群对自然风光、风土人情及海滨旅游度假胜地表现出明显的偏好。这些蜜月旅游地很容易受到季节的影响，从而使得蜜月旅游也呈现出一定的季节性。除此之外，蜜月旅游的季节性还可以从结婚时间的季节性来理解。在我国现行的休假制度下，休假时间集中，每逢节假日旅游、结婚的人数明显增多。蜜月旅游一般是在举办完（或不举办）结婚庆典之后进行的，所以时间上大部分就和普通旅游的时间重叠。

美国和欧洲最好的旅游季节是 5 ~ 10 月，国内旅游则主要集中在 9 ~ 11 月和春节以及端午节、劳动节和元旦等小长假。受法定假期及传统文化的影响，我国蜜月旅游者在"五一"、"十一"、九月、十月等时段出游较为集中。

（三）消费价格偏高

旅游是一种精神需要，是在物质满足之后才有的消费品，人们愿意为能长久保存的记忆而付费，因为它美好、唯一、不可复制、不可转让，凸显了消费的个性化。蜜月旅游一度被认为是旅游产品中的高档产品，当旅游成为大众化消费品后，蜜月旅游也随着居民收入的增加逐渐走向大众，越来越多的年轻人享受到了蜜月旅游的愉快。随着收入的增加，旅游者愿意接受的旅游价格上限变宽，价格的敏感程度降低，尤其是有着稳定的职业和较高收入的中产阶层他们往往对价格不太敏感。而蜜月旅游一般情况下一生仅有一次，这一特殊意义使得蜜月旅游的要求远比普通旅游高，再加上旅游时间相对较长，所以蜜月旅游的花费相对于普通旅游产品来说要高得多，而新人们为了超乎寻常的纪念意义和完美的浪漫追求，愿意为甜蜜的享受付出相应的金钱，往往对价格不太敏感，只要产品符合自己的需要，价格又在自己的可接受范围以内就基本满意。

根据赖斌和杨丽娟在 2008 年对北京和杭州蜜月旅游市场的调研数据，从消费能力的数据比较，北京有 80% 的消费者能够承受 10000 元以上的花费，而杭州仅占 55%，所以北京市场高端消费与低端消费在市场份额上的巨大差异，呈现出与杭州市场消费能力均匀分布的强大反差；北京市场上高收入者（人均月收入 > 3000 元）与非高收入者（人均月收入 < 3000 元）在蜜月游消费总额、出游时间和消费倾向上都无明显差异，但是杭州市场的调研数据显示，有蜜月旅游意向的人群集中在高学历、高收入群体，与低收入消费人群在消费特征上存在差异。

（四）重视旅游质量

蜜月旅游强调的是纪念和浪漫，蜜月旅游者对蜜月旅游期望远比普通旅游高。旅游过程中存在着许多的未知因素，会不断地给蜜月旅游者带来各种各样的感受，加上蜜月是一项经济和感情的大投资，所以蜜月旅游者会力求面面俱到。蜜月旅游者为避免终生难忘的蜜月旅游成为一生的遗憾，他们事事追求完美的态度使得旅游环节上的任何一环都不允许意外事件的发生，任何一件不愉快的事件都会直接影响到蜜月旅游者的甜蜜感受，这也导致蜜月旅游者对旅游目的地的环境和当地的接待标准要求提高。

蜜月旅游者选择旅游目的地时，首先考虑的是旅游目的地的自然环境，然后再酌情考虑旅游目的地的民俗文化与风情，进而体验一把带有异族风情的婚礼。此外，蜜月旅游还是一次浪漫之旅，蜜月旅游者在旅游过程中尤其重视浪漫体验，追求旅游产品整体所带来的浪漫感受，因而宁静的环境也是他们所追捧的。

（五）以年轻人为主，个性化突出

年轻人是世界上结婚人群的主体，也是蜜月旅游的主要参与者。蜜月旅游为新婚夫妇在正式进入婚姻生活前提供了一个增进感情的大好机会,他们更愿意享受二人世界的浪漫与柔情,希望拥有独一无二、精彩纷呈的蜜月旅游经历,为自己的婚姻画上独特的一笔。蜜月旅游的私密性决定了该产品必然走小团体、散客化道路。

值得注意的是,越来越多的已婚夫妇选择"补度蜜月"或者"二度蜜月"。随着人们收入水平的大幅度提高,以往没有度蜜月的夫妇会选择在纪念日或者结婚周年的时候补度蜜月,以弥补当年没有度蜜月的遗憾。

在蜜月旅游的出游方式上,很多人都希望能够以自助游的方式来参与旅游。但是自助游跟参团游相比,要花费更多的时间和金钱。而少部分夫妇在经济和时间上都不宽裕,因此不得不选择跟团游的方式参与旅游活动。一些经济基础比较好的蜜月旅游者还会选择自由行,他们只要求旅行社帮助他们预定往返机票、酒店。更有甚者会选择独立成团,并要求旅行社配备导游和车辆,这样既可以满足其行动的自由性,又可以随意安排行程,使得旅游活动不易受到干扰。随着我国经济的进一步发展,以及休假制度更加完善,蜜月旅游群体将会有更多的时间和金钱投入旅游活动中,因此自助游在未来的蜜月旅游发展中将越来越受欢迎。

(六) 重游率高

直接购买且重复购买率较高。蜜月旅游的唯一性使蜜月旅游人群对产品价格不太敏感,在旅游过程中蜜月旅游者会选择直接购买旅游产品,参与的旅游情侣对这次旅游往往有着深刻难忘的印记,特别是旅游者如果在目的地享受到细致服务和体验到浪漫经历,就可能会选择在结婚纪念日等特殊日子重返蜜月地,重温当年的美好,成为该地的回头客。

二、蜜月旅游行为的影响因素分析

(一) 性别影响

从性别的角度来讲,女性群体相对来说更想要参与蜜月旅游。这跟男性和女性的性别差异有较大关系。大部分男性性格坚毅、粗糙，对于旅游活动并不太热衷，而女性性格温柔、细腻，更想要获得浪漫的旅游经历。因此在蜜月旅游上，女性往往具有决定权，蜜月旅游的发展也应该更多考虑女性性格的特点。

（二）学历影响

大部分蜜月旅游者的学历都为本科，研究生学历的相对较少，接着就是专科及以下学历人员。蜜月旅游者的高学历因素也使很多游客在旅游过程中可能会出现文化诉求，并且他们都有较强的信息处理能力。此外，学历较高的人群受到西方文化的影响更为显著，在蜜月旅游上的需求也更突出。

（三）职业影响

不同职业的蜜月旅游者在旅游选择方面也有很大不同，其中公司职员、政府工作人员通常会选择婚假和休假期间参与蜜月旅游，他们的旅游动机主要都是庆祝新婚；而管理人员、销售人员等工作者则会选择在自己方便的时候参与旅游活动，他们的旅游动机主要是放松身心。

（四）收入影响

游客手中可支配收入的多少决定了游客的旅游需求。目前蜜月旅游者的月收入普遍在5000元以上，10000元以上月收入的群体还比较少。这说明蜜月旅游者已经达到了中高收入水平，是旅游市场中具有较大潜力的消费群体。同时，收入水平越高的群体对蜜月旅游的质量要求就越高。

（五）年龄影响

目前我国新婚夫妇的年龄20～30岁，因此蜜月旅游者的主要群体都是"90后"。相比"80后"来说，"90后"在旅游个性化需求方面更加突出，并且他们都非常重视旅游质量，不会为了价格差异而选择服务质量差的旅游产品。

（六）总结

总的来说，蜜月旅游行为的影响因素虽然有很多，但影响最为显著的还是职业因素、年龄因素和性别因素。女性在蜜月旅游决策方面往往具有较强的主导性。由于年龄原因，多数蜜月旅游者的个性化旅游需求也比较突出，在实际旅游开发中应该多注重这些方面的。

三、蜜月旅游人群的旅游消费特征

蜜月旅游消费行为包括旅游者对蜜月旅游信息的感知和评价，对蜜月旅游信息的收集和筛选，对蜜月产品的购买过程以及消费过程，最后对蜜月产品的评价过程。运用旅游购买行为的"需要—动机—行为"模式（见图3.1），从中可以看出主要有两个方面影响旅游者做出购买决策：一方面是社会、文化、经济等外部因素；另一方面是消费者的个人因素。在动机的驱动下做出购买行为，最后的购买评价又会反馈回市场中的旅游者，影响着下一次的旅游购买决策。

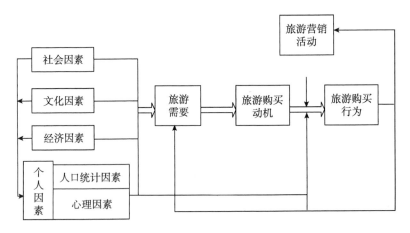

图3.1　旅游购买行为的"需要—动机—行为"模式

（一）蜜月旅游人群的旅游动机

旅游消费行为研究者认为，旅游动机决定旅游行为。根据旅游动机研究普遍接受的推拉理论，旅游决策是由旅游者主观因素推动与外部客观因素拉动共同作用的结果。蜜月旅游动机主要有摆脱日常生活束缚、体验亲密二人世界、抓住一生仅有的一次旅游机会等（见图 3.2）。

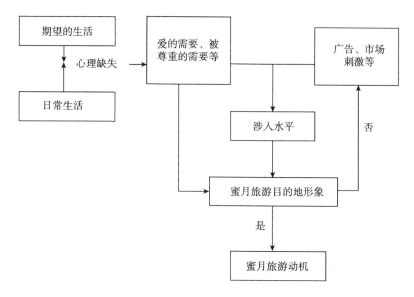

图 3.2 蜜月旅游人群的旅游动机形成模式

日常规律生活的束缚与期望生活的矛盾使蜜月旅游者心理产生缺失，产生爱与其他需要，从而产生逃避常规生活、追求期望生活的欲望，即推动蜜月旅游的因素实现；受涉入水平影响，对蜜月旅游目的地信息进行分析形成蜜月旅游目的地形象。若这一形象符合内心需要则产生蜜月旅游动机，若不符合需要则重新收集信息。

旅游动机具有复杂性、变动性等特点。蜜月旅游需要的产生是蜜月旅游目的地难以控制的因素，广告、目的地服务等可控因素却可以有效影响涉入水平，对旅游动机的产生发挥较大的能动作用。有效的广告宣传，树立适宜的蜜月旅游目的地形象以及良好的服务都将是影响蜜月旅游动机产生的有效因素。

目前在蜜月旅游中，蜜月旅游者的旅游动机主要就是放松心情、庆祝新婚、周年纪念日等，这些动机说明蜜月旅游群体更喜欢那种休闲类的旅游活动，希望能够通过旅游活动获得身体和心灵上的放松，享受整个旅游过程。

（二）蜜月旅游人群购买决策行为

蜜月旅游人群购买决策行为过程与一般的旅游购买决策行为过程相似，同样需要经历需求产生、信息搜寻、方案选择、购买意向产生与产品购买这五个环节。蜜月旅游购买决策的行为主体是潜在的蜜月旅游者，在他们具备蜜月旅游需求的前提下，会对蜜月旅游的相关信息进行搜寻和处理，进而对蜜月旅游目的地、蜜月人均支出、蜜月出游方式等进行备选方案的选择，最终形成购买意向并进行蜜月旅游产品的购买行为（见图3.3）。

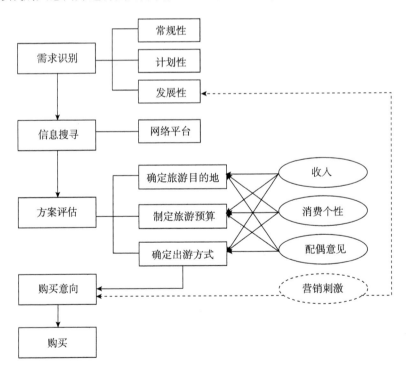

图3.3 一般的旅游购买决策行为过程

1. 需求识别

蜜月旅游的需求识别首先是源于蜜月文化这一社会习俗的传承，因而，蜜月旅游可以被视为一种常规性的需求识别，它是在人们的意识和预料之中的，并且是一个需要被解决的问题。同时，新婚夫妇的结合使原本单身的青年人进入了一个新的家庭生命周期阶段，作为庆祝和纪念这一重要时刻的方式，蜜月旅游的需求识别或将是新婚夫妇在恋爱阶段就产生并开始筹划和商量，故蜜月旅游也可被视作一种计划性的需要。除此之外，蜜月旅游的需求识别也可能是源于环境影响所产生的。蜜月旅游的计划或许原本并不在新婚夫妇的计划和考虑之内，但是因为身边群体的经历参照或蜜月旅游项目的营销刺激等，使这一原本不在预料又无须立即解决的问题被识别。因而，蜜月旅游的需求识别也具有发展性。从蜜月旅游购买决策过程的需求识别特征来看，超过一半的新婚者将蜜月旅游视作常规性需求，计划性需求次之，发展性需求最小。可见，与一般的旅游需求相比，蜜月旅游客源市场的需求是具有一定的刚性的。多样、新奇与个性的旅游经历是他们所期望的消费体验。

2. 信息搜寻

有专家指出，在其他条件相同的情况下，那些年轻的、受过良好教育的并喜欢逛街、寻求事实的人，在购买决策之前往往会进行更多的信息搜寻，同时，女性比男性更倾向于搜寻信息。对于较为欠缺社会经验和个人经历的青年旅游者，在面对蜜月旅游这一投入较大的消费品时，购买决策者在内部信息的搜寻阶段的停留会很少，源于青年人对网络的依赖，他们或将直接进入外部信息搜寻的阶段。同时，蜜月旅游购买决策主体在信息搜寻过程中对网络信息具有很大的依赖程度。与传统的旅行社咨询相比，他们更倾向于自行比较在线机构的旅游产品；与传统传播媒介相比，他们更热衷于社区网络等新兴网络平台的信息收集。

3. 方案选择

按照决策的复杂程度，可以将日常的消费购买决策分为习惯性决策、有限性决策与扩展性决策。在人们的日常消费中，无须经过太多斟酌的习惯性购买可以被称为习惯性决策；在时间和金钱上的投入并不深，购买决策所消耗的时间也较短的消费决策可以被认为是有限性决策；而在产品和品牌具有较大差异，又需要耗费大量时间、收集大量信息、在时间和金钱上的介入程度都较深的购买决策被称为扩展性决策。由于蜜月旅游购买决策主体的出游距离远、消费水平高、知觉风险更大，因而购买决策主体会尽量广泛地收集各种信息，在旅游目的地、旅游服务、企业品牌等各项方案上建立起自己的评估标准进行比较，以求得最理想的蜜月旅游目的地、旅游预算与蜜月出游方式。可见，与一般的旅游购买决策相比，蜜月旅游购买意向的形成过程较为复杂，更具扩展性。

4. 购买意向

蜜月旅游的购买决策是新婚夫妇从以往的独立选择到家庭融合选择的过渡，他们在决策过程中的角色设定与一般的家庭决策相比，具有一定的特殊性。经过长时间的共同生活和相处，一般家庭在购买决策中已经形成了"丈夫主导型""妻子主导型"或"双方协商型"家庭决策模式。在性别角色的常规印象中，男性在家庭的经济支出上通常更具决策力，而女性在购物经历与信息搜寻上又具有一定的优势。新婚夫妇处在家庭建立的最初阶段，双方需要做出很多调整以便适应对方的生活和消费方式。从以上配偶意见与蜜月旅游购买意向特征之间的相关性便不难发现，蜜月旅游作为新婚夫妇在成立家庭后的首次外出旅游，又是一项较大的家庭支出，夫妻双方会做出很多的协调以便适应对方的购买意向。同时，以上的实证研究结果还显示，绝大多数的男性购买决策者会被妻子的意见所影响。从传统意义上判断，新婚伊始，丈夫会更迁就或尊重妻子的意见。由此可见，蜜月旅游的购买决策实质上是以"妻子主导型"模式为主的。

5. 产品购买

一般而言，扩展型决策中因为人们的知觉风险较大，进而会使人们在购买意向和最终购买之间形成比较长的时滞，以便进一步搜寻信息获取更多的购买保障。然而，蜜月旅游的购买决策却不尽然。由于旅游产品的无形性，无论旅游者的准备有多么充分，知觉风险始终是存在的。鉴于蜜月旅游购买决策主体的主观消费心理与刚性需求，知觉风险的阻碍程度会相应被降低。同时，由于蜜月旅游的购买决策是以外部信息搜寻为主，蜜月旅游购买意向的最终形成是建立在信息搜索和亲朋好友的意见之上的，所以推迟或取消购买行为的他人意见因素可以被排除。另外，由于蜜月旅游是经过长期计划和安排的婚庆过程之一，蜜月旅游在时间安排、经费准备等客观条件和心理、精神等主观因素上都是做足准备的，在蜜月旅游购买意向与最终购买之间受到突发因素影响的可能较小。因此，蜜月旅游从购买意向形成至执行购买期间的时滞较一般旅游购买决策更短。

作为一种刚性需求，蜜月旅游的购买决策行为是一种主观性很强的扩展型决策。年轻的蜜月旅游购买决策主体在决策过程中对外部信息搜索具有很强的依赖性，而购买意向多是通过新婚夫妇双方协商形成的。同时，购买意向一旦形成，蜜月旅游的购买决策主体便会执行购买。

第三节　蜜月旅游人群的旅游偏好

蜜月旅游人群在旅游过程中往往对环境、住宿、餐饮、娱乐、交通等方面都有较高的要求。我国最大的在线旅行社携程网旅游发布的《2017 蜜月旅游消费报告》数据显示，2017 年国人在蜜月主题游上面的花费比2016 年增长了 20%。国内外蜜月相关线路的人均费用超过 8000 元。60%选择出境度蜜月，人均花费超过 12000 元。

一、旅游消费偏好

首先，在花费金额方面，前文已经有所提及，即多数蜜月旅游者的旅游花费都在 5000~20000 元之间。其次，在旅游花费去向方面。很多旅游者都会将有限的金额花费在住宿、餐饮和交通上，并且旅游的感性消费也比较多，往往会因为旅游产品本身蕴含的情感内涵而产生感性消费。

携程网旅游发布的《2017 蜜月旅游消费报告》数据显示，以订单人数统计，我国蜜月旅游人群人数主要集中在：上海、成都、北京、广州、杭州、重庆、武汉、南京、深圳、沈阳。这十个城市的情侣们是蜜月旅游产品的主要购买者。

在消费力排行榜中，前十名的城市依次是：上海、北京、杭州、广州、深圳、南京、成都、沈阳、武汉、重庆。其中，前四名城市的人均费用都超过 10000 元，上海、北京以 13600 元、12100 元位居冠亚军（见表3.2）。除了蜜月旅游外，还有情侣希望到海外标志性景点举办婚礼、拍摄婚纱照，这些高端的旅游婚礼定制产品的平均消费达 30000 元。

表 3.2 蜜月旅游人群消费力城市排行榜

城市	蜜月游人均费用（元）	城市	蜜月游人均费用（元）
上海	13600	南京	9480
北京	12100	成都	8700
杭州	10800	沈阳	7500
广州	10100	武汉	6900
深圳	9780	重庆	6780

二、旅游目的地偏好

在旅游目的地类型选择方面，多数蜜月旅游者都会选择海滨城市或者海洋景点，特别是近几年在中国境内比较流行的比如马尔代夫、泰国普吉岛、印度尼西亚巴厘岛等旅游地；富有异域风情格调的又不用出国的少数民族风情地，如丽江，同样也是相当多的蜜月旅游人群的首选之地；而选择草原、名山等旅游资源的旅游者相对较少。

相对来说，蜜月旅游人群比较倾向选择国外旅游，但由于国外旅游花费比较大，因此还是有将近一半的游客会选择国内旅游。通常来说，收入越高的旅游者对国外旅游的需求越强烈。

表 3.3　2017 年度十大最佳出境蜜月旅游目的地

目的地	情侣比例	目的地	情侣比例
马尔代夫	60%	菲律宾	34%
印度尼西亚	43%	美洲	34%
中东及非洲	40%	泰国	32%
澳洲	38%	日本	27%
欧洲	35%	马来西亚	27%

　　根据蜜月旅游订单人数统计,携程网旅游发布了 2017 年度十大最佳出境蜜月旅游目的地,依次是:马尔代夫、印度尼西亚、中东及非洲、澳洲、欧洲、菲律宾、美洲、泰国、日本、马来西亚。海岛旅游胜地马尔代夫以 60% 的情侣比例成为最受中国游客欢迎的蜜月目的地。以巴厘岛闻名的印度尼西亚位居第二,情侣比例达到 43%。异域风情和高端度假探险结合的中东非洲位居第三(见表 3.3 和图 3.4)。

图 3.4　全球热门蜜月胜地

　　2017 年度十大最佳国内蜜月旅游目的地依次是:杭州、三亚、厦门、丽江、成都、北京、上海、大理、周庄、九寨沟。

（一）热门蜜月旅游目的地介绍

1. 马尔代夫——奢华、私密、经典

马尔代夫是最大的珊瑚岛国，是浪漫的代名词，无时无处不散发着浪漫的气息，因此受到众多名人的偏爱，成为很多人蜜月旅行的首选之地。马尔代夫拥有天堂岛屿的绝美风景，如世外桃源般美好；同时拥有87家奢华度假酒店，为人们的蜜月之旅提供高端舒适服务。

图 3.5　马尔代夫"水上屋"　　　图 3.6　游客水中浮潜

"水上屋"、烛光晚餐、潜水活动是马尔代夫蜜月之旅必不可少的体验项目。最私密的空间，最浪漫的氛围，最幽雅的环境，马尔代夫的"水上屋"为蜜月中的人们带来与世隔绝般的超逸感受；海边的烛光晚餐，辅以海岛夜晚胜景，给人们带来满足感和幸福感；双人潜水或浮潜，可观赏到缤纷多姿的海洋生物，体验前所未有的美妙自然。爱情在马尔代夫旅行中浪漫升温、甜蜜发酵，是情侣们无与伦比的浪漫回忆。

2. 巴厘岛——自然、浪漫、生动

巴厘岛是十大蜜月旅行地之一，有"花之岛"的美誉，同时也是"婚礼之都"，每年吸引成千上万的人来这举办婚礼，其中不乏明星诸如吴奇隆和刘诗诗、杨幂和刘恺威、包贝尔和包文婧、霍建华和林心如等，是有明星光环的婚礼圣地。巴厘岛美景如画，似人间仙境一般，拥有全球最美的日落海滩，岛上鲜花遍布，仿佛置身于花的海洋（见图3.7）。

图 3.7　巴厘岛美景

3. 南非——自然、浪漫、生动

南非是全球最美丽的国家之一，位于非洲最南端，西侧是大西洋，东侧是印度洋，拥有丰富多彩的自然风光完美，源远流长的民族文化、时尚现代的城市面貌，是原始自然风貌和现代城市文明的完美融合。

好望角位于非洲的最南端，是南非的地理标志，称得上是非洲的天之涯、海之角。风景独好，环境清新，恋人旅行至此，亦有"私奔"到天涯海角的绝美爱情感受。

南非生态自然原始纯真，多彩的动植物景观、丰富多样的狩猎活动、私密浪漫的度假营地，给蜜月旅行中的人们带来无穷无尽的乐趣。7、8 月份的纳马夸兰是多彩的野花海洋，粉色、黄色、紫色鲜花铺满大地，恋人们在花海中浪漫同行并陶醉其中。

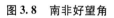

图 3.8　南非好望角　　　　图 3.9　原始旷野

4. 意大利——古典、文艺、多彩

意大利是一座有名的"慢城"。文艺、时尚、悠久、浪漫是意大利的标签，佛罗伦萨、米兰、罗马，无不展现了意大利的迷人魅力。除此之外，罗密欧与朱丽叶的伟大爱情，《罗马假日》的浪漫舒适，都让这座南欧的小城成为蜜月旅行的不二选择。

水城威尼斯的蜜月之旅，必定是和爱人租一条贡多拉在河道间慢行，观赏多样传统建筑和曲折水巷，在多情的徐志摩笔下的叹息桥下深情拥吻；维罗纳的蜜月之旅定要去到朱丽叶的故居，重温罗密欧与朱丽叶的伟大爱情故事，像他们一样誓死捍卫爱情；浪漫罗马的蜜月之旅，体验《罗马假日》电影场景，在圣乔万尼教堂、许愿泉、西班牙广场前，共赴一场浪漫之约；卡普里岛是著名的蜜月之乡，所有的别墅岛屿被悬崖上的橄榄树和柠檬树包围其中，绚烂的夕阳、动人的晚霞，映衬着白色的小屋，在悠然雅致的环境中，人们的浓情蜜意油然而生，爱情更加浓烈（见图3.10）。

图 3.10　意大利岛屿　　图 3.11　威尼斯贡多拉

5. 爱尔兰——古堡、典雅、浪漫

爱尔兰是情人节的诞生地，是最甜蜜"蜜月"的起源地。滨海村庄、海岸崖壁、古堡酒店、青山草场，共同勾勒出了一座自然生态与古老历史并存的爱尔兰城。在这里，甜蜜爱情得到升华，浪漫人生从此开启。

最能代表爱尔兰浪漫甜蜜当属爱尔兰巧克力和克拉达戒指。纯手工巧克力，口感丝滑醇厚，造型精致可爱，包装梦幻多彩。它不仅仅是巧克力，同时也是一件精美的艺术品。与爱人共享巧克力便是共享爱情的甜蜜。挑选一枚《闰年》中男主向女主求婚的别致的克拉达戒指，戒指造型是两只手环抱一颗爱心，爱心上方镶嵌一颗皇冠，代表着二人爱情永恒。恋人戴上克拉达戒指，就代表着两人幸福一生永不分离（见图3.12）。

图 3.12　爱尔兰海滨　　　图 3.13　克拉达戒指

6. 泰国——文化、古迹、海岛

东南亚的海岛泰国一直以来都是蜜月旅行的热门之选，优质的环境、异域的风土人情、多样的文化古迹，成就了历史与现代完美交融的泰国。在这里，人们可以体验到爱情的永恒光芒。

苏梅岛的海是纯粹的，蓝得天海仿佛成一线。岛上宁静、逍遥，人烟稀少，和爱人一起在湛蓝海边享受晴朗天空和魅力海岸，让浪漫的时光成为永久的记忆；泰国SPA是泰国蜜月之旅的必备体验项目。泰式SPA手法独特享誉，体验正宗泰式按摩，从内而外净化心灵和身体。

图 3.14　泰国的海滩　　　图 3.15　泰国水疗

7. 三亚——不只是海

三亚是国内的蜜月圣地，也是一座极具国际范儿的城市。三亚属于热带海洋季风气候，一年四季气温适宜，滨海资源独一无二，娱乐设施和配套设施完善，是国内顶尖的海岛旅游胜地。

亚龙湾是《非诚勿扰2》的拍摄地，这里有舒淇走过的藤桥和住过的鸟巢。其中最著名的是亚龙湾鸟巢度假村，度假村面向大海、依山而建，建筑极具热带风情，内部装饰奢华，是度蜜月的绝佳之地；娱支洲岛又叫爱情岛，是情侣拍摄全海景婚纱照、举行沙滩婚礼、举行潜水婚礼的绝佳胜地，也是新婚夫妻国内度蜜月的不二选择。

2017年，三亚大小天洞旅游区获得"最浪漫婚拍旅游目的地"荣誉称号。该景区具有独具一格的自然资源优势，上百年的琼崖山水名胜和波澜壮阔的自然美景，使得这里成为婚纱摄影的绝佳之地。摄影师无论从哪个角度拍摄，都能拍出唯美的婚纱照。仅2017年，就有大约3万对情侣到此进行婚纱照拍摄，可见大小天洞旅游区的受欢迎程度之高（见图3.16）。

图 3.16　三亚海景　　　　图 3.17　亚龙湾

8. 丽江——自然、秀丽、文化

丽江，地处万里长江第一湾，纳西语里又称"依古堆"，意为金沙江转弯的地方。丽江风景秀丽，拥有多处风景名胜，例如世界文化遗产"丽江古城"、国家级风景名胜区玉龙雪山、世界自然遗产"三江并流"、被称为"世界植物基因库"的老君山和拥有"蓬莱仙境"美誉的泸沽湖。丽江拥有独具特色的纳西文化遗产——东巴文化，其中具有人类社会文字起源和发展活化石之称的东巴文字是目前唯一存活的象形文字；泸沽湖边有独特的母系家庭和"走婚"习俗。优美的自然风景和传统的人文风情无不彰显这丽江的迷人魅力。

丽江处处是风景，处处可留情，被称为"艳遇圣地"。慵懒浪漫的酒吧、古城里的涓涓细流、波澜壮阔与小家碧玉并存的美丽风景、神秘古老的东巴文化，都是丽江的个性标签，是丽江多元化的标志。大街小巷里，恋人漫步在街道，以喝咖啡的态度、速度，从容、深入地把蜜月这杯美酒享受到极致（见图3.18）。

图3.18　宁静丽江

三、旅游方式偏好

（一）旅游行程预订偏好

目前我国蜜月旅游的旅游方式还是依靠跟团旅游，这主要是因为很多蜜月旅游人群的旅游目的地都在国外，跟团境外旅游能够获得较好的旅游体验。随着互联网的逐步兴起，一些蜜月旅游人群也会通过互联网来收集蜜月旅游的信息，但这些信息主要倾向于蜜月旅游体验、旅游注意事项等各个方面。仅有一少部分蜜月旅游人群会通过互联网来安排自己的旅游行程，这部分蜜月旅游人群往往是有国外旅游经验或者在国外生活过的群体。

（二）出行方式偏好

目前我国蜜月旅游选择最多的交通方式还是飞机，选择其他交通方式的旅游者很少。这主要是因为蜜月旅游的目的地本身距离旅游者就比较远，飞机是最有效率的交通工具。另外，因为蜜月旅游的出游时间并不算太长，旅游者不想把有限的时间浪费在交通上。

充满浪漫气息的邮轮旅游正逐渐成为夫妻度蜜月的选择。伴随着邮轮产业在国内的发展，越来越多的蜜月旅游者选择邮轮作为出境游的代步工具，以体验其浪漫和新奇。

还有一部分蜜月旅游人群会选择高铁或者铁路。相对飞机和邮轮来说，这类交通方式所要花费的成本比较少，并且能够给旅游者带来一种不一样的体验。

下面介绍一下邮轮蜜月旅游。

海洋是地球上最神秘的自然资源，爱情是人类中最美妙的情感。近年逐渐被大众熟悉的邮轮旅行，以其浪漫私密的航程、娱乐休闲的设施和登陆海外目的地继续游玩的海陆两栖旅程，成为承载海洋与爱情的热门蜜月度假方式之一。

1. 邮轮蜜月的五大优势

（1）邮轮上度蜜月与一般蜜月的最大区别就是邮轮蜜月不需要赶路、不需要集合，完全没有时间的急迫性，属于纯休闲的蜜月方式，绝不会有"累"的感觉。

（2）邮轮上的豪华设施一应俱全，餐厅、游泳池、高尔夫球场、图书馆、健身房、水疗馆……除此之外，还有精彩的娱乐表演，一定不会让蜜月旅行感到无聊。

（3）繁忙的都市生活可能经常因为加班而吃不上饭或是凑合下，但是在邮轮上蜜月一日六餐，从早餐、午间餐、中餐、下午茶、晚餐以及夜宵，都可以细细品味，所以不妨和爱人享受一次反都市潮流的慢餐主义吧。

（4）邮轮蜜月的另一大好处就是可以吃遍世界美食，邮轮上有来自各国的美食，中餐、意大利餐、法式大餐、日本料理等，应有尽有，还可以和爱人在邮轮上享受甜美的烛光晚餐。

（5）邮轮都配有购物场所，时装、珠宝、包包只要是你想买的，基本都可以在邮轮上的商场找到，而且大部分都是免税的，可以在这里尽情享受购物的快乐。

2. 世界十大邮轮线路蜜月行

不论是想看五彩斑斓的珊瑚礁还是壮丽的冰川，不论是想看珍珠串一样的群岛还是令人不寒而栗的悬崖，不论是想看蜿蜒盘旋的海岸还是清澈见底的海湾……启程吧，跟随全球最佳的 10 条邮轮旅游线路，去观看大自然的鬼斧神工，从而让你产生对世界新的认知。

（1）加拉帕戈斯群岛

在距离厄瓜多尔海岸约 1000 千米的地方，有一个几乎从未被人类发现过的群岛，那就是加拉帕戈斯群岛。小岛上生活了数万种世界上非常罕见的珍稀物种，最让人感到神奇的就是巨龟、奇怪的鬣蜥、红脚掌的鲣鸟和久负盛名的达尔文地雀。邮轮将要经过火山峰和海滩，游客便可以和岛上的珍稀动物亲密接触，可以和鲨鱼一起潜水，也可以看鸟儿捕食，从而让这个野生世界的净化过程清晰地展现在眼前。

图 3.19　达尔文地雀

最佳游览时间：全年

推荐邮轮旅游行程：加拉帕戈斯群岛 7 日游，从厄瓜多尔巴尔特拉岛启程，乘坐豪华的远征号邮轮。

（2）科斯特海

由于科斯特海的海水非常蓝，因此被知名的海洋学家雅克 - 库斯托称赞为"世界的水族馆"。在这里，游客能够看到许多海洋生物，比如不远万里来这里繁殖的加州灰鲸。狂野的沙漠与温柔的大海相交接，成为奇妙的组合，产生巨大的吸引力，风景从超级仙人掌和壁立千仞的熔岩状悬崖一直拓展到布满红树林柔软海滩（见图3.20）。

图 3. 20　科斯特海景

最佳游览时间：12 月到次年 3 月

推荐邮轮旅游行程：乘坐国家地理海鸟号邮轮，由墨西哥拉巴斯出发，全程耗时 7 日。

（3）南极洲和南设得兰群岛

乘坐豪华邮轮，从阿根廷向地球最南边进发，就会到达世界仅有的"白色大陆"。庞大的冰川、恢宏的白蓝色冰山和白雪皑皑的山脉，无不散发着野性之美。在这个人迹罕至的地方，当你站在甲板上，就能看到虎鲸和抹香鲸的身影，等船安全的停靠在岸边时，就能够近距离的观察企鹅和海狮（见图3.21）。

图 3. 21　海上航行

最佳游览时间：11 月到次年 2 月

推荐邮轮旅游行程：南极洲 11 日发现之旅，阿根廷乌斯怀亚往返，乘坐快马巡航号豪华邮轮。

（4）阿拉斯加

这是一条阿拉斯加少有的内海航道，巡游过程中很少会遇到狂风巨浪，但一定能够看到庞大的冰川崩裂入海，发出惊雷般的巨响，壮丽的景象让所有游客都叹为观止。在这片冰雪覆盖而又杂草丛生的荒野之中，最原始的广袤将在游客的记忆中永远保留。拿起双筒望远镜远观，游客就可以看到鲸鱼和老鹰，如果运气特别好的游客，还能看见灰熊。

图 3.22 阿拉斯加冰雪荒原

最佳游览时间：5 月到 9 月

推荐邮轮旅游行程：阿拉斯加东湾 7 日游，乘坐野外发现号或野外探险号豪华邮轮，巡游在朱诺和科奇坎之间。

（5）婆罗洲岛

婆罗洲岛是世界公认的第三大岛，茂密的热带雨林让这里变成了一个动物的天堂。岛上动植物将近有上万种，五彩斑斓的珊瑚和海洋浮游生物错落有致的分布在远海地区的礁石间，不经意间还能够看到野生的猴子，甚至是红毛猩猩。

图 3.23　婆罗洲岛热带雨林

最佳游览时间：9 月到次年 1 月

推荐邮轮旅游行程：李基营地 10 日游（包括游览电影《天生狂野》中的红毛猩猩康复中心），乘坐猎户座 2 号豪华邮轮。

（6）法属波利尼西亚

通常情况下，人们对天堂的描述，大都跟波利尼西亚有关。这个地方由一系列梦境般般的岛屿构成，古老的火山峰在碧绿树叶和蔚蓝的大海之上若隐若现。游客坐在甲板的椅子上，不禁赞叹这美妙的色彩，然后跳入大海，就能够看到那些跟彩虹一样鲜艳的珊瑚和热带鱼群。

图 3.24　法属波利尼西亚岛屿

最佳游览时间：全年

推荐邮轮旅游行程：大溪地与社会群岛 7 日游，乘坐保罗－高更号豪华邮轮。

（7）北极

北极是地球的最北端点，是无数人梦寐以求的旅行地。原始的自然生态，纯白的冰山和冰川，纯洁得让人难以置信，仿佛置身在梦幻的冰雪世界中。北极熊、数以千计的海鸟、海象、驯鹿、白鲸等北极生物在阳光的照射下更加耀眼，北极野花也美得让人难以忘怀（见图 3.25）。

图 3.25　北极雪狐

最佳游览时间：6 月到 8 月

推荐邮轮旅游行程：极地邂逅 6 日游，乘坐海达路德前进号邮轮，从挪威朗伊尔出发。

（8）马达加斯加

马达加斯岛因其独特性被称作"第八大洲"，这里火山遍布、植被郁郁葱葱，拥有世界上最原始的美丽海滩和多姿多彩的珊瑚礁。除此之外，岛上还分布诸多表情可爱的灵长类动物，活力无限。东非邮轮之旅在马达加斯加岛达到高潮（见图 3.26）。

图 3.26 马达加斯加

最佳游览时间：12 月到次年 3 月

推荐邮轮旅游行程：东非 15 日游，乘坐奥德赛号邮轮，从毛里求斯巡游至桑吉巴，这是唯一在马达加斯加岛游览时间超过 1 天的邮轮线路。

（9）新英格兰

秋天的东海岸是世界上最美的景观之一，缤纷的秋叶装点是大自然美妙的表演。在邮轮上观赏东海岸曲折崎岖的海岸线、可爱的海洋精灵、秋叶缤纷起舞是令人一生难忘的体验。在朝向加拿大的邮轮线路上还可观赏到植被茂密的沙格奈峡湾和地球上最古老的岩石景观（见图 3.27）。

图 3.27 新英格兰海岸风光

最佳游览时间：9月到10月

推荐邮轮旅游行程：加拿大及新英格兰（包含沙格奈峡湾）10日游，乘坐欧罗丹号邮轮，从纽约或者魁北克城出发。

（10）挪威峡湾

挪威峡湾自然资源独好，清澈水流从304.8米的悬崖间穿流而过，积雪的山脉、起伏的土地、冰川消融后形成的瀑布在水流过后展露全貌，景色连绵不绝，美丽雄壮（见图3.28）。

图3.28　挪威峡湾风光

最佳游览时间：5月到8月

推荐邮轮旅游行程：挪威峡湾9日游，乘坐旅行者号邮轮由哥本哈根往返。

（三）住宿偏好

蜜月旅游人群以年轻人为主，经济收入水平不高。对酒店住宿的要求较低，经济酒店、三星级酒店和主题精品酒店较受蜜月旅游人群的喜爱。

王莉琴2014年基于顾客期望理论收集273名蜜月旅游者的住宿偏好发现，经济酒店（44.7%）、三星酒店（28.8%）和主题旅馆（15.8%）最受蜜月旅游人群欢迎，而房间价格较高的四星、五星酒店占比较低，分别是4.8%和2.9%。而高端消费人群常用的旅游预订平台——携程网统计，90%以上情侣蜜月客人选择入住5星酒店的自由行、跟团游产品。在三亚、巴厘岛等热门目的地，演艺明星举办婚礼的酒店同款产品最热门。由此可见，蜜月旅游人群的住宿偏好主要受收入水平的影响。

（四）休闲活动偏好

随着旅游活动的日益增多以及旅游信息透明化程度的逐渐提高，旅游者也越来越成熟了。在旅游活动方面，那种半军事化、拉练式的团体游呈逐渐减少的趋势，个性化的旅游经历已经成为旅游者追逐的目标，作为小众旅游市场中的特殊群体——蜜月旅游人群更是如此。

蜜月旅游过程中，旅游者希望能体验到浪漫的、具有纪念意义的旅游活动。除了传统的浪漫晚餐外，越来越多的蜜月旅游者选择在蜜月旅游目的地拍摄婚纱照、举办婚礼，在异国的风景下拍照，留下难忘回忆。根据"当地玩乐""一日游产品"的预定情况，携程网旅游发布了十大最受中国人欢迎的海外蜜月玩乐产品，分别是：普吉岛旅行跟拍服务（中文服务）、巴厘岛旅行跟拍写真、圣托里尼著名的桑托酒庄（Santowine）悬崖婚礼一日游、马尔代夫婚纱拍摄、圣托里尼私人帆船游艇婚礼浪漫套餐一日游（童话婚礼）、斐济专业婚纱拍摄写真尊贵套餐、毛里求斯快艇鹿岛一日游、泰国苏梅岛蜜月旅拍婚纱摄影、芽庄蜜月婚纱照（私人摄影师）、新西兰布兰妮姆奥玛卡航空文物中心蜜月香槟飞行套餐。

大理苍山洱海、斐济丹娜努岛、希腊雅典米岛、中国三亚、法国巴黎等入选五大婚纱写真主题游线路；希腊扎金索斯岛、拉斯维加斯、巴厘岛、夏威夷、马尔代夫入选五大婚礼主题游目的地。

第四节　如何为蜜月旅游人群设计旅游产品

一、设计原则

旅行社在设计蜜月旅游产品时，不是简单地将旅游产品加以组合，而是应该在一定原则指导下将优质服务贯穿到相关的旅游产品中，用最合理、最能满足蜜月旅游人群心理需求的组合方式推出蜜月旅游产品。总的指导原则是在蜜月旅游产品中充分体现纪念原则、私密原则、浪漫原则、喜庆原则、轻松原则和尊重女性原则。

1. 纪念原则

蜜月旅游一般一生只有一次，其重要意义不亚于结婚注册。蜜月旅游产品设计重点应该围绕如何让蜜月旅游富有纪念意义进行设计。要注意旅游活动的体验性，能够让蜜月旅游者产生永生难忘的感觉。

2. 私密原则

蜜月旅游者追求个人私密空间。传统跟团游行程紧张，所有参团游客的吃住行游全在一起，基本没有什么私密性可言。因此，自由行、半自由行或者小团体出行的产品会更受蜜月旅游人群欢迎。在旅游行程设计方面，要给予蜜月旅游人群更多单独相处的时间。

3. 浪漫原则

年轻人喜欢在蜜月旅游过程中有一些值得回味的惊喜和浪漫，所以旅行社在开发蜜月旅游产品的时候要注意增加一些浪漫的旅游体验，如双人浪漫烛光晚餐、双人 SPA 体验、爱情纪念品制作等。另外，蜜月旅游行程中的住宿、餐饮等接待服务水平要更高，使浪漫原则能得到最好的保证。

4. 轻松原则

蜜月旅游与普通观光旅游的区别之一在于蜜月旅游时间更长，行程安排更轻松，不能有普通团队游赶行程这类事情发生。这点与度假旅游类似，蜜月旅游产品的行程设计上要多点娱乐活动、多点参观景点时间和自由活动时间，让蜜月旅游人群能够轻松地享受蜜月旅游的美好。

5. 尊重女性原则

蜜月旅游中，女性往往具有更大的决策权。因此，如何最大限度地满足女性的蜜月旅游需求，使其获得最大的精神满足，就成为蜜月旅游接待的关键因素。在蜜月旅游产品设计中，以尊重女性为基本原则，更多地考虑女性对浪漫美好的婚姻追求以及女性旅游消费的特征。如大部分女性在旅游的过程中喜欢购物，在蜜月旅游行程设计上也要适当安排较受女性欢迎的购物点。

二、蜜月旅游产品设计

（一）观光度假类产品

此类蜜月旅游产品与传统的观光度假产品差异程度不大，主要以观光度假为旅游目的，希望度过一个轻松愉悦的假期。美丽的沙滩、浪漫的城市构成了蜜月地的元素。我国沿海的一些旅游城市具备了类似的条件，如三亚、青岛、厦门等。除此之外，一些著名的非海滨风景区也可开发蜜月观光度假旅游产品，如大理、西藏等。此类蜜月旅游产品由于可选择性多以及价格相对较低，受欢迎程度最广，可以满足旅游者对蜜月旅游多样化的需求。在设计观光度假类的蜜月旅游产品时需要注意：

1. 餐饮有特色、有创意

现在的人们生活水平提高了，在城市生活的人吃饭专挑特色的餐馆吃饭。旅游者外出旅游，吃得好才能游得好，蜜月旅游也同样如此。旅行社在安排蜜月餐时，可以安排在一些富有地方特色的餐馆，让蜜月旅游者体验当地的风味特色。

蜜月旅游讲求喜庆，在蜜月餐的安排上可以安排像烛光晚餐、二人甜蜜餐等。在菜的取名上可以尽量将菜名和喜庆靠拢，如比翼双飞、手牵手、心心相印等。在用酒上可以选用中国人的喜庆酒等酒类。蜜月餐的就餐地点也可以进行简单装饰，显出特意为新人准备的用意，这样可以让新人们得到其他就餐游客的羡慕而产生受到重视的感觉。

2. 住房宽敞、精心布置

度蜜月过程中，蜜月旅游者有 1/3 的时间是在房间度过的，所以蜜月旅游的住房安排上应下足功夫，让新人们在舒适的环境下度过旅程 1/3 的时间。度蜜月者不希望被外人打扰，安静的酒店尤其重要。加上新人们追求浪漫的心理，可以安排别墅、乡村小屋、高星级酒店等给新人作为旅途中的住处。如果蜜月旅游地选择为海滨，安排给新人的房间最好就是海景房。在房间装饰上，整个房间的颜色宜明亮自然，可以用粉色来渲染浪漫情调。一般酒店在旅行社的要求下，可以为蜜月旅游者提供蜜月布置，用鲜花装饰房间，赠送小点心，纪念蛋糕等。还可以根据蜜月旅游者的需求把房间布置成富有当地传统特色的新人房，给人以新奇又贴心的感受。

过去大家习惯了预订传统酒店，或者会对那些一式一样的酒店间格及冷冷的色调感到厌倦，所以拥有独特设计风格、装潢温暖和谐的酒店、给人有回家感觉的精品酒店近年深得蜜月旅游人群的欢迎，世界各地越来越多新兴的精品及蜜月主题酒店逐渐出现。

（1）阿曼杰纳酒店

图 3.29　阿曼杰纳酒店内景

地点：摩洛哥马拉喀什

特色：热带风情、开放式建筑、套间带私人暖水游泳池

阿曼杰纳酒店位于摩洛哥马拉喀什，在当地语言中阿曼杰纳意为"平和的天堂"。这是一家极具热带风情的高档酒店，入口的热带喷泉、两侧点缀的橄榄树和棕榈树、配以奇特花纹图案的开放式建筑，共同渲染出了热带的氛围和气息。豪华套房都拥有私人中央供暖游泳池。阿曼杰纳酒店价格不菲，标间每晚 800 美元，豪华套间每晚 1350 美元，同时附带 20%的服务费。

（2）拉丝阿拉曼达斯酒店

图 3.30　拉丝阿拉曼达斯度假胜地

地点：墨西哥

特色：1500 英亩（约 9105 亩）的度假地一次只接待 30 名游客

拉丝阿拉曼达酒店位于墨西哥，面积达 70 英亩，加上周边的绿地共计
1500 英亩。拥有如此巨大的规模，该酒店一次却只招待 30 名游客。酒店
拥有 6 座别墅共计 25 间套房，套房中由具有墨西哥特色的浴室和阳台。该
酒店价格为 1920 美元/6 天，其中包括酒店提供的蜜月套餐、按摩、骑马
等娱乐项目（见图 3.30）。

（3）拉尔贝塔餐厅

图 3.31　拉尔贝塔餐厅

地点：意大利

特色：中世纪建筑，仿佛罗密欧与朱丽叶首次相遇地

该酒店位于意大利，是仿照莎士比亚笔下的罗密欧与朱丽叶首次相遇地建造而成。酒店建筑极具中世纪特色，人们仿佛能透过这座酒店看到中世纪人们的生活掠影。酒店所在地佛兰西亚克塔环境优美，历史悠久，来此酒店度蜜月的情侣们可以在镇上散步观光，欣赏附近的酿酒作坊、布雷西亚和帕勒莫。该酒店价格为每晚 340 美元。

（4）文德拉明宫酒店

图 3.32　文德拉明宫酒店

地点：意大利威尼斯

特色：曾为贵族住宅、管家式服务

文德拉明宫位于意大利水城威尼斯，在 15 世纪时是贵族的住宅，现今成了文德拉明宫酒店的组成部分。该酒店位于小岛之中，内设海水游泳池、按摩和酒吧，位置极具私密性，利于情侣单独相处，游客可乘游艇到达。酒店早 7 点到晚 11 点提供管家式服务。酒店价格为每晚 2578 美元，其中包含早餐（见图 3.32）。

（5）埃兹金山羊城堡

图 3.33　埃兹金山羊城堡

地点：法国埃兹（Eze）

特色：位于悬崖，眺望地中海，中世纪建筑，附近有天文观象台

埃兹金山羊城堡酒店位于法国埃兹的一座悬崖峭壁上，中世纪特色建筑风格，置身酒店之中可以远眺地中海美景。所在地埃兹是一座浓厚中世纪气息的小镇，拥有多处悬崖峭壁的独特景观，一望无边的蓝色海景和茂盛的亚热带植物景观，附近还有一座上千年的天文观测台。该酒店包括三家饭店，内部装饰高端奢华，十分适合情侣入住。价格为每晚 450 美元。

（6）四季酒店

图 3.34　美国纽约四季酒店

地点：美国纽约

特色：专为蜜月爱侣打造浪漫空间

四季酒店位于浪漫的美国纽约，是专门为情侣量身打造的浪漫蜜月空间。酒店的总统套间高端浪漫，拥有豪华私人酒吧，恋人可在内共享浪漫甜蜜时光。酒店对蜜月中的情侣实行免收服务费的优惠。总统套间价格每晚15000美元，标间价格每晚495美元（见图3.34）。

（7）大水银岛

图3.35　大水银岛

地点：新西兰

特色：鸟类"管弦乐团"、海岸线美景、海滩上的晚餐

科罗曼德位于新西兰，是质朴、休闲、自然的代名词，是新西兰最受欢迎的度假目的地之一。该地拥有悠久的历史，淘金遗址、木堰、毛利场所、殖民时期的建筑无不显示出古老迷人的历史气息；科罗曼德半岛自然生态原真美丽，森林郁郁葱葱，太平洋蔚蓝闪耀，海滩一望无际。海岸线长达400多千米，十分壮观。许多艺术家和手工艺者来到这里，构筑他们的美好田园（见图3.35）。

（8）哈利库拉尼酒店

图 3.36　哈利库拉尼酒店

地点：夏威夷

特色：厨师曾为摩纳哥皇家厨师，蜜月套房总面积达 194 平方米

哈利库拉尼酒店位于夏威夷海滩，该酒店最大的特色就是酒店拉米尔饭店中的厨师，他曾经是摩纳哥的皇家厨师。酒店提供蜜月梦幻套餐，情侣们在此可以享受到皇家般的餐饮服务。蜜月套房总面积达 2135 平方英尺，内部装饰有刺绣枕头，水景廊柱、19 世纪的中式桌椅，处处散发着新婚的喜悦气息，可谓是人间天堂。酒店蜜月套间价格为每晚 4000 美元，加上附加卧室每晚 5500 美元（见图 3.36）。

（9）普拉林湾勒姆丽亚酒店

图 3.37　普拉林湾勒姆丽亚酒店

地点：塞舌尔共和国

特色：粉色花岗岩、热带茅草屋、自然海岛风情

普拉林湾勒姆丽亚酒店位于塞舌尔共和国的一个海岛上，该酒店遵循海岛自然风貌而建，粉色的花岗岩、热带的茅草屋构成了酒店的全貌。为了保护海岛环境，在海龟产卵的时候熄灭灯光以保护海龟正常产卵。酒店有三座泳池与海水直接相连，酒店还为游客提供网球、冲浪等娱乐活动。酒店价格为每晚 1514 美元，包含免费早餐（见图 3.37）。

（10）里兹大酒店

图 3.38　里兹大酒店

地点：法国巴黎

特色：奢华的代名词

里兹大酒店位于法国巴黎，浪漫奢华是它最显著的标签。酒店入口豪华，回廊全部镀金，房间装饰精致奢华，内部每个细节都显示出浪漫的气息。酒店价格平均每晚 5200 美元，爵士套间每晚达 6200 美元。

3. 交通安全舒适

鉴于蜜月旅游者的消费能力相对较强，长途旅游的主要交通工具是飞机，这使蜜月旅游者急于到达蜜月旅游地的迫切愿望得到实现。由于蜜月旅游者对旅游的配套设施要求较高，旅行社在安排交通工具，宜优先给蜜

月旅游者安排车况好的车，从硬环境上给人一种温馨的感觉。随着邮轮蜜月旅游的兴起，要选择安全可靠的邮轮公司出游，在邮轮上要为蜜月旅游者提供舒适的房间。旅行社还可以考虑推出蜜月自驾旅游产品。在交通工具的布置上，考虑到蜜月旅游一般是结婚后的旅游，新人们都沉浸在结婚的喜气中，所以在接送蜜月旅游者的汽车或者轮船上，可以装饰上鲜花、气球、彩带等喜庆的装饰品。还要注意的是，蜜月旅游者的主角是成对出场的，旅行社在购买交通票时，要让夫妇及其随行家人或朋友坐在一起，绝对不能将夫妇的座位分开。

4. 游览愉快、内容丰富

蜜月旅游，感受为先。游览是旅游的重头戏，旅游线路的安排至关重要。在蜜月旅游线路设计上，旅行社宜将线路设计得更加符合新人的需要，与普通线路区别开来。蜜月旅游也许是一生仅有一次的记忆，值得永久回味。这种记忆可以用现代技术将其保存下来，如照片、录像带、光盘等。旅行社在设计蜜月旅游产品时可与专业摄影公司联合，配备专业的工作人员，为新人们的蜜月旅游留下永恒的美好记忆。在蜜月旅游活动策划中，首先考虑到的就应当是这项活动能否给新人们带来记忆感受，给新人们留下最为深刻的美好印象。在蜜月旅游目的地的选择上，旅行社宜选取本身就富有浪漫意义而且有着良好基础设施的地点。蜜月旅游参加者多是有一定的经济基础的，所以对旅游目的地的设施要求比较高，一点点不满意就会导致很大的不愉快，要满足他们的需求，必须要有良好的基础设施作后盾。旅游线路中的主要内容要丰富多彩，在旅游线路的设计过程中，可以参照浪漫爱情电影情节来进行设计，如参考电影《情书》里的场景，设计芬兰雪堡之旅，让新人们相依共同度过零下数十摄氏度的夜晚；参照电影《甜蜜蜜》的场景设计马尔代夫的阳光享受之旅；还可以对照电影《我的希腊婚礼》的场景设计，体会古典时代的爱情之旅等。

5. 轻松购物

在蜜月旅游中，多数旅行社推出的都是纯玩团，无购物。而从众多女性旅游者外出旅游的心理需求来讲，外出没有购物是不完美的，所以购物环节的设计能让旅行社蜜月旅游产品体现出最能反映人文关怀的一面。蜜月旅游者的购物行为较之普通购物有一定的区别，且女性往往是购物群体中的主要部分，她们在购物活动中，追求明显的消费个性，以独特的方式来显示自己的成熟和与众不同。同时，她们也追求时尚，追赶流行。在购物时间上，宜安排充裕的时间以供购物。蜜月旅游主要在悠闲中度过，购物对女性来说是一种享受，买到满意的物品非常有成就感，要使蜜月旅游者在旅游的过程中享受非同寻常的购物乐趣。在购物店的类型安排上，蜜月旅游的购物宜安排女性喜爱的购物店，如服装店、化妆品店等。鉴于女性居家爱家、喜欢带些礼物回去送亲友这一特性，可以适当安排一些土特产店、有特色的小饰品店、家居装饰品店及喜庆用品商店等。

6. 健康娱乐

在蜜月旅游产品设计中，健康产品尤为重要，不能让不健康的娱乐项目影响到新人们美好的感受。可以安排如足浴按摩、水疗、温泉洗浴、舞会等活动，让新人们在舟车劳顿之后得到放松。除此之外，在蜜月旅游娱乐安排上还可多加一些协作项目，蜜月旅游是新人们新生活的开始，在今后的生活中要一直携手共进，因此在蜜月旅游中可以设计一些需要双方共同完成的娱乐活动，增进新人们的感情，如情歌对唱、双人背气球比赛、接力赛等。

（二）"蜜月＋婚庆"产品

随着人们经济生活水平的提高和思想观念的变化，"蜜月＋婚庆"等形式多样的蜜月旅游产品不断涌现，极大激发了旅游市场活力。从字面上看，"蜜月＋婚庆"就是将旅游和婚礼策划、婚纱摄影、蜜月旅行等结合起来。目前，"蜜月＋婚庆"模式逐渐在一线、二线城市用户中普及，既有"80后""90后"新婚人群，也不乏重温蜜月的金婚、银婚一族。

随着时代的进步，年轻人对婚礼的要求越来越多元化、时尚化、个性化，几乎每对新人都想使自己的婚礼与众不同。越来越多的新人抛开了传统婚礼的烦琐，选择国外更为浪漫的西式婚礼，一次蜜月可满足海外婚礼、海外摄影、爱情微电影三个愿景。海外婚礼消费额相当于国内一场中高档婚礼，但避免了烦冗的婚礼筹备，又开阔了异域视野。"海外婚礼"正成为年轻人喜结连理的一种新时尚。去国外办一场极具异国情调的海外婚礼正成为许多年轻新人追求的新时尚，也成为出境旅游的一个新卖点。因此，旅行社可以开发形式各异的婚礼仪式项目。如集体婚礼、中式传统婚礼、西式传统婚礼（教堂举行）、少数民族婚礼、草坪婚礼、农家婚礼、水上婚礼等。

传统影楼流水线的婚纱摄影拍摄模式越来越不能满足年轻夫妇追求个性、真实和与众不同的需求，而蜜月婚纱摄影正好弥补了这样的弊端。蜜月婚纱摄影不仅让新人们可以领略沿途的自然风景，也把具有纪念意义的婚纱照拍摄完成，一举两得。蜜月旅游婚纱摄影越来越受年轻夫妇的欢迎，二者结合在一起，不仅仅是拍摄婚纱照，更是一次难忘的蜜月婚纱摄影之旅。

我国目前有数亿对已婚夫妇，其中相当一部分的已婚夫妇已经有了一定的经济基础，使他们周年纪念旅游具备了很好的条件。旅行社可以组织开展故地重游、纪念晚宴、举办结婚周年纪念庆典、拍摄周年纪念照、植婚庆纪念树、刻婚庆纪念碑、拴同心锁、放爱情鸽等活动。

据不完全统计，2016 年海南共计接待婚纱摄影新人 32 万对，婚礼客人 2100 对，蜜月度假客人超过 30 万对，客户遍及全世界和国内各大城市。目前，海南涉及婚庆产品的酒店 100 多家，婚纱摄影机构 500 多家，婚礼策划机构 40 多家，"蜜月＋婚庆"旅游的发展为全省旅游业注入了新的活力，已成为旅游产业重要的组成部分。

1. 蜜月旅游地特色服务介绍

海外婚礼——留下难忘的回忆。

在蜜月旅游地举办一场刻骨铭心的浪漫婚礼也是一个非常不错的选择。以蜜月旅游胜地巴厘岛为例，首先，巴厘岛拥有上百处"颜值爆棚"的婚礼场地，能够举办包括沙滩婚礼、草坪婚礼、悬崖婚礼、水台婚礼、教堂婚礼等各类婚礼，价格也不一而足，很好地满足了不同需求不同偏好的新人；其次，巴厘岛的众多高星级酒店相继打造出唯美奢华的婚礼场地，推出了各自的婚礼套餐，为新人们提供了更多高性价比的选择，在所住的酒店举办婚礼，也免去了来回的奔波，非常方便贴心；最后，参与含有婚礼的半自由行程，更能够以最合适的价格获得最好的服务体验，包括婚礼摄像记录、婚礼花絮拍摄、一流化妆师造型师服务、婚礼全程跟拍等。用在国内办一场婚礼、宴请宾客的钱去一个风景如画的地方办一场只属于两个人的海外婚礼，将不再是不可能的事。

1）巴厘岛婚礼场所推荐

（1）巴厘岛宝格丽度假酒店

因众多知名演员在此大婚而名声大噪的宝格丽度假酒店海拔 150 米，拥有能将印度洋一览无余的绝美海景，还能乘坐倾斜电梯前往一千米长的私人海滩。酒店融合了传统巴厘岛风情和宝格丽酒店独有的意式风尚，为新人提供四种婚礼形式，分别是私密的水上婚礼、别墅婚礼和经典的教堂婚礼、沙滩婚礼。

（2）巴厘岛康拉德酒店

康拉德酒店内的无限教堂（Infinity Chapel）曾获"亚洲最具设计感婚礼场地"的殊荣，依水而建的玻璃教堂不但外观美丽精致，代表"永恒"的寓意也十分美好。此外，酒店还提供海滩、泳池、水台、凉亭、小桥、草坪、瀑布等多种婚礼场地。

（3）海之教堂

矗立在巴厘岛著名的情人崖上的海之教堂，采用无边框落地玻璃建造，270 度的无限海景使你身处教堂就有如置身大海之上，适合举办 60 名宾客以下的中型婚礼；采用全玻璃设计、镶嵌有 1000 颗珍珠的萨玛贝（Samabe）珍珠小教堂位于萨玛贝别墅酒店内，最多可容纳 20 位宾客。

2）泰国婚礼场所推荐

在泰国，梦幻般的童话婚礼和蜜月地点随处可见，泰国人的热情好客被全世界所熟知，在全国范围内，还有大量精美的酒店和场所为订婚的夫妇和蜜月情侣提供诱人的选择。传统的泰国佛教婚礼是由当地寺庙僧侣来主持这一神圣的仪式，大部分佛教婚礼都包含了很多仪式，其中包括布施和浇水仪式。结婚先后要举行戴双喜纱圈、洒水、拜祖宗神灵、铺床、守新房、入洞房等各种仪式，新人们可在寺庙体验传统泰式婚礼。

普吉岛作为泰国第一大海岛，有着"安达曼海上珍珠"的美誉，海水湛蓝、海滩众多、水上活动丰富，再加上旅游业发达、酒店林立，是名副其实的度假天堂。在这里你可以选择别墅婚礼、教堂婚礼、草坪婚礼、水上婚礼、沙滩婚礼、酒店婚礼以及传统泰式婚礼。下面推荐两个普吉岛婚礼场所：

（1）拉古娜教堂

拉古娜教堂是普吉岛唯一可以举行室内婚礼的教堂，如果你的婚期赶上了普吉岛的雨季，这里无疑是最保险的选择。可在预定拉古娜海滩附近的酒店时，请酒店工作人员帮忙预定教堂。拉古娜教堂最多可容纳50位宾客，提供证婚人和全程英文主持。

（2）基马拉度假村

与其他海岛酒店不同，奇玛拉（Keemala）度假村坐落于迷人的雨林深处，有着葱郁的植物群和连绵起伏的丘陵，纵横交错的丛林走道将一座座别墅相连，值得一提的是坐落在半山腰处的鸟巢别墅，远看像极了原始部落的洞穴。奇玛拉酒店为新人们提供以森林和瀑布为背景的传统土生华人风格婚礼、泰式婚礼、西式婚礼以及奇玛拉特色婚礼。

除了普吉岛之外，泰国第三大岛屿苏梅岛也有为新婚伴侣提供蜜月旅游特色服务的度假村。阿玛瑞酒店（Amari Palm Reef）就是其中的典型案例。

阿玛瑞酒店位于苏梅岛最受欢迎的差翁海滨，传统典雅的泰国建筑，客房宽敞舒服，五星级服务，无与伦比的豪华富丽，环境幽静美丽，是与爱人、朋友、家人一起度假的理想之选。准新人们可以在此面向大海的"泰式村庄"中交换一生的誓言。度假村更配有潜水娱乐中心，提供专业服务；而集团有名的希瓦拉水疗中（Sivara Spa）更是新人放松的理想场所，让爱侣们从充实忙碌的婚礼中完美过渡到甜美的蜜月阶段。度假村倾情推出西式婚礼套餐和传统佛教婚礼套餐，满足不同宗教信仰的新人们的需求。两款套餐均包括住房欢迎果篮、鲜花、报纸及豪华礼包，西式/佛教婚礼仪式策划执行、全程跟拍、新人发型妆容打造及婚礼晚宴。除了套餐包括的项目外，度假村更精心为新人度身制定婚礼当天的行程安排，从婚礼开场的海可汗（Hae Khan Maak）击鼓接新娘仪式到重中之重的宣誓及交换婚戒仪式，都由阿玛瑞酒店专业团队为新人亲手操刀，让新人专注享受婚礼过程的神圣浪漫。在苏梅岛的阿玛瑞酒店，更有别出心裁的"罗南生（Rod Nam Sang）"泼水祈福仪式等新婚体验，亲朋好友及酒店员工会向新人彼此握住的手上泼水以表达对他们的祝福，让新人充分感受被祝福的幸福感。

3）海外婚拍——珍藏最美的瞬间

海外婚拍适合想要在蜜月旅游地留下值得永远珍藏记忆的新人。海外婚拍现在已经不是一个稀奇的选择，大大小小的婚拍机构都有驻海外的服务点，价格也从数千元到数万元不等。一般来说，选择海外婚拍一般分为以下两种方式：

（1）单纯的婚拍

单纯的婚拍，也就是传统的婚纱照拍摄，需要游客自己去联系，单独结算价格，到了当地以后进行试装、化妆、取景、拍摄、选片、修片等一系列操作流程。优点是操作流水线比较成熟；缺点是价格一般较为高昂。

（2）蜜月套餐内的婚拍服务

这一般是在蜜月旅行的基础上提供的增值服务，不以拍摄为主要目的，而是注重蜜月体验的同时加入拍摄行程，是婚纱照和日常照的统一，以留下甜蜜时光的剪影为主旨。优点是性价比高、多拍多送；缺点是不适合为了拍摄极致精美的婚纱照而专门前往巴厘岛的新人。

4）蜜月惊喜——让蜜月更甜蜜一点

蜜月惊喜会根据游客所选取的酒店、行程不同而有不同的形式。一般包括：蜜月房间布置（泡泡浴、花瓣布置、香槟、蛋糕等）、蜜月晚餐（一般是西式烛光晚餐，部分酒店会加送蛋糕）、蜜月礼包（一般在一日游行程中包含，不同的行程可能会有不同方案）。新人在选择蜜月酒店、蜜月行程的时候可以适当关注是否有针对蜜月出行的游客的优惠或者增值服务，或者直接选择为蜜月旅行的游客专门打造的蜜月旅行产品。

2. 婚旅市场发展策略

国内目前正常从事海外旅行婚纱照、海外婚礼业务的机构公司超过数千家，而真正与海外资源签订直接合作协议的屈指可数。

对于传统婚庆行业从业者来说，走近海外婚旅市场，开发成本、运营成本已超过自身范围。而在携程网上搜索与蜜月相关的产品，有超过10万条情侣蜜月信息。对于旅行机构来说，如何了解适婚人口的婚旅需求，开发符合市场的产品，避免同质化；找到适婚人口，节省投放成本；且在服务过程中做到与地接社之间万无一失的服务对接，保障服务质量，都是极大的考验。不管旅游业者还是婚嫁业者，不论是大平台还是小公司，都将受制于不能够接触到彼此的优质资源，而无法实现业务的合并和超越，无法成为成就彼此的良方。

婚旅服务是结婚与旅行两个产业的融合，婚旅从业者不能做这两个产业间的"游击队"，哪儿有利润就出现在哪里。婚旅行业必须建立自己的准入标准，优胜劣汰机制，留下那些真正了解市场、尊重市场、开发市场的从业机构，吸引更多的优质人才、资金进入婚旅市场，并从监管的角度充分考量旅行和婚庆两个产业融合的属性，建立一套行之有效的监管制度，有效促进行业的健康有序发展。

1）深挖细分市场需求

目前，尽管大多数旅行社已经对婚旅市场有了一定的认知和参与的渴望，但是对于如何寻找合乎市场需求的切入点、如何使旅游者真正信赖、如何获取巨大收益并形成规模等问题，尚未找到有效的解决途径。实际上，在整个婚旅市场中，有"旅游＋婚纱摄影""旅游＋婚礼""旅游＋婚纱摄影＋婚礼""婚庆纪念游"等不同的细分市场。在每个细分市场，旅游者的消费能力、消费心理、对目的地的选择、对旅游产品的具体需求等是不相同的。这就要求旅行社要深挖每个细分市场消费者发自内心的、深层次的、全面的心声，然后集合自身的优势有针对性地去设计适合目标市场需求的产品。

2）整合相关企业，打造一体化服务

与婚庆相关的企业包括旅行社、婚庆公司、婚纱摄影、美容中心、宾馆饭店、鲜花礼品、媒体广告等。它们可以以互动营销的方式串成一个产业链，通过各方资源的联合，包揽新人结婚的所有需求，诸如选择婚纱摄影公司、订酒席、花车布置、写喜帖以及布置酒楼礼堂等一切活动。这样可以提高各自在行业内的竞争实力，提升彼此产品的知名度和旅游项目的含金量，达到多赢效果。目前，"旅行社 + 婚庆公司"的经营模式已经在北京等地应运而生。业内人士认为，这一新兴的婚庆旅游经营模式既有利于旅行社进一步开发新的旅游产品，又可以为正处于低谷的婚庆公司开拓新路，值得推广。

3）创新营销方式，多渠道打造婚旅品牌

目前，人们的婚旅意识还没有完全树立起来，因此，相关企业应加强这种产品的宣传，通过多形式、多渠道的宣传，使这一产品广为人知，激发人们的旅游动机。可以充分利用现代化旅游促销手段，如使用互联网、展览会、媒体等传递旅游产品促销信息，提高产品的知名度和影响力。

创新宣传推广方式，强化国际化营销，打造知名品牌。在现有客源结构基础上巩固一线客源市场，同时不断开发二线客源市场，吸引更多游客来体验婚旅产品。同时，统筹整合全局宣传推广资源，创新宣传方式，推动实现联合营销，特别是不断提高国际化营销水平，合理运用演艺明星效应放大营销效果，推动树立婚旅品牌形象。

三、蜜月旅游人群服务机构

（一）蜜游网

蜜游网是一家创办于 2014 年 12 月并专注蜜月旅行、海外婚礼、海外婚纱摄影的垂直电商，2015 年 1 月正式上线。蜜游网的主打口号是中国第一个专注蜜月旅行的专业机构，独创"两人成团"新模式。到目前为止，蜜游网服务客户 2000 多组，能够覆盖全球 22 个国家的蜜月旅行、海外婚礼和婚纱摄影服务。目前已经在帕劳、澳大利亚、普吉岛、毛里求斯设立办事处，多地办事处和当地服务机构正在筹备之中。

蜜游网不像其他旅游电商注重线上的宣传，它的宣传合作渠道主要在婚庆公司、婚嫁产业链，从线上和线下两部分与婚庆产业链公司展开合作，这样的营销方式更精准，获客成功率更高。线上部分，蜜游网开发技术接口与"到喜啦""Wed114 结婚网"等线上平台进行对接，开设"蜜月游"频道；线下部分，蜜游网开发了一套有别于传统的 B2B 系统，具备后台协同销售的能力，婚庆公司销售人员只需要将产品或者把蜜游网站分享给客人，之后蜜游网线上销售将协助其与客户对接，而客户和线上销售的聊天记录、交易过程都是透明、可视化的，一目了然——从定场地到拍婚纱照、选婚庆公司、挑礼服、买珠宝、办婚礼，以及最后的蜜月游。婚庆产业链公司十分乐意将客户引流给蜜游网，实现新的利润增长点见图 3.39。

定场地→拍婚纱照→选婚庆公司→挑礼服→买珠宝→办婚礼→蜜月游

客户价值削弱

图 3.39　婚庆产业链中客户价值的削弱

针对婚旅群体，蜜游网推出了"蜜月游＋婚纱照＋海外婚礼＋国内婚礼＋伴手礼选购"完整的打包旅游产品。蜜游网认为海外婚礼和国内婚宴是可以完美整合的。去海外度蜜月，可同时拍摄婚纱照，再办上一场异国情调的海外婚礼，将海外婚礼的微电影搬上国内婚礼的大屏幕，再配上一些为亲友选购、定制伴手礼的视频，甚至婚宴用酒也可以来自海外。除此之外，纪念日旅行、金银婚之旅等都是蜜游网服务的范畴。如"我为父母补蜜月"产品，就是将传统的"夕阳红旅游"升级，把营销对象从老年人转向子女。

蜜游网注重客户服务质量，为客户提供真正的 24 小时管家服务，从出行前的小提示、旅行必备、行中的关怀、航班延误的安抚、应急服务、入境卡的誊抄（事先填好信息，客人仅需按照模板抄写即可）等一应俱全。以帕劳目的地举例，帕劳的部分酒店无法提供蜜月房的布置，蜜游网就让当地导游去做这些工作，布置好鲜花、红酒和小礼物等。另外还安排了山顶的海景蜜月餐，蜜游网当地的办事处会出海捕鱼，制作最奢华的海鲜大餐。蜜游网提供真正的一价全包，包括导游小费、水下相机、浮潜装备等。针对从香港转机的航班，蜜游网还推出了香港一晚酒店住宿和半日游增值旅游服务。

（二）Love Journey 爱旅

Love Journey 爱旅公司，源自香港，拥有近 67 年旅游行业背景和近十年的目的地婚礼行业经验，其前身是成立于 2011 年的香港梦飞行婚礼制作公司，集团业务最早可追溯至 1949 年香港恒利旅运有限公司，系香港第一间注册旅行社，和境外超过一千家酒店、航空公司有着密切的业务联系，在香港每年服务用户超过千对。在资源基础之上，团队成立了全新的婚礼服务设计平台——Love Journey 爱旅，总部位于杭州。平台两端连接的是海外目的地婚旅服务提供商和国内婚礼行业从业机构，帮海外婚旅服务商拓展中国市场，帮国内婚礼从业机构降低目的地婚旅的采购成本。

平台提供目的地婚礼、旅行婚纱照、蜜月旅游、全球酒店等多个业务品类，基于资源基础，Love Journey 爱旅可以拿到性价比更高的海外婚礼产品。值得一提的是，Love Journey 爱旅面向的客户既包括 B 端商户（旅行社、婚庆公司等），也包括 C 端消费者。

Love Journey 爱旅以平台的模式面向 B 端商户（旅行社、婚庆公司等）输出服务标准进行获客。Love Journey 爱旅希望以平台的身份获取海外资源，通过和目的地有资质的具备相关技能的华人或者当地婚庆公司合作，由平台提供服务标准、需求内容，目的地的 B 端提供场地、活动等，以最低的成本拿下最适合的资源，实现产品落地。现在平台已经在 17 个省会城市拥有城市合伙人，建立超 150 个国内城市分销商体系。线下热火朝天，线上则依托网站、微信公众号提供包括目的地婚礼、旅拍、蜜月、全球酒店等多个品类业务。

在目的地产品挖掘中，Love Journey 爱旅又以"定制师 + 管家"服务模式为用户体验赋能。平台和目的地华人、留学生对接，通过考核接纳其为定制师或管家。前者最少要求有五个境外目的地的出行经验，负责基于用户差异化需求点，为用户定制除婚礼、旅拍、蜜月之外的目的地行程方案，满足用户个性化需求，后者则分为 24 小时线上疑难解答顾问，以及全程陪同照料的线下导游式管家。目前，Love Journey 爱旅已经独家运营超过 99 个全球目的地，提供超过 300 条精品定制旅行婚礼服务。

在团队方面，爱旅团队成员均来自旅游和婚庆领域的资深人士，还有海内外酒店、媒体及互联网运营等相关行业从业者，拥有近 67 年旅游行业背景和近十年的结婚服务在线预定市场经验。

对于婚嫁行业共同面临的获客难题，Love Journey 爱旅主要通过和流量平台的战略合作实现低成本获客。目前，Love Journey 爱旅已和百度、淘宝网、新浪微博、携程网、无二之旅、婚礼纪、中国婚博会、找我结婚等机构达成战略合作，完成技术直链、预订、数据互通和探索专属频道的业务对接，更致力于打通京东商城、美团网、途牛网、天猫商城等平台。海外婚旅供应商也可通过 Love Journey 爱旅平台一键多平台发布婚旅服务信息和管理多平台订单。此外，Love Journey 爱旅已和国内 15 个城市的婚礼从业机构达成合作协议，包括婚礼服务机构、旅行社及线上婚礼平台等。Love Journey 爱旅计划在每个城市打造 3 ~ 5 家样板企业，这些样板企业将通过共享平台技术、共享海外资源、统一集成服务的形式获取更多高端客户，提升品牌价值。

目前，Love Journey 爱旅在全球 99 个国家和地区设有办事处，并与当地结婚机构、旅行社、酒店别墅等建立密切的合作关系，用户可以根据地理位置、销售价格等条件搜索全球婚旅场地信息；同时，Love Journey 爱旅还拥有全球目的地驻地婚旅定制师，以协助用户在计划婚旅行程时可以做出更好、更明智、更具性价比的决定。

Love Journey 爱旅重新定义目的地旅行结婚电商服务模式，成功构建"全民婚旅定制服务平台"，为婚旅用户提供婚旅咨询、服务预定、服务执行、机票代购、婚纱摄影、婚礼策划、蜜月规划、酒店代订、行程管理等旅行结婚全周期服务，帮助婚旅用户合理决策、私人定制、节省成本、提升品质、乐享时光。除此之外，在 B 端业务方面，Love Journey 爱旅为旅行结婚行业商户及从业者提供包括系统专业培训、婚旅定制服务、定制师运营维护、快速结算佣金在内的全方位服务体系，帮助解决行业内的产品开发成本过高、专业度缺乏、服务效率低、运营维护缺失、结算佣金慢的五大痛点。

（三）旷世奇缘

旷世奇缘是中国成立最早的海外婚庆一站式服务公司。为新人提供海外婚礼策划、海外婚纱摄影、海外蜜月旅行等全方位的策划服务。经过 6 年的发展，旷世奇缘在市场、团队、品牌、客户口碑等方面都具备了良好的基础。每年有超过 2000 对新人选择旷世奇缘的服务。超过 10 家海内外权威电视台共同见证，旷世奇缘有海外投资最大的中国婚庆影楼，是巴厘岛唯一合法注册的中资婚庆公司。

1. 团队组成

联合创始人、总经理邝美文女士曾是职业模特，深圳花皇模特演出经纪公司创始人，曾荣获 2005 年中国华厦小姐亚军。

旷世奇缘运营总监、公关媒体主要负责人黄署明先生，成功与国内超过 10 家权威媒体合作，使旷世奇缘成为中国海外婚庆行业媒体关注度最高的婚庆公司；旷世奇缘负责人之一。

摄影总监刘江浩老师是国内一线影楼的摄影培训导师和样片导师，从业 15 年；旷世奇缘负责人之一。

技术总监覃映存先生，导演专业，对视频的拍摄及制作有丰富的经验；旷世奇缘负责人之一。

在国外，还有核心团队及执行团队，包括婚庆布场、花艺师、婚礼执行、蜜月执行，旷世奇缘团队因对婚庆行业的热爱而走到了一起，目的也是为了实现未来第一家中国海外婚庆上市公司。

2. 海外婚礼服务流程

（1）客户通过网站、上门、电话或在线咨询等方式了解婚礼套系及配套服务；

（2）客户预定理想的婚礼场地和拍摄时间；

（3）旷世奇缘与婚礼场地及拍摄团队查询并确认档期；

（如可根据客户要求和需要，制订巴厘岛蜜月行程方案）

（4）签订海外婚礼或婚纱摄影服务协议；

（5）客户按合同规定支付预付款（财务当天出具收据快递到客户手上）；

（6）为客户提供婚礼相关信息及细节安排；

（7）出发前沟通，提供出行的相关细节及注意事项；

（如国内从香港出发，旷世奇缘可安排跨境专车从深圳直达香港国际机场，过关免下车）；

（8）客户到达目的地（如有需要，可安排旷世奇缘巴厘岛公司工作人员到机场接机）；

（9）巴厘岛公司工作人员联系客户预约到当地公司挑选服装；

（10）安排婚礼或拍摄前会议；支付余款（旷世奇缘巴厘岛公司出具收据）；

（11）婚礼当天，旷世奇缘工作人员专车将新人接到婚礼或拍摄场地；

（12）举行婚礼；

（13）婚礼或拍摄结束，旷世奇缘工作人员专车将新人送回酒店；

（14）收到照片及视频原始素材，视频编辑制作及挑选规定数量照片进行精修；

（15）相册排版并印制；

（16）收到相册及精编视频，产品免费速递到家（限中国大陆地区）；

（17）客户回访。

3. 服务优势

旷世奇缘最大的优势是拥有海外婚庆的上游资源，核心技术人员长驻国外，公司核心团队都取得了外籍身份，有 6 年的海外婚庆策划经验，6年的国外实地执行经验，服务从开始到售后都是一体化运营，让到海外婚旅的新人无语言沟通障碍、无文化差异。核心团队常驻国外，在国外有注册的婚庆影楼、婚拍团队顶尖导师，公司的及管理团队成员具有海外婚庆服务领域多年的工作经验，并取得突出的成绩。团队成员在专业能力、年龄结构、资源背景等各方面都具备极强的互补性。

中国公司在国外大多是无证经营、无工作签证，以非法劳务的形式等等展开婚庆方面的工作。旷世奇缘最大的优势是在国外的合法性，这是对客户最大的保障。

无论是哪种行业，唯有提高自己的品质及专业度才能在市场上立足，婚庆行业在这一点上更为重要，除了在品质及专业度上有要求外，在整个服务过程中客户的体验也是尤为重要，这对婚庆执行团队的人员素质是有一定要求的。随着国内海外婚庆市场的升温，旅行社、婚纱影楼、摄影工作室、婚庆公司纷纷跨界做起了海外婚嫁的生意，这对国内海外婚庆行业有很大的推动和宣传作用，但毕竟很多人没有到过实地，更没有去过国外，从某种程度上来讲，提供的信息及专业知识难免会有误差。

旷世奇缘的服务质量保证：

（1）能为客户提供包括机票、酒店预定、行程安排、婚纱定制、婚礼、晚宴、节目策划、拍摄、后期、产品等系统化一站式服务，无旅行社、无中间商；

（2）个性化定制服务；

A. 根据客户的要求及内容来定制整个婚庆及行程方案

B. 根据客户的预算及要求来定制整个婚庆及行程方案

（3）明确客户的需求后，能够出具体一站式系统化的解决方案。无须在市场上拼团、拼公司、拼合作团队去完成服务。

（4）产品服务延伸：海外婚纱摄影、婚礼策划和海外蜜月定制是该公司目前主打的三款产品，公司在巴厘岛有合法的婚庆公司和执行团队，也是当地规模最大的影楼，并用电视台的影响力与当地诸多度假村及婚庆场地有良好的战略合作关系，可以为客户提供全面的婚庆服务。该公司一直坚守直营，所以品质始终如一。

海外婚旅是一种文化，并非单当成一件产品来销售，每对新人对婚礼的需求不同，婚庆公司所出的方案和策划应当对新人更有价值，而且要根据新人的要求来做策划。相比之下，专业的婚旅公司更具有创意及策划的优势，更容易满足新人的需求，专业度和满意度会更高。

第四篇
亲子旅游人群旅游市场研究

第一节　亲子旅游人群定义

亲子旅游是国内近些年一种新兴的旅游形式，而自 20 世纪中叶，国外一些发达国家就对亲子旅游展开了研究，主要集中在细化了的家庭成员对亲子旅游决策的影响上。而国内学界对其最早进行研究的是 2008 年李菊霞和张磊，李菊霞认为亲子旅游之所以区别于其他旅游形式，根本原因在于其构成为父母及其未成年的子女；据途牛网发布的《2015 年度在线旅游亲子研究报告》称，亲子出游成员主要由父母和孩子构成，这样两大一小的订单占比 40% 以上。张磊将亲子旅游与教育紧密结合，提出了亲子教育旅游这一概念，即父母在旅途过程中利用各种旅游资源，以积极的态度去教育孩子，从而使孩子增强体魄与才干；张红认为亲子旅游是一种可以放松身心、开阔眼界，促进亲子感情的旅游形式。刘妍提出亲子旅游是从家庭旅游和儿童旅游中细分出来的，参与人员为父母及其未成年子女，是集认知、体验、休闲与亲情于一体的新型旅游形式。

另外，据艾瑞咨询公司发布的《2015 中国在线亲子游市场研究报告》称，中国在线亲子游用户出游目的排在前三位的分别为：增长孩子知识（81.9%）；增进与孩子的沟通交流（80.1%）；加强孩子户外运动，增强体质（79.2%）。途牛网 2015 年通过对在线亲子游用户进行随机问卷调查，发现有超过八成的用户选择亲子游的主要原因是"增加孩子见闻、开阔眼界""全家放松身心"以及"多些时间陪孩子，促进亲子交流和感情"。旅游目的决定旅游人群的偏好，进而决定该类人群区别于其他人群的不同属性，为该类人群的定义提供借鉴。

综合以上亲子旅游的概念梳理以及旅游目的统计数据，本书把亲子旅游人群定义为：亲子旅游人群的主要人员构成为父母及其未成年子女，他们希望通过旅游来愉悦身心、扩大孩子的知识面、增进亲子关系，以及增强孩子的体质。

第二节　亲子旅游人群的行为特征

作为旅游市场的组成部分，亲子旅游人群的旅游行为具有某些共同特征，这些行为特征使亲子旅游人群区别于其他旅游人群，具有独特性。

一、父母进行旅游决策以了解孩子情况为前提

亲子旅游的目的重在使孩子通过旅游得到快乐和成长，因未成年孩子较为年幼，故亲子旅游的决策一般由父母做出。随着孩子年龄的增长、阅历的增加，决策权会逐渐向孩子倾斜。父母做出决策时一般会考虑孩子的性别、年龄、性格特征、游览经历、游览偏好、身体素质等情况，从满足孩子需求的角度出发来选择旅游地点、方式以及内容。

马宏丽曾在 2013 年对郑州学龄前儿童亲子旅游市场进行了问卷调查，发现家长给孩子选择旅游项目考虑最多的几个因素分别为行程安全（79.4%）、孩子喜欢（67.3%）、内容好玩（59.8%）、孩子可以学到知识（51.0%），而一些其他因素如时间合适、服务周到、费用优惠所占的比例则较低。据艾瑞咨询公司 2015 年的报告称，有 78.1% 的家长主要根据孩子的喜好选择出游目的地。同样，途牛网在 2015 年的亲子游调查显示，有 70% 的用户在确定亲子旅游行程时会考虑孩子的意见。学龄前的孩子由于年龄小，所以安全因素是父母最看重的，而旅游项目是否被孩子喜欢、内容是否有趣好玩、可不可以学到知识，也是父母考虑的重要内容，这些都是在安全的前提下从更好满足孩子需求角度出发的。

二、出游时间集中在寒暑假和节假日

何成军在 2013 年对成都市的亲子旅游市场进行了调查，结果显示选择寒暑假带孩子出去游玩的家长占到 63%，另外，分别有 19%、18% 的家长选择周末短途游和节假日出游。据艾瑞咨询公司 2015 年的报告称，有 70% 以上的亲子游用户会选择寒暑假和小长假出游。刘雪莉在 2015 年对上

海亲子旅游人群做了相关调查，她以家的时间为调查选项，发现家长选择带孩子出游的时间主要集中于小长假（占比 36.94%）、周末（占比 28.83%）和带薪假（占比 27.93%）。由于大多数亲子旅游人群受到工作、学习的限制，因此其旅游时间的选择具有集中性，但对于一些学龄前的孩子，其父母选择出行的时间则更多地具有一定的灵活性。

三、信息获取渠道比较集中

与传统的旅游模式不同，亲子旅游的主要采购者一般为家庭成员中的母亲，这与中国家庭的结构认知"男主外，女主内"有一定关系，父亲的角色一般忙于在外工作，亲子旅游产品的选择大多数由母亲确定。她们在这个过程中受到感性思维的影响更大，在进行决策时也更加细心。去哪儿网 2014 年暑期亲子调查发现，决定亲子出游的主力人群是女性。途牛网监测数据显示，2015 年在线亲子游预订用户女性比例偏高，占比为 54%。而且通常情况下，比起电视网络宣传、景区促销的广告，她们更相信一些育儿话题讨论平台、亲子社区提供的信息；如果某位家长、亲友推荐某一旅游地，通常也很容易促使母亲产生去该地进行亲子旅游的愿望。口碑效应在亲子旅游人群中的重要性可见一斑。

四、出游以短途自助旅游为主

一方面，受到我国公共节假日制度的影响，在时间条件的限制之下，亲子旅游人群更易选择短途旅行，如城市内部的景区或乐园，城市近郊的农庄等；另一方面，也是考虑到未成年孩子的安全问题，自助游能使家长更好地照看孩子，调节行程时间以适应孩子的身体状况，避免让孩子过于劳累，同时可根据孩子需要，灵活地进行线路的自由选择。

易观智库 2015 年 4 月发布的《2015 中国在线亲子游市场专题研究报告》对在线亲子游产品进行调查发现，有 55.54% 的人选择 1~3 天的短途旅行，一些亲子游热门客源市场出游半径短，游客更偏爱进行在区域范围内即本地和周边游览消费。另外在游览方式选择上，有 63.83% 的人选择自助游的形式。同样，途牛网《2015 年度在线亲子游消费报告》也显示，由于孩子对长途旅行承受能力比较弱，出游时间不宜过长，行程要保障在安全至上的前提下，亲子国内游有几乎一半的用户选择了周边出游。携程网发布的《2017 国内亲子游趋势报告》也指出，绝大多数用户订单都选择了城市周边短途旅游，并且举家出游的消费者大多选择自驾出行。

五、出游频率高且消费潜力大

据易观智库发布的《2015 中国在线亲子游市场专题研究报告》雷达分析图来看，中国的在线亲子旅游市场在衡量旅游产品市场发展潜力的三大因素，即用户覆盖率、出游频率以及市场增长率上表现强劲，拥有顶级的发展前景、领先的市场地位，并最有潜力发展成为大众主流旅游产品类型。艾瑞咨询在 2015 年做的中国在线亲子游市场研究报告发现，亲子游用户出游频率集中在每季度 1～3 次，占比为 33.7%，另外有 34.4% 的用户更表示每月都会带孩子出游。根据携程网 2017 年度发布的国内亲子游趋势报告显示，千名用户中有超过六成的受访者打算在年内带孩子出行两次，有近三成的用户甚至表示年内将安排 3～4 次出行。由此可见，亲子旅游人群出游愿望强烈，出游频率较高。

去哪儿网在 2014 年进行暑假亲子旅游调查发现，亲子出游人均消费在 3000～5000 元的占到 32%，有 20% 的家长愿意将出游人均预算定为 5000 元以上，更有 8% 的家长认为"只要孩子喜欢，钱不是问题"，仅有 1% 的家长表示暑假没有亲子游计划。人民网舆情监测室联合同程旅游发布的《2016 中国亲子游市场认知度及消费行为调查报告》发现，父母对亲子游支出很大方，预期花费在 1000 元以上的比例高达 70%。同程旅游《2017 暑期旅游消费趋势报告》称该年暑期亲子旅游人群是出游人群构成的绝对主力，同时也是暑期旅游旺季的首要驱动因素；有接近 30% 的人将暑假出游预算定在 4000 元以上，其中还有 12% 的人明确表示不需要预先设定范围，只要玩得开心就好。由此可见，亲子旅游人群的出游不仅频率高，而且具有很大的消费潜力和消费欲望。

第三节　亲子旅游人群的旅游偏好

上节介绍了一些亲子旅游人群的行为特征，这些特征对旅游偏好有很大的影响，尤其是孩子的需求和偏好会是家长决定出行的首要因素。

一、旅游项目类型偏好

亲子旅游人群总体呈现出多样化的旅游偏好。马宏丽在 2013 年调查中发现孩子们最喜欢的亲子旅游景点类型及其所占的比例分别是：山水风光（65.2%）、人文古迹（58.8%）、休闲活动（57.7%）、主题公园（56.5%）；而家长最喜欢的亲子旅游景点类型分别为运动类（70.6%）和互动游戏类（46.7%）。据艾瑞咨询公司 2015 年的报告称，中国在线亲子游用户在选择旅游目的地时仍会偏好那些孩子们喜好的轻松娱乐的乐园项目类，如动物园、主题乐园，分别占总用户数的 72.8%、72.3%；而选择科普展览和文化古迹类旅游目的地的用户相对偏少，占比为 63.4% 和 58.7%。去哪儿网在 2012 年和 2014 年分别对最受亲子旅游人群喜爱的旅游项目做了调查，结果如表 4.1 所示。

表 4.1　去哪儿网 2012 年、2014 年最受亲子旅游人群喜爱的旅游项目

2012 年	游乐园和公园	海边游泳	爬山骑马	逛街购物	观看文艺演出
2014 年	海岛游	自然风光	公园乐园	美食游	文化古迹

结合孩子的心理特征，本文认为亲子旅游人群的旅游偏好首先应该集中在游乐园和公园、自然风光、亲水活动，这些主要活动方式与孩子们渴望放松身心、追求游乐项目有关；其次包括动植物园、科技馆、博物馆等科普性场馆，家长大多希望孩子在游玩过程中可以开心，必要时可学习到一些新知识，而这些地方可以给孩子们带来一定的认知体验，开阔孩子们的视野。除此之外，也有学者提出随着孩子的成长，会对不同产品类型呈不同的偏好趋势。刘学莉在《亲子游市场的需求影响因素分析研究》曾提

到，度假酒店和邮轮类亲子旅游产品需求量会随着孩子年龄的增长而偏好降低；自然风光、海洋馆和动植物园等探索类亲子旅游产品，科普场馆、农庄体验等文化类亲子旅游产品，以及素质拓展如户外营地等体能类亲子旅游产品需求量随着孩子年龄的增长而增加；而主题乐园类旅游产品因为其能满足不同年龄阶段人群的需求特征而一直是亲子家庭旅游者的偏好之一。

二、旅游目的地偏好

据途牛网 2015 年监测数据来看，我国的亲子游用户更倾向于选择国内游，其出游人次的占比约为 75%；而且就国内亲子游来看，热门目的地前十分别为：三亚、北京、丽江、杭州、厦门、珠海、昆明、大理、桂林、苏州。易观智库在 2015 年 4 月也对我国热门的亲子游目的地产品以省为单位做了统计，广东、云南、海南、四川、福建、广西、湖南、湖北都榜上有名，其中广东省占比最多，为 13.95%，其余省份占比依次下降。2017 年，携程网也针对国内亲子游热门目的地进行了调查，发现上海、广州和北京稳居前三名，深圳、杭州、苏州、常州、珠海、厦门以及天津跻身前十。

出境游方面，2015 年市场情况，途牛网的数据显示的热门目的地有泰国、日本、韩国、马尔代夫、美国、印度尼西亚、新加坡、菲律宾等国家和地区。其中，日本排在亲子游出境目的地的前列是由于赴日手续的简化，新加坡则是由于亲子类综艺节目的推动。易观智库 2015 年的亲子游市场研究报告称日韩的自由行和跟团游在出境旅游市场上表现最为出色。2017 年暑假，同程发布暑期旅游消费趋势报告，发现暑期旅游市场的主要驱动力为家庭亲子游人群，暑期出境游市场以日本、泰国、越南、新加坡等周边国家最为热门，占比为 51.1%，另外，巴厘岛、马尔代夫、长滩岛等海岛也表现不俗，占比达 20.3%。

下面针对一些热门的亲子旅游目的地进行简要的介绍。

1. 广州

随着《爸爸去哪儿》的热播，广州逐渐成为一个炙手可热的亲子游目的地，众多父母带着孩子寒暑假来此游玩。其中，长隆野生动物世界最受亲子家庭的喜爱，孩子们在这里既能跟各种动植物亲密接触，又能学习到很多生物知识，收获快乐。此外，水上乐园也可以使一家人享受美好的夏日亲水时光。

2. 三亚

三亚凭借其独特的热带海滨风光，成为国内体验南国海滨风情圣地，在这里可以感受到温暖海水的抚摸，可以感受到浓浓的东南亚风情，更可以感受到海天一线的宽广。据权威机构排名，中国有四大一线旅游城市，分别是三亚、威海、杭州和厦门，三亚排在第一位，可见大家对三亚的喜爱程度。

3. 北京

北京是一座有着3000多年历史的古都，是中国的首都，很多小学教科书里面都能看到北京的历史古迹，主要有长城、故宫、天坛、颐和园、圆明园等，每天清晨去天安门广场看升旗也是非常有吸引力的一项活动。除此之外，北京拥有中国最顶尖的高校教育资源，如清华大学、北京大学、中国人民大学和北京师范大学等，去校园里走走提前感受名校氛围也是广大游客的选择。

4. 厦门

美国前总统尼克松曾赞誉厦门为"东方夏威夷"，是国内极其火爆的出游地，也是全家人一起出游的首选海滨城市。厦门是个极具南国风情的优秀旅游城市，沿着海边的环岛路骑行，椰子树在两旁摇曳，恍若间让人感觉自己像置身于东南亚的海岛之中。走进热闹的中山路，街道两旁排列的矮楼，无时无刻不彰显着浓郁的闽南风情。

5. 成都

成都是中国最悠闲的城市之一，这里的生活节奏非常缓慢，这里的历史古迹琳琅满目，这里的自然风光秀丽独特，最重要的是这里的美食让人味蕾大开。家庭群体来成都度假，早上可以睡个懒觉，再慢悠悠地去吃早茶，然后再散步去宽窄巷子，当然一定要去看看都江堰、武侯祠、杜甫草堂等，感受成都的历史与文化，夜晚一定不要忘记在成都吃一顿冷锅串串。

6. 东京

有迪士尼乐园的地方就有天堂，所有的家长都愿意带孩子去迪士尼万，东京自然也就成为一个必不可少的景点。东京的迪士尼乐园是亚洲第一大游乐园，承袭了美国奥兰多迪士尼乐园的传统风格，而且现在的规模已经远远超过了美国本土的迪士尼乐园。园区主要有五个主题乐园，每天都能够看到几百场精彩的表演，所有的小朋友去了都不想回家。

7. 新加坡

自由行的女孩儿通常不喜欢往新加坡跑，但是带上孩子的妈妈就一定会选择去新加坡旅游。新加坡是一个东南亚岛国，距离中国比较近，国家虽然不大，但整个国家却是异常的干净整洁，整个新加坡市就如同一个大型的花园。新加坡的温度比较合适，孩子们游玩的地方也比较多，比如：圣淘沙、环球影城等。

8. 普吉岛

普吉岛是安达曼海上的一颗璀璨明珠，普吉岛的热带风光吸引了数以万计的国内游客。大多数的时候都必须要拖家带口去，一起去海边踩踩沙滩、晒晒太阳，把双脚浸泡在碧绿翡翠般的海水中，享受海岛风情带来的愉悦和惬意。冬天，当国内大部分地方开始冰天雪地的时候，就不要在家耗暖气了，带上娃们去普吉岛 happy 吧。

第四节　如何为亲子旅游人群设计旅游产品

一、亲子旅游产品介绍

根据近年来亲子旅游市场的调查报告，汇总不同种类的旅游产品发展情况，并介绍其中具有代表性质的旅游目的地、公司或酒店，以期给亲子旅游产品设计和开发提供借鉴参考和创新思路，从而更好地为亲子旅游人群设计出种类丰富且优质的旅游产品。

（一）主题乐园类

爱玩是孩子们的天性，越来越多的主题乐园的建设为孩子们提供了玩耍的天堂。一般主题乐园都建在城市的郊区，方便周末或节假日父母带着孩子进行短途自驾游。主题乐园一般有自己的卡通人物，如迪士尼的米老鼠、唐老鸭，方特的熊大、熊二等，这些卡通形象无形中对孩子们构成了一定的吸引力。携程网 2017 年发布的国内亲子游趋势报告指出主题乐园类旅游景区在各类型亲子旅游地类型中一直热度不减。而就目前来看，上海迪士尼度假区、广州长隆旅游度假区以及北京欢乐谷位列十大热门主题乐园排行榜前三名。下面主要介绍一下上海迪士尼乐园、长隆度假区的长隆野生动物园、珠海长隆海洋王国，以及近年来拥有强劲发展趋势的华强方特旅游区及芜湖方特欢乐世界。

1. 上海迪士尼乐园

上海迪士尼乐园作为中国大陆首个迪士尼主题乐园，自 2016 年 6 月 16 日开园营业以来就掀起了一波主题乐园的浪潮，吸引了一大批游客前来参观游玩，这其中一个不容忽视的群体就是亲子旅游人群。乐园共分为六大主题园区：米奇大街、奇想花园、梦幻世界、探险岛、宝藏湾和明日世界，同时乐园还拥有世界上最大的迪士尼城堡，以及全球迪士尼主题乐园首创的景点"创极速光轮"。神奇梦幻的园区建筑、丰富多样的游乐项目、热闹精彩的娱乐演出、缤纷精美的周边购物、专业特色的住宿饮食、绚丽多彩的烟花表演，以及可爱童趣的卡通人物，上海迪士尼乐园创造出了一个充满创造力，刺激又欢乐的神奇王国（见图 4.1）。不同于其他乐园过于刺激的游乐项目，上海迪士尼乐园的项目整体刺激性并不强，十分适宜亲子游客共同参与其中，如适合低龄儿童和家人一起参观的"漫游童话时光"项目，通过科技呈现出白雪公主故事中的画面，并引导游客共同参与角色互动，边游边赏，体验性较强；再如"古迹探索营"项目则适合年龄较大的孩子挑战自我，行走在各样的绳索道上，通过河谷、瀑布和峭壁，家长也可以一同参与，见证孩子的成长进步和勇敢瞬间；此外若想体验惊心动魄的急速飞驰，则不要错过"创极速光轮"项目，它号称是迪士尼主题乐园历史上速度最快的过山车之一，游客可以在黑暗的环境里体会加速、下沉、俯冲的快感，同时在飞驰的途中能看到周围闪耀的光影变化，视觉体验也极佳。上海迪士尼乐园，其品牌知名度就具备显著的号召力，未来需要在疏导分散人流、等候区多样化娱乐休闲设计、亲子游客服务设施等方面再下功夫，更好地服务游客，提高他们的游玩满意度。另外，其官方 App 实时更新项目等待时间这一技术的应用为其他游乐园提供了借鉴意义。

图 4.1　上海迪士尼乐园米妮人偶

2. 长隆度假区

长隆度假区共包括两大块，即珠海横琴长隆国际海洋度假区和广州长隆旅游度假区，它们旗下机构也丰富多样。广州区包括长隆欢乐世界、长隆野生动物世界、长隆水上乐园、长隆国际大马戏、长隆飞鸟乐园、长隆酒店以及长隆地产；珠海区包括长隆海洋王国、长隆横琴国际马戏城、长隆迎海酒店公寓、长隆横琴湾酒店、长隆企鹅酒店以及长隆马戏酒店（见图 4.2）。易观智库发布的《2015 中国在线亲子游市场专题研究报告》曾指出广东省成为最受在线亲子游客欢迎的旅游目的地，其份额远超其他省份，是在线亲子游发展的示范和高热地区；同时广东亲子周边游在全网最火，其标准化短途在线亲子游市场接受度很高，国内在线亲子游前十的产品，广东省占据了 9 个，如"珠海长隆海洋王国酒店 + 景区精选套餐""东莞松山湖酒店 + 景区精选套餐"等。长隆野生动物世界是长隆度假区的主打项目之一，随着《爸爸去哪儿》《奇妙的朋友》等节目的热播，其名气迅速扩大，成为亲子游的热门旅游地之一。园区面积巨大，动物种类和数量都非常丰富，合理的园区规划路线，免费的索道交通设计易于孩子们和动物们亲密接触。园区设计了缤纷各异的动物表演节目，如河马剧场、花果山剧场、大象剧场、长隆方舟剧场以及白虎跳水等，还设计了十大奇妙物语学堂，以游戏盖章的形式增加孩子们观看考拉发现、熊猫发现、快乐森林等节目的趣味性，同时能让他们了解一些动物的生活习性等知识。园区的纪念品商店也是琳琅满目，各式各样的动物玩偶、周边装饰制作很精美，深得孩子们的喜爱。另外，一些细节也把握得很好，如缆车外观设计成动物的纹路，真正做到了与景区环境融为一体；图文并茂的动物解说牌和环保指示牌也处处让游园的客人尤其是孩子们感受到保护动物、保护生态环境的重要性。

图 4.2　长隆度假区俯瞰

据《2016 全球主题公园和博物馆报告》数据显示，珠海长隆海洋王国 2016 年的游客接待量约为 847 万人，与 2015 年相比，涨幅达到 13.2%，年游客量位列全球娱乐/主题公园第 12 名，是中国主题乐园第一名，其涨幅在全球排名前 25 的乐园中尤为突出。而在 2014 年，珠海长隆海洋王国就荣获由主题娱乐协会（TEA）颁发的 2014 年度主题公园"杰出贡献奖"。整个乐园分为海洋大街、海豚湾、雨林飞翔、海洋奇观、极地探险、海象山等多个区域，汇集了众多珍稀的海洋生物如鲸鲨、白鲸、北极熊等，十分适合亲子旅游人群来此进行游览，孩子们在观看表演、体验娱乐设施的同时，能够学习到很多海洋与极地动物知识。乐园设置有寓教于乐的科普研学团，如海水鱼研学团、海狮团，并配备有科普讲师和助教进行讲解；展馆内也有各种生动的科普知识互动专题，能够充分发掘孩子们对大自然的兴趣；大型的海洋场馆设施、真实的海水波浪声音带给游客全方位的视听体验；一些项目如"与海豚同游""海底夜宿"等能够很好地增进亲子沟通和感情，培养孩子的爱心和勇敢精神。

3. 芜湖方特梦幻王国

自 2007 年芜湖方特欢乐世界建成并试营业开始，华强集团开始向主题乐园进军，发展十年取得了诸多成就。据《2016 全球主题乐园调查报告》显示，华强旗下的主题乐园累计已接待游客量位列全球第五，其发展速度之快着实令人惊喜。通过自制动漫《熊出没》，塑造知名度高且孩子们喜爱的卡通角色，以及邀请综艺节目来此拍摄以获得良好的宣传影响，方特稳扎稳打，走出了自己的特色之路。华强集团主打文化科技主题乐园，其中包括方特欢乐世界、方特梦幻王国、方特水上乐园以及方特东方神话四类，目前在全国 14 个城市建有已投入运营的文化科技产业基地，还有 11 个城市项目处于规划建设阶段。下面以芜湖方特梦幻王国为例进行具体的介绍。该乐园结合高科技手段，融入动漫卡通、电影特技、中国传统文化以及国际时尚元素来演绎特色的主题，丰富的创意和美妙的设计使园区成为一个孩子们游玩的理想胜地。精品项目包括大型跟踪式魔幻表演节目"魔法城堡"、超大型原创舞台剧"猴王"、国际顶尖的高科技水灾难表演节目"水漫金山"以及大型原创魔幻秀"飞翔之歌"等（见图 4.3）。此外，园区还特别为孩子们打造了《熊出没》主题专区，许多景观以及游乐项目大量融入了热播动画《熊出没》的元素，设计了"熊出没"暖心小屋，"熊出没"礼品专营店、"熊出没"餐厅等，小朋友们也可以和"熊大""熊二""光头强"等自己喜爱的卡通人物一起亲密互动，亲身体验现实版的"熊出没"世界。芜湖方特欢乐世界根据年龄的层级划分不同娱乐设施区域，家长也可以在此体会到属于大人的刺激和兴奋，与孩子一起度过愉快时光。

对比国内受亲子游客喜爱的主题乐园，国外也有一批享有很高人气的主题乐园，下面进行举例介绍，国内的乐园可以有所借鉴，从而进行自我提升。

图 4.3　芜湖方特梦幻王国

4. 哈利·波特主题乐园

主题公园复制了系列小说中的一些经典场景："哈迷"们不仅可以看到书中和电影中所展现的场景和画面，还可以进入霍格沃茨魔法学校参观奥利凡德魔杖店，甚至亲身来一次飞行训练。全世界《哈利·波特》的书迷和影迷们将能在这个主题乐园亲身体验一个神话般的世界（见图 4.4）。

图 4.4　哈利·波特主题乐园

"哈利·波特魔法世界"的目标游客为 7 岁到 67 岁的所有人群。乐园中设有游乐项目、互动景点、商店、特色餐厅以及其他游客从未体验过的新奇项目。

一列霍格沃茨特快火车将一家前来探险的游客带往霍格莫德站。一圈圈的蒸汽在空中翻滚，列车的鸣笛声越来越响。列车穿过车站拱门之后，任何外界的事物将会消失在宝贝和父母们的眼前。父母和宝贝一边骑上小扫把，像哈利·波特一样自由穿梭在霍格莫德村庄、猫头鹰屋和禁忌森林间，一边在脑海中回想小说里惊险的故事情节。正义与勇敢的精神就这样在沉浸式的环境里默默感染着宝贝。夜幕降临，一家人到三把扫帚餐馆享用一顿魔法学校的快餐后，把奥利凡德魔杖商店中心的哈利·波特魔杖带回奥兰多东佛罗里达中央大学区希尔顿逸林酒店。一家人躺在柔软的床上，看着窗外时隐时现的星星，分享一天如梦如幻的神奇经历，定能留下一段难忘的旅行回忆。

5. 洛杉矶环球影城主题乐园

洛杉矶环球影城主题乐园以世界顶级的过山车为特色，景点则有著名的影城之旅和惊险的金刚 360 度 3D 历险。加入影城之旅，游客可以一探电影的幕后拍摄，并体验全新的"速度与激情——超动力"；金刚 360 度 3D 历险则为游客带来世界上最壮观、最惊心动魄的 3D 体验。其他受大众热捧的过山车项目还有：神偷奶爸小黄人 3D 虚拟过山车以及超级愚乐园、变形金刚 3D 虚拟过山车等（见图 4.5）。

图 4.5　洛杉矶环球影城主题乐园

　　对于父母和宝贝来说，动画片和电影都是他们的精神食粮。如果能亲身体验一把电影中的奇幻经历，感受不一样的生活故事，也是一笔宝贵的人生财富，说不定还能为宝贝埋下一颗电影梦的种子。

　　洛杉矶环球影城就是这样一个能圆梦的地方。你所熟知的每一部经典电影都被设计成了惊险刺激的游戏，无论是《辛普森一家》《卑鄙的我》，还是《E.T. 冒险》，都能带来绝佳的视觉效果和感官体验。

　　不仅如此，环球影城还是一部体验式室外科教宝典。带着宝贝去"远古时代"观看原始人类的生活状态，了解人类的发展历史；去"大火灾"感受化学工厂的火灾场景，上一堂生动形象的消防课程；去"库斯提乐园"乘坐虚拟云霄飞车，感受由科技带来的奇异旅程。

6. 日本冲绳美之海水族馆

　　坐落于日本冲绳恩纳村海博公园的"冲绳美之海水族馆"是冲绳海洋的缩影，是世界鱼种类最多、水槽最厚的水族馆。整个水族馆就建于冲绳海边，许多海洋生物都是直接从附近的深海打捞上来的，充分汲取了丰富的海洋资源。带着孩子来到这里不仅可以认识魟鱼、海马等各种各样的神奇生物，观看鲸鲨骨骼的奇妙构造和产卵的全过程，还能漫步在海底世界，欣赏海豚在空中翻腾飞舞的壮观景象（见图4.6）。

图4.6　日本冲绳美之海水族馆

冲绳美之海水族馆重现了冲绳近海的环境，从水面至水深700米的海底世界，将光线、水质、透明度等各种要素维持与自然海洋相似的状态。水族馆展览路线设计由沿岸逐渐潜入深海，如同潜水般的海底之旅让您感受到冲绳大海的魅力与珍贵。

巨大的主水族箱"黑潮之海"贯穿了水族馆的一二两层。黑潮之海中游弋着全世界最大的鱼类——鲸鲨，还有全球第一条成功人工培养的前口蝠鲼。站在这座水族箱前，7米多长的巨大鲸鲨就在游客的头顶游来游去，时不时与游客两眼相望，在人们未发觉时顽皮地游到面前吓人们一跳。

冲绳美之海水族馆为全球第一处成功以人工方式繁殖体型最大的魟鱼品种"鬼蝠魟"。在巨大的水槽中不断供应新鲜海水的系统，创造出繁殖饲养的绝佳环境，也让游客能近距离欣赏到魟鱼的美丽身姿。

美丽海水族馆内不单单只是水族箱的展示，更下了许多功夫让游客可以多角度地观赏。专业人员讲座课程、每年数次企划展示活动等，每一次的探访都让人有新的发现。

7. 日本白色恋人工厂

位于日本北海道札幌的白色恋人工厂是孩子们的甜蜜梦幻天堂。这里不仅有奶香味的白色恋人饼干，还有各种丰富多彩的玩偶和室外花园。色彩鲜艳的红色砖墙、造型独特的尖顶构造、气势恢宏的城堡以及典雅古朴的钟楼，展现出了浓郁的欧式风情（见图4.7）。

图4.7　日本白色恋人工厂

　　年轻的父母带着宝贝来到这座芳香四溢的主题乐园，不仅可以一边观看真实的白色恋人饼干的制作过程，一边品尝美味的饼干，还能在巧克力博物馆学习巧克力的制作过程。

　　走出博物馆，一座座色彩亮丽的小房子镶嵌在斑斓的花园里。走进明快的房间里从窗口探出头来定格感动的瞬间，抑或钻进花园的山洞和会动的卡通人物玩"打地鼠"的游戏，都将给游客留下美好而纯真的回忆。

8. 日本富士急游乐园

　　日本富士急游乐园坐落在山梨县富士山麓，有疯狂刺激的过山车以及可爱有趣的主题乐园，超过40项的游乐设施让游客玩得眼花缭乱。可以说是日本最刺激的游乐场，被称为"绝叫天国"（见图4.8）。

图4.8　日本富士急游乐园

　　日本富士急游乐园拥有世界最大落差（79米）、总长度2045米的过山车Fujiyama，1997年富士急游乐园的过山车以4项世界最高纪录被列入"吉尼斯世界大全"。

　　托马斯乐园是富士急游乐园中的面向低龄儿童的游乐园。托马斯乐园以可爱的托马斯小火车为主，有欢乐的空中飞车、绿树墙组成的迷宫等很多游乐设施。托马斯乐园充满了童话般的气氛，园内还有专销托马斯卡通礼品的商店和为孩子们准备的托马斯餐厅，气氛和菜单均十分可爱。

　　坐上迷你托马斯小火车，元气满满开始新的一天，不仅可以和托马斯的小伙伴们一起开启冒险之旅，还可以和托马斯的小伙伴们参加难忘的火车派对。

在富士急游乐园玩乐的中途还可在富士山美丽壮观的大背景下感受非日常的体验，留下难忘的记忆。

9. 马来西亚乐高主题游乐园

马来西亚乐高乐园是亚洲第一座乐高主题乐园，这是一个充满无限乐趣的精彩世界，无论对于大人还是小朋友而言，马来西亚新山乐高主题乐园都是旅程中拥有最多欢乐元素的地方（见图4.9）。

图4.9　马来西亚乐高主题游乐园

幻想自己是手握宝剑的小武士，正与天上的巨龙搏斗；或想象自己是在海上寻找宝藏的海盗，乘着海盗船乘风破浪；或是成为英勇的救火英雄；或是当个雄心万丈的水手。在乐高乐园，孩子们得以发挥无限的想象力，启发内心世界，以乐高积木打造自己的梦幻乐园。

马来西亚乐高乐园包含了让一家人尽情玩乐的70种游乐设施、表演节目及景区，几乎所有游戏都可让大人小孩尽情投入，通过游戏与玩乐增进亲子关系。

马来西亚乐高乐园酒店共有258间主题套房，客人可以从四个乐高系列主题——海盗、城堡、探险或幻影忍者主题中选择，体验独特的乐高主题住宿。

据同程网发布的《2016 中国亲子游市场认知度及消费行为调查报告》称，有高达81.73%的受访者表示带孩子去过游乐场、动物园或主题乐园等场所进行亲子游活动，这表明主题公园类旅游产品一直在亲子旅游人群中享有很高的人气。该类旅游目的地在设计产品时要注意亲子服务、卫生、餐饮、安全设施建设，同时要注意服务人员的技能培训，增强员工认同感，引导其微笑贴心服务。另外，要根据年龄的分层性设计游乐项目，同时注意排队等候区域的人性化设施建设，如喷雾风扇、遮阳避雨伞、适量座椅等，从而保障亲子人群游玩过程中有一个舒适的休息环境。

（二）亲水乐园类

由亲子旅游人群的旅游偏好还可以看出，一些亲水的项目对他们具有很大的吸引力，如水上乐园、游泳馆、温泉度假区等。亲子旅游受寒暑假影响较大，相对于寒假气温较低以及节庆因素的限制，暑假则少了这些顾虑，在时间长短上也更具优势。天气炎热的暑假，凉爽的亲水活动很容易受到青睐；而秋冬天里，亲子游选择泡温泉也很不错。同程发布的《2017暑期旅游消费趋势报告》指出，暑期周边游需求中，选择"水世界、漂流、划船等亲水类主题"的受访者占到了32.7%。参加亲水活动不仅可以使一家人度过欢乐时光，还可以通过教授游泳培养孩子的水性，锻炼身体，增加技能；同样，定期的泡温泉也对身体大有益处。

下面选择长隆水上乐园和杭州云曼温泉两个代表地进行具体的介绍。

1. 长隆水上乐园

长隆水上乐园自2007年开园以来，就多次被国际游乐园协会（IAAPA）评为"全球必去水上乐园"，并从2013年到2016年连续四年蝉联"全球排名前20位的水上乐园"榜首，游客量每年都呈上升趋势，在行业内享有"领头羊"地位。为满足亲子旅游人群的游玩需求，长隆水上乐园开辟了"奇妙亲子水城"，划分为水城、水迷宫、亲子滑道和嬉水区四大部分，装饰了色彩缤纷、造型各异的卡通人物、水果植物以及海洋生物造型，为游玩家庭打造了一个梦幻的亲子区域。这里还设计了可爱逗趣的喷水设备，创新式的动物水幕，从视觉、听觉、触觉上给予亲子游客前所未有的体验。除此之外，乐园还非常人性化，在该水城增加了温水系统，孩子们可以舒适地畅玩在38～40℃的温水的环境中。此举不仅使父母感到贴心，而且增加了亲子旅游人群的游玩时间，促进"全天候玩水时代"的来临（见图4.10）。

图4.10　长隆水上乐园

2. 杭州云曼温泉

云曼温泉位于杭州第一世界大酒店内，毗邻深受孩子们喜爱的杭州乐园和烂苹果乐园，内设规模很大的儿童温泉池，整个设计和施工建设都是为亲子人群量身打造的。2014年，携程网发布了自驾游温泉季大赏，云曼温泉被评为最佳亲子温泉第一名。总体来看，云曼温泉将自身与亲子度假定位在一起，从产品组合和亲子体验两方面着手，巩固自己的亲子温泉市场地位。首先，它善于利用自己独特的地理区位优势——邻近两大儿童乐园和亲子主题度假酒店即杭州第一世界大酒店，通过借助周边设施及酒店资源，组合成各种联票和套餐产品供亲子旅游人群选择，因组合产品价格优惠，故在市场上反响热烈。其次，云曼温泉在提高亲子体验上也下了很大功夫，推出各种符合孩子们心理需求与愿望的特色汤池，如儿童泡泡池、亲亲鱼疗池，以及香薰矿砂浴等，并为孩子们准备了水上玩具和浴衣等配套用品，从而积攒了良好的口碑。另外，整个温泉是东南亚热带雨林的设计风格，汤池被茂密的植被包围其中，出入汤池和汤池之间温差不大，照顾孩子们的较为敏锐的感知。周末的各种水上亲子活动以及网上的露天电影都是培养亲子感情的良好机会。免费的茶水供应、配套洗漱护肤用品、耐心周到的服务也从细节体现出了云曼温泉的专业性（见图 4.11）。

图 4.11　杭州云曼温泉

不管是热闹非凡的水上乐园，还是舒适健康的温泉体验，亲水乐园类旅游产品越来越成为亲子旅游人群选择的关键产品类别之一。在设计这些旅游产品时一定要注意孩子们的安全问题，如设置深浅水区标识语、区域救生工具、安排全时段人员巡逻、播报家长须知或设置标识牌等。另外，可以规划建设一些适合低年龄段孩子们游玩的浅池区域，设置滑梯、小喷泉、水枪等设施；区域外围设置供家长休息，照看孩子的座椅，并建造邻近的淋浴房、更衣室；室外需装有遮阳伞，提供饮品等。

（三）农庄体验类

近年来，随着城镇化的进程加快，城市周遭一些村庄依靠当地的资源进行旅游开发，出现了蝴蝶谷、亲子小菜园、草莓葡萄园、樱桃沟、民俗园等一些适合周末亲子游览的场所，交通住宿等配套设施的建设也增加了游览的可行性。孩子和父母可以漫步于蝴蝶谷，在乡间辨识昆虫植物，进行摄影、写生、露营等活动；一起学种菜或采摘，甚至烹饪，在这个过程中可以锻炼孩子的动手能力，了解蔬果的成长环境，从中学习到一些日常接触较少的知识，另外可以体会到食物的珍贵；在民俗园等地方让孩子体验剪纸、插花、制作手工等活动；父母也可以在田间教孩子学骑自行车。这些都是父母和孩子们亲近大自然，感受自然风光的良好方式。下面以广东顺德长鹿农庄和北京"田妈妈"作为案例进行具体的介绍。

1. 长鹿农庄

长鹿农庄位于珠江三角洲地区，各类主题公园发展较早、竞争激烈，农庄以发展乡村亲子旅游进行错峰定位，可以凸显其自身特色，从而在市场上形成自己的竞争优势。农庄主要由尖叫乐园、童话动物园、动感玩水区、农家主题乐园以及长鹿休闲度假村五大乐园组成。尖叫乐园根据不同年龄段亲子游客的需求设置了三十多种现代娱乐项目；而童话动物园则以园林的形式展示了种类多样的动物，并定时进行有趣的动物表演，如小猪跳水、赛鸭、斗鸡等，抓住了孩子们喜欢动物这一基本需求；动感玩水区从孩子和家长两部分需求出发，不仅设计了如戏水池、捉鱼区等各类水上项目，而且拥有山洞蒸汽浴、中药水疗等健康养生的项目；另外农家主题乐园则给亲子旅游人群打造了一个体验农耕乐趣的天地，可以体验豆腐坊、陶乐居等农家特色项目，了解布偶戏、皮影戏等民间艺术节目，观赏并体验农事活动。农庄还会与周边学校进行合作，组织学生素质拓展或夏令营等活动，从而开拓学生市场来源，为更好地服务于亲子游客积累经验。丰富有趣的活动样式如圣诞节主题会也使长鹿农庄增强了人气和参与度（见图 4.12）。

图 4. 12　长鹿农庄

2. "田妈妈"

"田妈妈"以自然教育为理念，专业为 2 岁至 7 岁儿童打造户外田园亲子乐园，并设置了一系列促进儿童自然成长的课程体系，能够让孩子们能够在乡村、田间又玩又学，获得快乐体验。从第一家户外亲子农乐园即通州田妈妈玉米和羊农乐园开始，"田妈妈"不断筹划，建设了一系列特色园区，如蘑法森林、草莓乐园、角色园区、麦乐园区、童话牧场等。玉米和羊乐园串联了亲子活动、农业体验和儿童游乐三个要素，分为亲子小菜园、农业园、农乐礼、农业创意集市四个组团，为亲子家庭提供不同的体验项目和游戏，如蔬菜采摘、玉米沙滩、DIY 彩绘天地、嬉水广场、攀爬穿越、袋鼠跳等，此外还有各种主题活动如宝宝生日派对、亲子亲友会等，这些都能使亲子家庭在农乐园里度过有趣和温馨的亲子时光。角色园区则从孩子视角和需求出发，深入挖掘特色的农业文化，设计并融入了三十多种农业角色，使孩子们在角色扮演过程中深度体验不同的农业职业，家长们也可以和孩子共同进行手工制作和农事教育等活动，提高孩子的认知和动手能力以及创造力，增进亲子交流。作为亲子农业和自然教育结合的品牌，田妈妈不断探索，专注于乡村儿童业态与农业亲子体验的开发和设计，将传统的农业园区变为儿童主题园区，将普通的采摘过程变为亲子主题体验活动，走出了一条特色发展之路（见图 4.13）。

图 4.13 "田妈妈"户外田园亲子乐园

农庄体验类产品能够使亲子家庭在自然环境里体会家庭交流的乐趣，城市的居民可以周末带孩子一起去乡村农场进行休闲体验，亲子农业在未来将大有可为。在进行相关产品开发时要注意以下几个方面。首先，农庄的硬件基础设施和项目设施要遵循安全设计原则；其次，农庄的园区设计应该拥有一定的主题，并辅助以配套设施、项目、景观建设，从而对亲子旅游人群具有特色的吸引力；再次，要增强环保意识，尽量在保护环境的基础上，从儿童的角度出发，进行产品多样化设计；最后，要增添趣味性，让孩子能在有趣的亲子活动中学习到一些知识，从而起到寓教于乐，亲子融洽的目的。

（四）求知探索类

"增加孩子见闻，扩大知识"一直是亲子旅游人群的出游目的之一，而一些旅游地正好满足了这一需求。家长们在计划进行亲子游的时候可以充分利用本市或本省拥有的科普场馆类、动植物园等资源，如科技馆，汽车、自然、历史、航天等博物馆、天文馆、美术馆、动植物园、海洋馆等，这些地方能以场景实物教学的方式让孩子们在有趣的游览中学习知识，培养他们对历史、艺术、科学等方面的兴趣。下面以中国科学技术馆新馆、上海自然博物馆以及麦淘亲子作为案例进行具体的介绍。

1. 中国科学技术馆新馆

中国科学技术馆新馆坐落于奥林匹克公园中心区，占地面积 4.8 万平方米，建筑规模达 10.2 万平方米，于 2009 年 9 月 16 日建成开放。馆内设有五大主题展厅，分别是"华夏之光""探索与发现""科技与生活""挑战与未来"和"儿童科学乐园"，同时还有公共空间展示区和球幕影院、巨幕影院、动感影院、4D 影院四个特效影院，以及多间实验室、教室、科普报告厅及多功能厅。作为我国唯一的国家级综合性科技馆，中国科学技术馆通过融合科学性、知识性、趣味性的展览内容和互动参与的形式，在普及科学知识的同时培养游览者对科学的兴趣。馆内的许多项目都可以亲身体验，许多装置也都可以操作移动，非常适合充满好奇心、爱玩爱动的孩子们，包罗万象、妙趣横生的展厅内容能够使亲子游客在馆内体验到科技的无穷魅力，十分利于培养孩子对科学的兴趣。下面重点介绍一下专为儿童设计的"科学乐园"展厅。它位于新馆一层西北区域，适合3～10岁的儿童和家长进行亲子游览。积木状的房子、小型的模拟医院、耕田的拖拉机、"空间站"里的"飞船"、可操作的管道游戏，以及各种动物影像资料等，这些新奇的事物通过游戏化互动参与的展教形式，可以使孩子们在轻松、快乐的氛围中进行学习，家长也在陪伴孩子的过程中重温或者了解这些有趣的现象和知识。另外馆内的机器人表演和动感电影也非常值得一看，同时也可以在中科馆的官网上随时了解场馆近期的展览和讲座信息（见图4.14）。

图4.14　中国科学技术馆新馆馆内图

2. 上海自然博物馆

上海自然博物馆以"演化"为主线，在三大主题板块"演化的乐章""生命的画卷""文明的史诗"下设十个主题展区，展示人与自然界纵横交错、相辅相成的和谐关系。馆区以受众人群（多以孩子学龄阶段为划分依据）、活动类型、兴趣爱好为区分，设计了种类多样、内容丰富的教育活动，如"蝶翅飞舞""从地球到月球"等，能够使亲子旅游人群根据自身的实际需求和爱好选择适合的学习活动。生命长河和演化之道展览区通过按照群落种类摆放各种形象逼真、造型各异的动物标本，让孩子们从进入场馆开始就置身于一个奇妙的探索世界。馆区提供免费的讲解服务，不仅能使小朋友们一窥生命的魅力、学习到相关的知识，连大人都可以体会到缤纷的生态万象。另外，在上海自然博物馆的官网上，家长还可以根据出行日期提前进行相关课程预约，让孩子提前选择自己感兴趣的课程，在具体工作人员的指导下，在亲身的实践操作中更有针对性地进行知识的深入探究。

据统计显示，从 2009 年至 2014 年五年间，我国共投资 100 亿元新建科技馆 43 座，总建筑面积超过了 75 万平方米，有超过 2 亿名观众受益。由此可见，国家对这类科普型的设施建设非常重视，投入力度也很大。亲子旅游人群可以抓住这一机遇，探索和培养孩子的广泛的兴趣爱好。为提高科普探索类亲子旅游产品的质量，场馆里可以根据不同的主题，设置一些知识问答等小游戏，丰富趣味性，提高孩子的参与度；并注意加强引导，提高参观的有序性，加深游客的体验度。家长也可以在陪同孩子的过程中，进行适量的引导性讲解，拍照留念等，从而提高亲子双方关系的融洽程度（见图 4.15）。

图 4.15　上海自然博物馆馆内图

3. 麦淘亲子——儿童场景教育平台

除了上海自然博物馆这样的科普场馆外，市场上一些儿童场景教育平台异军突起，其中麦淘亲子就是其中具有代表性的公司之一。丰富的融资是麦淘亲子的发展基础，而其"自营＋平台"的模式则构建了完整的产品和服务体系，在它的众多自营产品之中，麦淘实验室表现尤为突出。

麦淘亲子发展初期采用的是亲子社区运营模式，这样可以避开与在线旅行社的竞争，它的成长过程具有很强的本土化属性，较低的价格也有利于增加与客户之间的互动频率，从而培养客户的黏性。虽然麦淘亲子想要在其他地区扩大经营规模并不容易，但其尝试用成熟的、可以复制的产品"麦淘实验室"则成功地撬开了异地市场。

麦淘亲子通过"自营＋平台"的模式构建了完整的产品和服务体系。自营产品涵盖麦淘实验室、麦学游、麦童军、玩转博物馆等系列，多个产品实现了100%五星好评。麦淘实验室2016年在上海、南京、杭州等地开设了十个教学点，招募了超过30000个孩子参加活动。麦童军打造了半日营、一日营、多日营等全系列的产品，2016年参与人次逾20000。麦学游打造了日本、新加坡、巴厘岛等多条经典亲子旅游线路。平台产品覆盖亲子场馆、亲子酒店、户外活动、冬夏令营、亲子旅游/游学等板块，有超过2000个稳定合作的供应商。2016年多个供应商通过麦淘亲子平台导流超过5000人次，达到其业务量的60%以上。

麦淘实验室不仅获得了孩子们的喜爱，也赢得了家长们的欢迎。不同于传统课堂的枯燥教学，麦淘实验室从场地选址到实验材料配备，再到培训授课老师都进行规范化运作，老师们能用通俗易懂的讲解来与孩子们更好地交流互动，通过场景教育的模式使孩子们在有趣的实验过程中学到不少化学知识。实验秀主打亲子共同参与，家长可以购买不同类型的票和孩子一同上课，不仅小孩子可以带着好奇心去探索科学，家长也可以在课堂中捕捉孩子们的开心时刻，增进亲子关系。总体来看，麦淘实验室课程社会反响良好，一些认同该模式并有过不错体验的亲子客户很大程度上会继续参与课程。

麦淘亲子也获得了行业的广泛认可，2016年3月麦淘亲子成为上海迪士尼亲子行业的唯一合作伙伴，2016年9月获得中国创业创新大赛优秀企业百强奖。

B轮融资后，麦淘亲子将继续升级产品理念，将从1.0版本的"旅游+教育"、2.0版本的"童趣学院"升级到3.0版本的"儿童场景教育第一平台"——通过创造各种场景并匹配合适的教育内容，"让每一个生活场景成就最快乐的教育"。

同时麦淘亲子将以麦淘实验室为龙头开展全国的加盟和拓展。麦淘向加盟商提供品牌授权、课程研发和培训体系，并通过线上平台的报名和评价系统帮助加盟商沉淀客户和口碑。加盟商提供课程开展的场地，以及输送符合要求的科学老师候选人参与培训，通过实验室课程获取的用户在麦淘平台上1年内产生的消费，加盟商可参与佣金收入的分成。

此外，麦淘亲子将进一步完善亲子产业的生态布局。麦淘亲子已经全资收购国际旅行社，完善修学旅行的资质和产品体系。已战略投资科学学校，以加强科学类亲子产品的后继研发。同时将与复星投资的地中海俱乐部（Club Med）实现深度对接，与森马旗下的巴拉巴拉开展品牌合作，联合打造亲子俱乐部。

（五）营地教育类

户外运动作为强身健体的良好方式，近些年来逐渐得到亲子旅游人群的青睐。同程旅游发布的《2016中国亲子游市场认知度及消费行为调查报告》发现有39.12%的受访者喜欢"户外亲子拓展活动"的亲子游形式。携程网发布的《2017国内亲子游趋势报告》称随着旅游消费的升级，消费者个性化需求不断上升，如爬山等一些户外运动对亲子游客的吸引力持续增强。户外运动，包括营地拓展等亲子游活动在中国大有可为。

营地教育起源于美国，发展至今已有150多年的历史。富有创造性的营地活动能够让青少年在体验式的学习过程中，更加有目的地玩，锻炼跨文化沟通、生存能力、领导力和团队协作等，培养其自信心、独立品格和社交能力，从而起到深度探索自身的作用。

1. 全球老牌露营地介绍

1）英格兰白浪岛童子军营地——世界上首个童子军营地

白浪岛是英格兰普勒港（Poole Harbour）最大的岛屿，在这里能够清楚的看到波贝克山（Purbeck Hills）的风景，这里还有始建于中世纪的城堡、教堂等历史建筑。

这里有很多野生动植物，比如：红松鼠、鹿、蛎鹬、翠鸟等，还有水仙花农场，是最理想的春季采风之地；对英国童子军历史有所了解的人一定都知道这个地方：1907 年，BP·贝登堡勋爵（英国童子军运动创始人）策划了一次童子军露营活动，就是在这儿举行的，这次露营活动标志着国际童子军运动的真是开始。

现在，这里已经是英国国家信托管理的自然保护区，岛上有家庭营地和海岸度假屋两种住宿方式，通常家庭营地更加受孩子们的欢迎。

营地规模：最多可容纳 500 名露营者。

露营费用：3～8 人的帐篷大约 5.2～16.65 英镑/晚。

配备设施：饮用水、洗漱间及淋浴设备；烹饪设备需另外再付费。

预订政策：需预订。

亲子活动如下：

白浪岛历史建筑之旅：白浪岛的历史可以追溯到公元前 5 世纪，这儿有始建于中世纪的城堡和教堂，还有亨利八世时期的军事防御建筑，和孩子一起在岛上漫步，可以了解这座岛屿引人入胜的历史。

定向越野探险：岛上新设了 6 条长度和难度不同的定向越野探险线路，其中 3 条起点设在游客中心，另外 3 条起始于户外中心；两个中心都可以索取地图。

自行车骑行和野餐。骑着自行车寻找珍稀的红松鼠的踪迹吧，再和这些萌物一起享用野餐。

适合年龄段：3 岁以上。

2）美国优胜美地国家公园——最具历史感的仙境营地

美国境内首个国家公园，因为宏伟壮观的瀑布、大规模的花岗岩地表而闻名，于1984年被纳入联合国教科文组织（UNESCO）世界遗产。

优胜美地的面积超过3000平方千米，公园里既有山峰和绝壁林立的优胜美地山谷（Yosemite Valley），又有充满高山美景的图奥勒米牧场（Tuolumne Meadows），更有三座壮美的瀑布——优胜美地瀑布（Yosemite Falls）、前哨瀑布（Sentinel Fall）、里本瀑布（Ribbon Fall）。

除了丰富的濒危野生动植物品种外，园内还有不容小觑的美洲原住民文化和历史元素。园内目前拥有13个房车营地，主要集中在优胜美地山谷及其南北两侧，其中一些营地的历史可以追溯到40年前。

开放时间：上松树（Upper Pines）、4号营地（Camp 4）、瓦沃纳（Wawona）、霍奇登草甸（Hodgdon Meadow）营地全年开放；其他9个营地开放时间不固定。

配备设施：大部分营地提供饮用水/溪水、洗手间。

预订政策：上松树（Upper Pines）、下松树（Lower Pines）、北松林（North Pines）、起重机平台（Crane Flat）、霍奇登草甸（Hodgdon Meadow）必须尽早预订；其他营地实行先到先得原则。

注意事项：在园方指定营地外露营必须申请进山证（Wilderness Permit）

亲子活动如下：

Junior Ranger（小小护林员）项目：Junior Ranger是公园专为鼓励青少年走进自然而开展的活动。参加项目的孩子们会拿到Junior Ranger手册，手册为不同年龄段（3～6岁、7～13岁）的孩子设置了不同难度的任务，他们在了解公园历史和地理知识的同时，可以探索和了解整个国家公园，并在完成任务后获得一枚护林员徽章。

自行车骑行：优胜美地山谷内拥有长达12英里（约19.3千米）的自行车道，此外园内的常规道路也允许骑行。18岁以下的孩子骑行时必须佩戴头盔。山谷里有自行车租赁点。

观鸟：优胜美地是重要的鸟类栖息和繁衍地，拥有超过165种鸟类，从平缓的高山草甸、古木参天的针叶树林到绵延起伏的山麓，鸟儿会是孩子们最好的游伴。可以参加优胜美地户外探险（Yosemite Outdoor Adventure）项目提供的多种观鸟导览游。

骑马游览：春夏秋三季，公园都会提供独特有趣的骑马和骑驴游览活动，提供包括优胜美地山谷、沃尔纳景区和图奥勒米牧场在内的三条游览线路，孩子们可以在马背上悠闲地探索这些区域。

水上活动：游泳、划船、漂流和垂钓都是园内不容错过的水上活动，孩子们可以在园内大部分河流和湖泊里戏水，请留意公园的水上安全指南。

冬季运动：每年12月到次年3月，优胜美地都非常适合进行滑雪、溜冰等冬季运动，园方会在滑雪场提供相关设备的租赁服务；公园的护林员还会提供不同类型的冬季徒步导览游。

适合年龄段：3岁以上。

3）加拿大博亚湖省立公园——拥有最美山湖景色的营地

加拿大的Boya Lake以湖水多变的颜色和极高的纯净度著称，公园坐落在由两万年前冰川琢蚀而成的利亚德平原（Liard Plain），拥有砾石岭和壶穴湖纵横交错的地形。

几条短而易行且配有解说信息的步道贯穿了整座公园，而Boya温水湖为这儿赢得了夏季度假胜地的地位。公园里还有许多海湾和岛屿，最适合进行汽艇和脚踏船等水上活动，或是登陆岛上，深入探索公园的每个角落。

公园营地开放于1965年，目前拥有44处可通行车辆的露营地。

配备设施：篝火、饮用水、洗手间、小码头、残疾人停车位。

预订政策：实行先到先得原则。

亲子活动如下：

徒步及观赏野生动植物：园内有两条难度较低、长1.5千米的徒步路线，非常适合孩子们；两条线路分别围绕着营地和博亚湖，沿途可以欣赏到变幻完全的湖景和丰富多彩的野生动植物；为了保证自身安全和园内生态，请按照指示路线行走。

自行车骑行：园内非常适合骑行，但请按照指示路线行进；该省法律规定骑行时务必佩戴自行车头盔。

游泳和皮划艇等水上活动：园内允许在有救生员监护的地点游泳；博亚湖非常适合皮划艇和其他水上活动的爱好者，孩子们可以在指定的海湾和岛屿上探索。

适合年龄段：6 岁以上。

4）意大利卡瓦利诺联合丽都营地——历史最悠久的海滨营地

这座位于意大利威尼托大区的五星级海滨营地创立于 1955 年，是欧洲历史最悠久的户外营地，一经开放就成为欧洲游客的度假首选目的地。

半个世纪之后的今天，联合丽都依然是全球最著名、最受欢迎的海滨度假营地之一，拥有意大利特有的灿烂阳光、绝美海滩和潟湖风光，以及紧邻威尼斯的地理优势。

营地附设 8 所餐馆、11 个酒吧、2 个超市和 25 家生活用品商店、儿童沙滩游乐场和两座水上乐园。

除了常规度假屋之外，联合丽都还有多种价位的户外营位可供选择。

配备设施：以上营位均为车辆提供用水、用电、排污设施；免费 Wi-Fi；私家/公用浴室及 24 小时热水；海滩及水上乐园使用权。

注意事项：海滩躺椅及阳伞需额外付款；每个营位可免费提供一个停车位；第二辆机动车停放需额外付费。

预订政策：旺季务必预订。

亲子活动如下：

游泳及水上活动：营地的海滩和水上乐园会让孩子们尖叫不已，在救生员的保护下戏水、游泳，在沙滩上玩游戏、堆沙堡，或是扬帆出海，一家大小都能找到自己的乐趣。

晚会和庆典：营地几乎每天都会组织不同类型的聚会和特别活动，适合各个年龄段的孩子。

威尼斯潟湖之旅：营地为住客提供不同类型的巴士和船只游览路线，

目的地包括威尼斯、布拉诺－穆拉诺、维罗纳和加尔达湖；孩子们还可以选择自行车、缆车或体感车（Segway）等不同的出行工具。

有趣世界（Funny World）游乐园：在营地全新的 Funny World 游乐园，孩子们可以享受过山车、小火车、丛林高尔夫、7D 视觉馆、海盗船、加速农场等新奇有趣的设施。

适合年龄段：1 岁以上。

5）瑞士少女峰露营地——冰雪奇缘气质的营地

少女峰是瑞士最著名的旅行胜地之一，是阿尔卑斯山脉最高的山峰之一。因为白雪皑皑和冰冷的姿态仿佛高高在上的贵族，它也被誉为阿尔卑斯山的"皇后"，会让孩子们进入动画电影《冰雪奇缘》的世界。

少女峰多变的美让人惊叹，山顶一片银装素裹，山腰却是大片大片的草地，牛群、羊群散落其间，山脚的因特拉肯小镇则全年温暖如春。

前往少女峰的途中会经过欧洲海拔最高的火车站——少女峰站。峰顶有很多不容错过的风景与活动，冰宫里陈列了栩栩如生的冰雕；史芬克斯观景平台装备了高速电梯，直达海拔 3571 米的瞭望台，脚踩欧洲最长的阿莱奇冰川（Aletsch Glacier），天气晴朗时可以远眺法国的 Vosges 雪山及德国黑森林。

即便夏季也可以滑雪，体验狗拉雪橇和其他雪上运动。山顶的基础设施也相当齐备，有邮局、商店、电影院等，还有著名的"欧洲之巅"冰河餐厅。在这样的仙境中露营，离现实很远，离幻想很近。

山上最适合孩子们的营地是露营少女峰（Camping Jungfrau），这儿已经有超过 50 年的历史，原本是一座牧场，现在则变身为兼容房车、拖车和帐篷的现代化营地，也是阿尔卑斯山区最著名的私营度假村之一，除营地之外还有度假屋可供选择。

夏季营地（5~10 月）：提供帐篷、房车及拖车服务。

冬季营地（11 月~次年 4 月）：提供帐篷、房车及拖车服务。

全年营地：价格因季节而异，可容纳不同大小的帐篷、房车及拖车。

配备设施：所有营地均配备饮用水、电力及免费 Wi－Fi；浴室及洗衣设备;排污设施;儿童游乐场仅于夏季开放。

预订政策:需电话或在线预订。

亲子活动如下:

营地内的亲子活动:营地附设泳池、网球场、游乐场(夏季开放)和迷你高尔夫,非常适合年幼的孩子。

夏季户外探险之旅:和孩子们一起在绝美的阿尔卑斯山区徒步、越野骑行或拜访农场和牧场;喜欢探险的孩子则可以选择高山滑翔伞、白水漂流。

冬季户外探险之旅:和孩子一起在雪地上撒野吧!除了常规的滑雪和溜冰项目外,营地及相关公司还会组织冬季越野徒步、雪鞋远足和雪橇之旅。

民俗之旅:每逢度假旺季,营地附近的小镇劳特布龙嫩(Lauterbrunnen)都进行有趣的民俗庆典活动,诗人歌德和伍德·沃斯曾写诗赞美;布里恩茨郊外的巴伦伯格瑞士露天博物馆(Schweizerisches Freilichtmuseum Ballenberg),在面积达80公顷的宽阔绿地上仿建了90多座瑞士各地的传统民宅,俨然是一个民俗村。在这里还可以学习烤面包、制作奶酪,纺线等;在餐馆还会有机会参加野外烧烤宴会。

适合年龄段:3岁以上。

6)日本宫岛包浦自然公园营地——灵气的日本营地

宫岛旧称严岛,因为特殊的地理位置,素来被认为充满了神灵之气,随着时间的流逝,这儿逐渐成为信仰重地,有着"人与神共存的岛屿"的美誉。

宫岛不算大,三十多平方千米的范围内气候温暖、景色宜人,是"日本三景"之一。这里有世界文化遗产严岛神社(Itsukushima Shrine),有未加人工雕琢地保持了原生态样貌的弥山(Mount Misen),更有诸多历史悠久的神社佛阁等古迹,是历史与浪漫交织而成的岛屿。岛还以随处可见的鹿而著称——在日本信仰中,鹿是神的使者,所以宫岛上的鹿备受保护。这些充满灵气的生灵会让孩子们兴奋不已。

宫岛包浦自然公园（Tsutsumigaura Nature Park）中有连接碧海蓝天的沙滩，拾阶而上还能尽情饱览濑户内海海天一色的美景。

公园的山林和海滩之间有宿营地和小木屋两种住宿类型可供选择：

宿营地（全年开放）：有 4 人帐篷、8 人帐篷；提供小厨房、洗手间、烧烤场、管理事务所等完整设备。

小木屋（全年开放）：有 4 人用家庭小木屋、14～24 人用小木屋；设有客厅、日式客房、私家厨房、浴室、休息区、露台或院落等完善设施。

预订政策：露营地无须预订。

亲子活动如下：

弥山徒步：弥山有原始森林、红叶谷公园、树莺步道及大元公园的大冷杉树等众多景点。纯天然的弥山原始林、林内怪石和历史古迹构成优美的自然人文景观。登上两个展望台（狮子岩展望台和弥山展望台）可以将濑户内海群岛美景尽收眼底。

祭祀活动：以严岛神社为首，岛上各个寺庙和古老机构都会在全年不同时段举行丰富多彩的祭祀活动，将幽雅的平安文化和勇猛的室町文化等古老文化传承给现代社会的人们，让孩子们在节庆氛围中了解传统。

古街区之旅：本地的工艺品及土特产品都可以在参拜通道的商店街里找到。在旧商家街道和山边古道上，孩子们还能感受到旧商家古屋及怀旧风情的街景魅力，深入体验古老日本的日常生活气息，学习制作当地特有的细工和点心。

宫岛水族馆：以抚慰及接触为基本理念，使孩子们更直接地了解和接触濑户内海的海洋生物，这是一座参与型、体验型的全新水族馆，展示了以宫岛水族馆的吉祥物河豚为首、以濑户内海的生物为中心的 350 多种海洋生物。

人力车、海水浴场和水上活动：搭乘不同的交通工具一边欣赏岛上不同时节的奇幻风景，一边享受海水浴和皮划艇等水上活动，孩子们一定会度过一段难忘的和风时光。

适合年龄段：6 岁以上。

私家建议：别错过每年 8 月 14 日举行的水上烟火。

7）泰国"金三角"四季帐篷营地——历史深意的野奢营地

质朴的山地村落、浪漫的湄公河和神秘的"金三角"，构成了清莱的主要景致，它曾是纳兰王朝的首都，比曼谷的历史还要久远得多。

城区面积不大，拥有白庙、黑庙、玉佛寺和清莱钟楼等著名景点，却毫无商业气息，最适合体验悠闲的慢生活和丰厚的历史积淀。

这片帐篷营地隐匿于清莱充满异国情调的竹林深处，原生态的自然风光、闲适的氛围和有趣的户外活动取代了罂粟田曾经的罪恶"黑历史"。

营地内 15 座独栋别墅式"森林小皇宫"全部采用帐幕设计，外观质朴、内部梦幻，还配备私家象夫和酷炫的越野车，一家大小既能尽享野趣和舒适的现代设施，又能在营地里体验各种当地独有的培训项目。

豪华帐篷（2 晚起订，共 5 间）：拥有洛克河、缅甸和老挝群山或丛林和"金三角"景观；户外甲板私人木质浴缸。

高级帐篷（2 晚起订，共 10 间）：拥有洛克河、缅甸和老挝群山或丛林和"金三角"景观。

预订政策：必须尽早预订。

亲子活动如下：

自制草本美食：和孩子一起漫步于营地的草本植物中，了解自然生长在身边的美味、健康的植物。把有机花园种植的蔬菜、沙拉叶和植物收集起来，营地的厨房团队会制定出美味又健康的菜单，然后享受名副其实的丛林直接到餐桌的美味。

烹饪课：想让孩子了解泰式美食的奥秘？营地大厨会耐心地教授三种当地特色小吃的制作方法。课程需预订，每天 10：00 ~ 14：00 可以体验（时间：2 ~ 3 小时）。

营地徒步：欣赏缓缓流动的洛克河，感受河对面缅甸平原的无限神秘；沿着营地的丛林小道徒步登高行走 1 千米，在营地的制高点欣赏令人屏气凝神的湄公河及老挝盘山峻岭的美景。孩子们还可以和大象亲密接触；徒步活动需预订。

Houi Mak Leim 国家公园和温泉小径徒步：抵达 Houi Mak Leim 国家公园之前，会经过拉祜族部落村庄。随后到达阿卡族山地部落村庄 BanA - Pae，探访阿卡族用于新年、丰收节和其他仪式的巨人之翼。旅程结束后还可以泡一泡湄公河旁的天然温泉（时长：6～8 小时）。

象夫培训：在象夫陪伴下，孩子们可以学习驾驭一头大象所需的基本口令，以及探索泰国丛林时会用到的技能。想要领略丛林日出，可以在象夫带着大象们去洗澡的时候加入其中，体验骑着大象穿越丛林的精彩。

"金三角"短途旅行：搭乘传统的"007"风格的大艇，延雄伟的湄公河顺流而下，踏上泰国、缅甸和老挝交会的"金三角"地区。穿越"金三角"地区，踏上松塔欧（Songtaew）船，之后乘坐嘟嘟车去参观当地集市和一个名为"大佛踏寺"的古老寺庙。

参观鸦片馆：鸦片博物馆位于巴恩索布拉克（Baan Sob Ruak），附近的田地曾种植了大量的罂粟花，孩子们可以在这儿了解鸦片贸易的全貌、鸦片历史和危害。现代交互式显示屏以及多媒体的运用，生动地还原了清莱那段"黑历史"。

适合年龄段：10 岁以上。

8）中国香港 - 西贡创兴水上活动中心——离市区最近的亲子营地

营地位于香港西贡郊野公园内并紧邻万宜水库，创立于 1998 年，曾是中国香港越南船民羁留中心，现在由香港康乐文化事务署管理，是香港童军组织的合作机构之一，也是世外桃源般的亲子营地。

中心除了为孩子和成人提供风帆、滑浪、独木舟、水上自行车等活动、课程和租赁服务之外，还有非常适合观星的天文公园，以及射箭场、篮球场、多用途草场、排球场、营火场、烧烤场、综合康乐大堂、休憩花园和厨房。

在这个性价比爆表、还不为多数人所知的营地，孩子们可以动若脱兔，也可以静若考拉——夜幕降临之后，在帐篷或篝火边可以看到美得令人窒息的星空。

中心营地提供简单营具（包括营幕、地席及睡袋）和全年供应热水的更衣室。

预订政策：旺季期间建议尽早预订。

亲子活动如下：

水上活动：中心定期举办水上活动训练班及同乐日，不妨和孩子一起游泳，学习风帆、独木舟、滑浪等水上项目，也可以单纯地享受泛舟水库的悠闲氛围。

陆上活动：在西贡郊野公园和万宜水库的绝美风景中徒步，在天文公园学习天文知识，或是在草场上尝试射箭的乐趣，都是非常有趣的亲子体验；运气好的话，晚上可以看到璀璨银河。

露营和烧烤：帐篷对于孩子们来说就像一个小小的私人空间，让他们充满好奇和安全感。和他们一起搭起帐篷、点起篝火，教授他们一些户外生存的小技巧，会让他们终身受益。

适合年龄段：3 岁以上。

2. 我国营地教育发展现状

《2017 中国营地教育行业发展报告》指出：营地教育作为一种体验式学习，是相对于学校教育和家庭教育的一种社会教育的模式，是青少年、儿童在营地的体验课程和活动，是培养团队协作的一种形式。

国内营地教育从 2014 年开始就火起来了，现在有几拨人同时进入这个领域，包括户外体育、旅游、教育、拓展、体验式培训等群体，大家的切入点和运作的模式也完全不一样，但真正有一定规模和实力的教育机构还是非常少的。目前国内最好的这一批营地教育机构基本上都是从教育这个群体发展来的，都有教改和国际学校或者培训机构的背景。这些人很多都是海归，他们在国外较早地接触了营地教育，然后把它引进到了国内。比较有代表性的有营天下、启行、欧森营地、青青部落、行动者、万科营地等，这些营地教育机构都慢慢地走到了行业前列。

较于欧美国家，中国的青少年营地教育处于刚刚起步的阶段。下面分别选取一些营地教育的服务机构和主打户外亲子教育的"小鹰户外成长计划"进行具体的介绍。

1）营天下

营天下成立于 2015 年 4 月，是一个融合营地项目、游学项目以及国内主题营、日营的平台，目的在于通过营地教育来补充学校和家庭教育，提高孩子的动手与探索能力。目前，其平台产品种类丰富，其中亲子营项目也独具特色、品质卓越。目前，营天下旗下主要有三类产品：

（1）国内主题营

国内主题营主要分为两个部分：主打亲子的周末短期营地和国内的假期营地。两者的运营策略也不尽相同：周末短期营地活动是日常运营的重点，课单价在 1000 元上下，主打高频次消费为主。而假期营地则客单价较高，大概在 5000 元上下，主推寒、暑假。

另外，由于中国的营地教育仍然处于起步阶段，因此课程设计、线路安排往往还不完善，在这一点上，营天下会给出相应的咨询服务。

（2）全球营地

国外的营地教育已经发展成熟，在美国最早的营地教育有大概 150 年历史，欧洲也是青少年假期必选。因此，营天下在国际营地资源上采取的是与已有的渠道商合作，帮助他们进行招生。在营天下的创始团队中，有一个成员原来就从事国际营地的渠道对接工作。目前，外国营地的客单价在 3 万~5 万元，已经涵盖了美国、欧洲等一些地区，目前费用不包括行前部分（机票、酒店等），而在这一部分上，未来平台会对接相应的第三方服务。

以"泰趣味"普吉欢乐亲子营为例进行具体的介绍，亲子旅游者可以到普吉岛唯一的亲子营地 FSC（Fun Start Camp）进行为期一周的体验，儿童活动包括泰国传统文化礼仪课程学习、泰文化创意手工制作，营地游戏等；家长活动包括泰拳体验、泰式按摩、泰餐烹饪等；亲子活动包括放水灯、亲子烘焙、游查龙寺和奈涵海滩、近景海豚秀、亲子高尔夫等。除了丰富多样的活动外，营地还为亲子家庭安排营养美味又具有泰国特色的餐点，以及海滩附近的别墅，可谓真正的惬意享受。该项目的特色之一除亲子活动家长和孩子共同参加以外，其余一些活动是二者分开体验的，这样就能够在增进亲子感情的同时给予双方必要的单独空间，从而更大限度地满足各自不同的需求，更好地乐享营地时光。

（3）境外游学

游学部分与全球营地的运作方式相同，主要和线下的旅行社和留学中介机构合作，这点和"新足迹"相同，主打的是以教育为内核的境外游学。目前，客单价也在3万元上下，未来希望能够和全球营地活动进行嫁接，给用户提供具有更多附加值的服务。

营天下现在的目标是尽可能搜罗可以想象到的 SKU（Stock Keeping Unit，保存库存控制的最小可用单位），而在未来，还会上线更多的增值服务，除了刚刚提到的机票、酒店等行程服务之外，还包括行程中的摄像、拍照，以及后期的成长建议等。

而在用户获取上，除了原有的微信社群外，营天下还会和国际学校、私立学校合作，成为其课程的合作伙伴，另外在公立学校方面，也希望利用素质教育的这个特点与他们展开合作。

随着社会积极倡导和推行素质教育，注重孩子的全面发展，日常生活中家长也愿意亲自参与到运动健身的浪潮中，亲子游客们越来越多地选择户外运动的旅游产品来锻炼身体素质，增进亲子感情。营地教育更是能以趣味性强、参与度高的活动使得孩子们收获友谊、提升责任感、培养自信心，以及塑造独立品格，是学校教育的重要补充。在这些产品的设计中，要注意设施设备以及人员的安全保障，配备专业的指导老师或领队。

2）启行营地

启行营地（北京）教育科技有限公司作为国际营地教育专业机构，国际营地协会（ICF）、美国营地协会（ACA）、美国体验式教育协会（AEE）的官方认证会员，常年为5～18岁青少年提供优质的营地教育课程和活动，通过教育创新培养青少年拥有21世纪所需的学习能力、生活能力与生存能力。营地教育在全球范围内150多年的发展也证明：营地教育在帮助青少年建立自信、培养品格与领导力、创新能力以及21世纪学习能力上效果显著。

在 21 世纪，教育需要培养未来的领导者来解决世界存在的诸多未解决的问题，例如贫穷、环境污染、能源短缺、文化教育等。社会需要可以用新方式寻找答案的年青一代，青少年教育正面临着迫切的创新需求。营地教育作为学校教育和家庭教育的重要补充，是全面提升青少年素质的有效途径。

启行营地一直以来致力于建立中国营地教育的标准和模式，推动营地教育行业发展，以此来促进青少年发展和跨文化的理解与交流，助力青少年成为具有国际视野的世界公民。

启行营地于 2012 年创建中国第一个营地教育研发中心，也是国内首个国际化、全配置、多功能的青少年营地。启行营地拥有营地教育行业咨询、培训、课程开发、营地运用管理的国际化经验，为政府、教育部门、国内外学校、企业单位提供国际营地教育综合解决方案。

机构全线产品包括日间营、预备营、夏令营、冬令营、海外营、国际青年营、学校营、培训营。

在营地，青少年将体验启行自主研发的营地教育服务课程和活动，以体验式学习、项目式学习及服务式学习的进阶式学习方法为主导，在营会活动中培养青少年可转移能力，包括领导力、解决问题的能力、深度学习的能力、跨文化交流的能力、全面交流的能力，全面培养全球视野与国际公民意识。活动内容涉及自然探索、人文艺术、科学技术、社区参与四大领域，助力孩子的均衡成长。

自然探索：鼓励青少年在户外体验中学习和培养探索精神。通过系列团体户外活动，提供环境知识学习，野外生存、航海探险，与自然进行友好合作，建立青少年的自信与提升团队合作能力。

人文艺术：引导青少年通过文化艺术呈现属于自己民族的典章礼乐。通过跨文化和跨学科的艺术课程体验，激发内在丰富美好的感知力和艺术想象力，培养青少年对于世界不同文化艺术的欣赏与理解。

科学技术：倡导将科学素养与人文情怀结合在社会变革的服务中。通过项目学习提升青少年创造性学习和解决问题的能力，探讨科技在社会服务中可以扮演的角色。

社区参与：为青少年提供基于项目的体验式学习。通过城市模拟、社会议题、社区服务、行动反思，引导青少年与自我、他人和世界产生积极连接。

3）"小鹰户外成长计划"

小鹰户外成长计划隶属广州市爬山虎户外运动咨询服务有限公司，该公司欲将自身全力打造成为广州最专业的少年儿童户外运动教育机构。它结合国外先进的探索教育理念，积极借鉴国际青少年奖励计划和国际童军课程体系，精心开发了一系列儿童户外教育课程，让他们拥抱大自然，用户外运动的方式循序渐进地提升个人的身体素质和生存技能，培养团队合作精神和自信心。让孩子像小鹰一样大胆展翅、自由翱翔是机构创立的初衷。

目前，"小鹰户外成长计划"共包括四个模块，分别为"小鹰课程班""小鹰亲子游""团队定制"和"小鹰冬夏令营"。下面主要介绍"小鹰亲子游"。该项目涵盖了丰富的亲子户外活动，如香港远足营、海南骑行营、英西峰林徒步营、美国登山摄影探险营等。在项目"穿越西美"中，亲子游客将探访美国著名的锡恩国家公园，穿峡谷、趟小溪，在线条多彩变幻的羚羊谷摄影，在 Easten 牧场化身牛仔，学习用套索套头小牛，骑马驰骋并品尝美味；接着沿 66 号公路去拉斯维加斯，感受纸醉金迷的不夜城以及神秘莫测的美国死亡谷；然后驱车前往优胜美地，途中感受莫诺湖的古老与宁静以及为期三天的公园内户外活动，如徒步旅行、骑行露营等；最后一站旧金山，去著名的 39 号码头近距离观看海狮们慵懒晒太阳的场景，并穿过金门大桥，吹拂海风。整个线路项目多样，具有很高的体验性，十分适合那些想感受异域文化、锻炼孩子能力的亲子家庭。

（六）邮轮度假类

邮轮作为一种新型的旅游方式，让出行者免去了舟车劳顿之苦，通过提供多样化的娱乐设施，亲子游客能够在船上享受到与日常生活不一样的乐趣。另外，越来越多邮轮的儿童配套设施、餐饮服务更加完善，可以设置多种供亲子活动的区域，如绿色植物园、攀岩区、积木屋、篮球场、旋转木马、跳跳床和芭比王国等，满足不同年龄段孩子的游玩需求。另外，家庭亲子住房也可以给出行的家长和孩子提供一片温馨的小天地，人性化的托管服务可以使父母获得舒适的休闲时光。

1. 迪士尼海上巡游线

提到亲子邮轮，那么不得不提迪士尼自营的邮轮航线 Disney Cruise Line，该航线从 1988 年开航，目前旗下共有四艘豪华邮轮：迪士尼魔法号（Disney Magic），迪士尼奇幻号（Disney Wonder），迪士尼梦幻号（Disney Dream）以及迪士尼幻想号（Disney Fantasy）。这四艘邮轮可以说是专门为家庭和小孩出游设计的，船上所有的配备和设施都极尽人性化，秉承"顾客至上"的原则，将小孩子都看作最尊贵的客户，不管是高品质的娱乐设施，还是提供的优质服务，都是邮轮业的楷模。此外，迪士尼邮轮还是第一个特别为家庭设计舱房的邮轮，大部分房间都有适合家庭使用的分离式卫浴设施，并且配有适合各个年龄层次的儿童俱乐部，让孩子们拥有单独娱乐和游戏的生动主题空间，使其在专业老师的带领下，在手工制作、互动教学和游戏中快乐成长。家长们可以在将孩子送到俱乐部之后，在邮轮上的成人娱乐设施区如酒吧、水疗房等享受属于自己的私人时光。独特的烟火表演、经典的迪士尼人物派对、百老汇级别的歌舞剧以及豪华丰盛的餐饮，迪士尼邮轮带给亲子旅游人群的将是一场无与伦比的游乐体验。

2. 皇家加勒比海洋量子号

另一个好评率很高的亲子邮轮是皇家加勒比海洋量子号，被誉为性价比最高。量子号的价格确实很亲民，五六天的行程，人均 2000～3000 元起。量子号体积巨大，总房间数达 2090 间，可以容纳 4000 多人，布局和管理得当。船上的设计风格较为现代，到处一派淡雅舒适。一些细节也很照顾亲子旅游人群，如吸烟者必须去甲板吸烟区，船上的所有场所和房间都是禁烟的；儿童活动中心的工作人员都拥有儿童教育相关资质和经验，接受过全面的职业培训，甚至拥有儿童急救认证；梦工厂的卡通人物如功夫熊猫等白天会在船上和孩子们进行合影；按照孩子的年龄分段设置了不同的游戏活动房间和专门的看护人员，并给家长一个对讲机以方便沟通联络，幼儿厕所也非常精致人性化。免费图书馆、小孩托管所、甲板冲浪水池、室内恒温泳池、溜冰场、攀岩墙、Xbox游戏机、篮球场等娱乐设施丰富多样，满足孩子们的各种需求，还有亲子碰碰车。此外，量子号还有很多适合大人的休闲娱乐设施，如360度甲板观景"北极星"、甲板跳伞、270°"星海传奇"海上剧院、歌舞厅、健身房、美容院等。由于大部分项目都在室内，有了空调就没有温度不适或热晒中暑的困扰。当然，饮食和住宿条件也是相当豪华，连最便宜的内舱房都安装了虚拟的海景阳台屏幕，可谓非常贴心有爱。

被誉为最省心、最安全以及最纯粹的亲子旅游方式，邮轮度假类旅游产品正受到许多亲子游客们的欢迎。在设计该类旅游产品时，为吸引亲子游客，要注重邮轮配套设施的建设，如设立适合不同年龄阶段孩子活动的各类场所、幼儿托管处等；设置家庭或朋友出游的家庭连通房，即使多人出游也能确保每个家庭都拥有自己的私密空间；增加各种有趣的元素，如可爱的卡通人偶和雕塑等；卫生等设施也尽可能做到人性化，增加母婴室或家庭厕所；饮食方面，在保证营养搭配的基础上尽可能做到色香味俱佳，可设置一些适合孩子食量的精美餐饮和糕点；同时也要重视家长们的旅游需求，设计如水疗馆、理疗室、足球俱乐部、购物大街等。

（七）亲子酒店类

作为亲子游客出行的要素之一，住宿设施的好坏直接影响到游客的舒适和满意程度。许多酒店也开设了家庭套房，但大多数房间功能设施其实千篇一律，与酒店标间相比只是多了张单人床，并未真正满足家庭游客的住宿需求。一些细节也做得不到位，如酒店房间墙面色调单一，毫无家庭元素的设计；室内洗漱池过高，不适合小孩子使用；未准备儿童拖鞋，洗漱用具等。下面选取两个好评率高且专业的亲子酒店，即上海迪士尼乐园酒店和长隆企鹅酒店做具体的介绍。

1. 上海迪士尼乐园酒店

上海迪士尼乐园酒店位于"星愿湖"畔，拥有 420 间气派堂皇的客房，其中多间客房都可以欣赏到度假区和主题乐园的地标——"奇幻童话城堡"的怡人景色。作为以动画人物为核心的酒店，它十分契合亲子旅游人群尤其是孩子们的喜好。从抵达酒店门廊开始，米奇、米妮及其朋友的雕塑就将迎接宾客，并引领其进入酒店大堂。在这个占地七公顷的酒店，亲子游客还将见到许多诸如《小美人鱼》《美女与野兽》《狮子王》等迪士尼经典动画中的角色雕塑，它们以独特新颖的方式呈现。客房内部奢华的设施装潢、丰富多样的色彩搭配、奇妙灵巧的精致设计，栩栩如生地再现了迪士尼的经典故事，以家庭为本的设计理念使客房营造了一种温馨美好的氛围，非常适合孩子和充满童心的家长们。酒店提供四个主题餐厅，亲子游客们可以和迪士尼的朋友们共同进餐，或者在顶楼的"绚景楼"欣赏美景的同时享受餐饮休闲时光，在"巴克斯酒廊"体验吧台式餐饮和下午茶服务。

2. 长隆企鹅酒店

长隆企鹅酒店，毗邻长隆海洋王国，其总建筑面积达到 18 万平方米，拥有各类主题客房，如极地房、温带房、探险房、企鹅家庭房、企鹅套房共 2000 间，更有多间风格鲜明的特色主题餐厅，两个户外休闲美食广场，以及一个大型的休闲商业区，是一个典型的家庭朋友享受温馨与欢乐的主题式度假酒店。在酒店到处都能看到企鹅的身影，立体的雕塑造型，玻璃和墙面贴纸，房号灯饰，甚至是进出门把手，对孩子来说，可谓来到了企鹅的梦幻家园。就餐时，亲子游客可以一边享受深海海鲜等美食，一边观看舞台表演。一些互动小游戏也使得就餐过程妙趣横生，各式各样的点心甜品、小企鹅造型的饭团，细节之处可见酒店的用心；或者可以在观看动感斑斓的音乐喷泉的同时品尝粤式小炒、蒸点或烧烤；在高层观景台欣赏烟花表演。值得一提的是，酒店还拥有一个占地约 500 平方米的企鹅馆，分为温带区和寒带区，饲养着 60 只各类品种的企鹅，这些灵动的小生命使酒店更加具有亲子游客的吸引力。此外，企鹅动雕剧场的欢乐有趣的表演、商业区各种旅游休闲用品和纪念品也值得家庭游客光顾。酒店房间里还配备了儿童牙刷、漱口杯、拖鞋等用具，贴心的配套措施使亲子旅游者在入住之后享受到被关怀和照顾的喜悦。

作为全家出游的安居地，亲子酒店一般选择周边环境良好的落址地点，如自然风光或者主题乐园等。为打造一个成功的亲子酒店，需注意以下几条硬件设施要求：亲子房间的设计和装饰应具有创意趣味性，同时突出家庭的温馨感；为儿童专门准备房间用品，如拖鞋、浴袍、洗漱用具、育儿设备等；酒店设有丰富多样且安全性高的室内外游乐设施以满足孩子们的需求，同时应设有各种文体、康养设施照顾家长们的需要；增加酒店与儿童互动的各种元素，如定时的节目表演、卡通人物拍照等；提供必要的儿童看护服务、手工课程等，为有需要的父母提供人性化的帮助。

（八）休闲度假类

依托于海岛、湖泊、乡村、森林等各种旅游资源，寻求身心放松、享受生活的旅游体验，休闲度假类旅游产品给予游客的不仅是秀丽怡人的风景，更是一段美好惬意的时光。

具体针对休闲度假型亲子游，则主要指度假村或者亲子系列游线等产品。如一些海岛的度假村不仅设有针对孩子的俱乐部，可以提供照顾，而且还拥有一系列儿童游乐的设施设备。下面结合两个案例即 Club Med 桂林度假村和苏州太湖牛仔风情度假村做具体的介绍。

1. 桂林度假村

桂林度假村（Club Med）位于桂林和阳朔的交界处，这里拥有与众不同的喀斯特地貌，群山环绕、湖泊粼粼，远离城市的喧嚣，富氧洁净的空气使其非常适宜亲子游客来此休闲度假。该品牌来源于法国，是目前全球最大的旅游度假连锁集团，向游客传递简单、快乐、阳光的理念，提供一价全包且应有尽有的服务享受。度假村不仅拥有秀美山水风光，而且还颇具有艺术气息，在村内各个角落可以看到造型各异的雕塑，与当地美景巧妙结合、融为一体。在这里，亲子游客可以和孩子一起体验湖畔骑行、泛舟江上，享受各种国际化的自助美食，以及全天免费饮料和下午茶点心。度假村还设置了迷你俱乐部，在这里根据年龄的不同阶段，孩子们可以体验到全天式的各类活动，如手工制作、网球、帆船等，2～3岁的小孩也有专门人员进行照看，而家长们则可以拥有自己的自由时光，如去健身房、游泳馆、水疗中心、高尔夫球场等地方。泡沫派对、晚会表演，各种活动异彩纷呈，亲子游客可以亲身参与其中，快乐被无限放大。此外，度假村提供了各类贴心的服务，如全村基本实现无线网络全覆盖、酒店入住和退房时的行李运送服务以及小礼品赠送，村内电瓶车接载服务，官方微信公众号每日活动安排推送服务，客人生日上门祝福服务，以及各类儿童配套娱乐设施设备等。全村拥有来自世界各地的两百多位以热情和高素质服务著称的 G. O. 员工（Gentle Organizer 亲善组织者），从而保障了高品质的服务质量。

2. 苏州太湖牛仔风情度假村

苏州太湖牛仔风情度假村位于太湖第一岛——西山岛上，陆地占地600多亩，水域占地200多亩，建筑设计结合了美国西部小镇的特点，度假村整体呈现出一种粗犷、豪放的原生态风格。除了优美的环境外，度假村所有的游乐项目采取一票式全包的模式，具体包括骑马、龙舟、温泉、迷宫、卡丁车、游泳池、3D艺术画，反恐射击，各种球类运动、有机蔬菜采摘等，种类丰富，趣味性和体验性强。住宿方面，度假村也为亲子游客提供了多样的选择，如蒙古包、帐篷、木屋别墅等。餐饮则以健康养生为宗旨，选取新鲜的有机蔬菜，并提供自助烧烤等设备，一家人可以品尝农家小炒，或者于湖畔进行野餐。此外，度假村还为孩子专门备有云南矮马，提供有趣的骑行体验；动物园也对小朋友有着很大的吸引力。温泉、索道、酒吧以及球类场馆等设施更满足了大人们的相关需求。木屋别墅适合举家出游的亲子游客居住，室内装有现代设施设备，松木结构别具特色，游客可以在屋内烧水泡茶，享受悠闲时光。

度假村在经营管理过程中要注意以下几个方面，如卫生、服务品质、食物的质量、游憩场所是否照顾到了不同年龄阶段孩子以及大人的需求等。大多数度假村建于自然之中，仅有周围美景是不够的，要避免诸如热水供应不足、房间乡土气味重、服务员缺乏统一培训而导致素质较低等问题。亲子游客较其他游客而言，因为有孩子的缘故，其需求更加多样化，细节要求较高，度假村要想做好这块市场，应该对自身高标准严要求，争取以用心的服务赢得亲子游客的赞赏。

（九）亲子定制类

定制旅游作为标准的垂直细分行业，其服务的人群具有一定的消费能力，中产阶级占大多数，比起对价格的敏感度，他们更注重服务质量以及产品体验，这类用户往往不会转移消费平台，重复购买率也会比较稳定。亲子旅游人群里一些具有较高购买力的人正好符合上面的描述，他们更加注重家庭出游的亲子体验、整个行程孩子是否玩得舒畅开心、自己是否得到了享受和放松，价格并不是他们考虑的首要因素。针对这些客户，旅游行业也涌现了一些家庭定制旅游平台，下面以"童游"和"麦味旅行"为例做分别的介绍。

1. 童游

童游最初是从微信公众号"童游亲子营"做起，其联合创始人同时也是资深旅游达人陈洁莹，自己策划线路，带着周围的亲子家庭一起去玩，这样出行了几次之后，市场反应出乎意料的好，随后在 2014 年 4 月正式开始移动互联网亲子游的创业之路。童游的定位是打造对接亲子游用户和旅游达人的平台，它的线路形成主要采用的是 UGC（User – generated Content 用户生产内容）和 PGC（Professionally – generated Content 专业生产内容），让普通用户，特别是旅游达人提供各种旅游线路和行程，童游再依据亲子旅游的特点、市场的具体情况、潜在消费人群的行为特征和偏好，以及童游自身具有的优势来优化并形成具有特色的儿童旅游产品。童游平台为旅游达人们打造了一个发挥自己设计才能的平台，他们在关注"童游达人"微信公众号之后，可以申请成为亲子旅游产品的策划者，并通过该公众号实现产品的设计、包装和管理，最终形成的产品将会通过童游订阅号、H5用户端和童游网进行全方位的呈现和推送。"你正好需要，我们正好专业"这句话很贴切地形容了童游的运作模式，上千名旅游达人和导师助教一起为旅游家庭出谋划策，从而打造符合需求丰富精彩的亲子旅行。

2. 麦味旅行

麦味旅行将自身定位为专注家庭定制旅行平台，亲子游客可以在其官网上通过了解信息，在线选择自己心仪的旅行策划师和旅游管家。在出游前，旅游策划师为亲子游客提供一对一的咨询服务，可以深度调研其家庭的出游需求，通过双方的不断沟通协商，从而逐步完善线路内容，最大限度地满足游客的出游需求，打造满足不同家庭关系的组合型主题旅游产品；在出游过程中，旅游管家会提供全程的跟踪服务，周全安排出行的各个细节，大小琐事都可以交给管家来处理，亲子游客则可以安心享受出游过程。这样二对一的创新服务模式能够使亲子游客享受到被重视、被关怀的感觉，通过私人定制为他们提供一站式、独一无二、高性价比、高契合度的出游体验。

相对于跟团游，定制游能够使亲子游客出游过程更加轻松自在，并且出游线路也是符合自己需要的，摆脱了团队游的种种限制，能够更好地享受亲子时间，增强亲子沟通；相对于自驾游，定制游扩大了出游的范围，出游工具也变得更加灵活，减少了很多不确定性，并且亲子游客也无须为行程、住宿花费过多精力。亲子定制游拥有很多优势，但其发展过程中同样不能忽视线路品质的保证：要做好对接工作，提高服务质量；不可虚报价格，提高线路的性价比；不可忽视大人的旅游需求，为亲子游客中的大人和孩子分别设计游玩内容。

（十）亲子游学类

游学，顾名思义，即旅游和学习相结合，在旅游中进行轻松愉快的学习和教育。读万卷书更要行万里路，游学能够很好地对学校教育和家庭教育进行补充，通过在外的经历，孩子们能够体验到不同地区文化的多样性，培养其文化包容精神，并将学过的知识转化为内在的素养和向上的动力。在亲子游学的过程中，孩子和父母能够共同锻炼探索能力、认知能力、实践能力、沟通能力、抗压能力等，孩子能增加对世界的了解、对生命的关怀，培养阳光、自信、乐观、独立、团结等优秀品质。近年来，游学越来越受到学生和家长及教育工作者的推崇，下面选取两个亲子游学品牌即新东方国际游学和"My Children"（我的孩子们）进行具体的介绍。

1. 新东方国际游学

新东方教育机构作为中国知名的英语学习平台，不仅关注孩子的英语学习教育，而且开设了专门的游学品牌即新东方国际游学，创始人俞敏洪提出"让孩子们早日去了解世界，让孩子们早日把世界带回中国"的口号，为青少年提供了解世界的机会，吸引亲子游客的目光。通过融入海外家庭的形式，可以使孩子在纯正的口语环境里进行学习；丰富的活动如卢浮宫亲子写生、空客基地探秘、塔克试驾体验等，使家长和孩子能够乐享亲子时光；孩子在游学过程中可以插班到当地的课堂之中，结识小伙伴，培养友谊；更有探访名校，体验浓厚文化和学习氛围的宝贵机会，能有效地鼓励孩子树立远大目标并激发其学习热情。下面介绍一下产品之一即"宝贝去哪儿"奇妙新西兰亲子12天游学营。该营的招收对象为8~55岁，孩子和家长可以共同报名参加。在旅途过程中，亲子游客将行走在山脉、海滩、萤火虫溶洞、红木森林等地，可以激发孩子探索地理奥秘的兴趣，同时他们还将走进几维鸟、抹香鲸、海豹和企鹅等动物的美妙世界，感受生态环保的重要性，不同的博物馆游览也使亲子游客们深刻地体验到新西兰文化和历史的魅力。奇特的地貌风景，丰富的课堂内容，有趣的互动实践，亲子游客将在被誉为"世界最后一片净土"的新西兰度过一段难忘的旅程。

2. My Children

"My Children"亲子是一家"互联网+游学"的专业服务机构，它以国内外主题游学及绘本为载体，结合了亲子教育专家的专业性指导及理念，为亲子游客提供各种高趣味性、高互动性的线路，让家长在孩子的健康成长的道路上陪伴左右，携手同行。"你的孩子不属于你，他有自己的生命轨迹"这句宣传语也道出了该机构致力于通过亲子旅游产品来增进亲子游客的关系，让家长重新了解自己的孩子，让孩子锻炼各项技能，塑造优秀品质以更好地追求自己的人生。在行程当中，家长和孩子能够体验到贯穿全程的丰富亲子体验活动，不仅有置身其中、互动参与的自然课堂，还有随团育儿专家带来的家庭教育讲座，通过其对孩子们的全程观察，可以针对每个孩子进行个性化的沟通，从而提供亲子行为分析报告及改善建议，专业的指导能够使家长在与孩子一起游玩的过程中探索家庭教育的内涵和真谛。孩子也能在游学的过程中培养国际化视野，提升动手能力和综合素质，西方文化的浸泡式体验可以使其更好地探索多元的文化，充实和培养良好的世界观。

据新东方国际游学发布的《2016 国际游学白皮书》调查显示，在游学机构的选择过程中，有 63.3% 的学生家长把境外安全保障作为首要的考虑因素，56.1% 的学生及家长关注个性且多样的游学项目，55.2% 的学生及家长关注该机构的品牌与口碑。因此可以看出，游学机构的发展之道是以全方位的安全保障作为前提，以多样且具有个性化的游学项目作为核心，而品牌和口碑则是这些要素的支持要素。游学产品在开发和设计过程中，要注意资源、用户以及内容的细分，从而进行精准匹配；协调好产品实施的各个环节，保证其高效专业的衔接；提高人员的专业性，增强产品的教育功能；注重产品的安全性保障，让家长和孩子放心；特别是要避免出现线路主题不明确，看似是游学产品，但其实依旧是传统的观光度假类产品，并无教育属性。

二、针对不同年龄阶段孩子设计亲子产品

由于不同年龄阶段的孩子需求不同，故应该在市场细分的基础上进行侧重点不同的精细化产品设计。结合社会学龄制的划分方式，本书将孩子

们划分为以下几个年龄阶段：0~3岁婴幼儿阶段、3~6岁幼儿阶段、7~14岁儿童阶段、15~17岁青少年阶段。下面针对这四个阶段孩子们不同的需求特征进行具体的分析和亲子产品的设计。

（一）0~3岁婴幼儿阶段

这一阶段的小孩子感受世界的方式主要是色彩感知，不适合过于嘈杂的旅游目的地，旅途过程也不易周转劳顿。由于孩子年幼，还不具备自理能力和自我保护意识，家长的照顾负担较重，故在进行亲子旅游产品设计时主要考虑的是父母的需求。旅游企业若想要好好利用该市场，就需要完善自身基础设施和配套服务，如设置母婴室、可租幼儿推车、家庭房间等。这样父母可以很好地照顾孩子，同时也最大限度地享受自己的旅程。结合以上各种需求，一站式、环境舒适和服务精细的度假型旅游地最受该类亲子家庭的欢迎。

（二）3~6岁幼儿阶段

这一阶段的孩子对世界充满好奇心，活泼好动，精力旺盛，并充满想象力，他们往往热爱各种新鲜事物，如稀奇的动植物、娱乐互动游戏等，具有一定的认识意识和能力以及较高的生活感知度。为该阶段的亲子家庭设计旅游产品时，应该主要开发那些处于成熟发展阶段，互动体验性强，娱乐设施丰富的短途休闲型景点。相对于自然美景，各种体验认知型活动更为重要，故可以多推出主题公园、动植物园、海洋乐园等产品，增加一些娱乐或者探索的小游戏。一些旅游App可以推出游乐园、体验场馆亲子优惠套票，以更好地开发此类细分市场。

（三）7~14岁儿童阶段

这一阶段的孩子随着认知逐渐丰富，会更加乐于探求事物真相，求知欲很强，对各种人文和科技知识开始留意观察，动手操作能力和创造能力也显著提高。结合他们的这些特征，可以多设计一些人文历史类旅游产品，如网络上很火的"跟着课本去旅游"系列活动，增加名胜古迹类景区，迎合这时期孩子对与课本相呼应的景点的极高兴致；以及设计节假日农庄体验类产品，鼓励孩子参加一些如剪纸、泥塑、手工艺品制作等活动，使其接触到更多课堂之外的知识和技能；或者一些科普教育类景区与场馆如地质公园、科技馆、博物馆等，设置月卡、套餐以吸引亲子游客定期游览，增强黏性。同时，这些旅游地要结合自身定位，提升设施建设，设计多样化产品和活动，更好地满足亲子家庭的需要，如举办唐诗宋词吟咏比赛、文物背后的故事小讲座、亲子果蔬种植及采摘节、非物质文化遗产小课堂、科学探秘小实验、奇思妙想手工课等。这些活动都可以让家长和孩子共同参与，孩子是主角，家长起到参谋和引导作用，有利于促进亲子之间的交流和互动。

（四）15～17岁青少年阶段

这一阶段的孩子已经具备了一定的独立探索能力，身体素质在快速成长的过程中也有了明显的提高，对于旅游产品的选择上，他们往往更喜欢那些挑战自我的户外运动类项目，并且有想要探索和了解新奇世界的愿望。在为这类亲子家庭设计产品时，要注意增加一些技能锻炼的项目，可以设计如户外露营、生存越野、滑雪度假、潜水冲浪以及海外游学等产品，使得该阶段孩子可以通过旅游来发掘自身潜力，更好地探索认知自身，从而塑造良好的品质；亲子家庭也可以利用机会了解孩子内心世界，促进沟通，引导孩子树立远大志向。

综合来看，当前市面上大多数亲子旅游产品的共性问题是只重视亲子活动部分，忽视了一条线路最本质、最普通的组成部分，如去一个地方却未安排一些有意义的景点等，导致家长和孩子不能各取所需，从而无法获得满意度高的体验。好的亲子旅游产品应该注重游览节奏把控、行程安排、路线特色，满足家长和孩子不同的需求，再加上当地特色的民俗体验活动，使亲子家庭深度游览异地风情，不再走马观花。

第五篇

退休旅游人群旅游市场研究

第一节　退休旅游人群定义

我国目前正面临着人口老龄化这一社会现状，据国家统计局颁布的数据显示，截至 2016 年年底，我国 60 岁以上的人口已经达到了 2.3 亿人，占比总人口数的 16.7%，这个数据显示中国有六分之一的人口由老年人构成。而国际惯例是一个国家或地区 60 岁以上的老年人口占比 10% 以上，即意味着该国家或地区步入老龄化社会。我国目前实行的退休年龄为男性 60 周岁，女性 50 周岁，虽然从 2018 年开始要逐步引入弹性延迟退休机制，但比起其他国家，我国退休人员仍呈现出低龄化的状态。老年人口数量大，国家退休年龄又较早，故我国退休旅游人群数量庞大。与此同时，该类人群的可支配收入不断提高，他们拥有较多的闲暇时间，其消费观念也逐渐转变，在身体健康状况良好的情况下，老年人旅游的需求愿望明显，该类细分人群的旅游市场非常广阔。

学界一般研究的是老年旅游，笔者以"退休旅游"和"退休旅游人群"为关键词在 CNKI（中国知网）上进行搜索结果为零。退休旅游人群是老年旅游人群的一个部分，几乎所有学者都将老年旅游的研究对象界定为 60 岁这一临界值之上的人群。二者具有相似的行为特征和旅游偏好，故本书在写关于退休旅游人群的相关内容时，大多参考了老年旅游的内容。

本书对退休旅游人群定义为超过所在国家法定退休年龄，身体机能基本良好，可以正常参加旅游活动的人群。超过所在国家法定退休年龄是退休旅游人群区别于其他旅游人群的硬性指标，身体机能基本良好能够保证退休人群正常地参加旅游活动，从而成为退休旅游人群。

第二节　退休旅游人群的行为特征

由于自身阅历丰富，身体状况以及经验积累等一些原因，退休的老年人群在旅游活动中表现出独特的行为特征。

一、人口学特征

退休的老人体能下降，自身灵活性也较差，尤其女性一般由于身体机能较男性偏弱，加上为家庭操劳，事务较多，出游频率较男性少，故早期的出游者一般以男性居多，但近年来，老年女性出游比例呈上升趋势。途牛网"乐开花爸妈游"2017 年中期盘点的报告中提到，该品牌的旅游产品老年游客中，男性占比为 47%，女性占比为 53%，爱出游的女性在全年龄段游客中处于"统治地位"。出游年龄较集中于 55～65 岁年龄段，这个时间段是男女退休年龄的重合部分，退休老人身体状况较好，最适宜旅游；出游者一般学历高，具有良好的职业经济背景，这个条件下的退休老人往往有一定经济基础，比起一些农村老人，他们更愿意把钱花在旅游上，其前半生由于工作等一些原因较为忙碌，出游愿望更加强烈，日常接触到的信息也更加通畅。

二、旅游决策较为理性，花费时间长

退休旅游人群一般进行旅游决策时间较长，他们往往更加慎重理性，这与其阅历见识、日常生活习惯有关。携程网 2015 年发布的《国内老年人旅行行为分析报告》指出，相较于学生党和上班族，老年游客有更多的闲暇时间来进行出游行程的预订和安排，他们一般预订国内游，会选择提前 25 天左右，预订出境游则会提前 60～75 天，周期较长。与此同时，携程网 App 的后台数据也显示，相较于年轻人每日在平台上平均用于浏览和预订时间所花费的 2 小时，老年用户则在此基础上多花费了半个小时，总时间接近于 2.5 小时。决策时间长给退休旅游者更多的精力去选择合适的旅游产品。

三、以传统渠道为信息主要获取来源

退休的老年人一般更相信传统的信息渠道，他们在收集旅游信息时更多地集中于电视媒体、期刊报纸、旅行社门店宣传以及熟人推荐等渠道，这与他们的习惯沿袭、不太熟悉网络操作有关。传统媒体是老人们在前半生获取信息的主要来源，他们可能还存在一种观念，那就是官方代表权威，这种观念使他们对接受新事物如网上搜寻信息较为抵触，认为那样反而很麻烦。据中国老龄产业协会老龄旅游产业促进委员会与同程旅游网在2016年联合发布的《中国中老年人旅游消费行为研究报告》称，中老年旅游者的资讯渠道主要是传统的旅行社门店及其熟人圈子。由于退休老人一般年龄较大，他们可能不太擅长学习一些新媒体操作，如浏览微信推送、旅游App上直接订票等。携程网2015年发布的《国内老年人旅行行为分析报告》就指出，国内老年游客对于App的使用率较其他年龄层偏低。在这种情况之下，诉诸传统媒体成为退休的老年旅游人群获得信息的主要方式，而后再决定是否自驾出行或去旅行社进行产品预订，又或者让其子女代为在旅游App或旅游网站上预订。

四、出游频次高

同程网2016年发布了《中国中老年人旅游消费行为研究报告》，调查发现年龄超过50岁的中老年游客的出游频次明显高于其他年龄层，选择年出行1次的游客仅占13.5%，选择年出行2次的游客占比高达42.7%，选择年出游频次高于2次的游客占比为20.2%，还有23.6%的受访者表示年出游频次不确定。途牛网发布的《2017爸妈游消费行为分析报告》针对60岁以上的用户做了调查，发现2016年全国范围内老年旅游人群平均出游频数为2次，其中北京、上海两座城市的老年游客出游频次达到了3次，这跟这些地区游客的收入水平和消费观念有关。

五、出游时间灵活且较长，避开高峰期

由于退休旅游人群的闲暇时间充裕，具有很高的自由度，故他们在选择出游时间上大多会避开旅游节假日等高峰期，更愿意在淡季错峰出游，避免与上班族们扎堆。同程网2016年发布的《中国中老年人旅游消费行为研究报告》在调查中发现，年龄在50岁以上的中老年游客在出游时间选择上明显集中在3月、4月、5月以及9月、10月，这些月份的出游频

次较高，占比分别为 41%、49%、48% 以及 49%、62%，其他月份则占比偏低，大部分在 20% 以下。由此看出，该类人群的出游季节一般是在春季和秋季。途牛网监测数据也显示 3 月、4 月、5 月、6 月，以及 11 月是退休的老人们出游的高峰时间，尤其是 3 月到 6 月，这期间气候宜人而且与暑期档错开，从而成为老人们出行的最优选择。另外，同程旅游网的数据还显示，有 80.2% 的受访者表示可以随时出行，仅有不到 20% 的受访者表示会选择在节假日出行。从这项数据可以看出，中老年游客即包括退休旅游人群，他们与年轻的消费人群在出行时间的选择上有着鲜明的对比，前者更倾向于选择人少的且天气适宜的时节进行出游，他们才是可以任性的"说走就走"的一群人。

据携程网 2015 年发布的《国内老年人旅行行为分析报告》显示，从每年的平均出游天数来看，老年游客要比年轻人多出 15 天以上，尤其在国内游方面，同一目的地，老年人的平均停留时间比年轻人多 0.8～1.2 天。同程旅游网 2016 年发布的《中国中老年人旅游消费行为研究报告》也指出中老年游客更偏向于出游天数超过三天的长线游，有 38% 的受访者表示其单次出游天数在 4～7 天，33% 的受访者单次出游天数高于 8 天，还有 23% 的受访者对行程天数无明显的偏好，认为出行多少天都可以。途牛网发布的《2017 爸妈游消费行为分析报告》也提到，从行程天数来看，全国范围内老年人旅游的平均天数为 4 天，像慢节奏的四川，如成都、绵阳地区，老年游客平均出游天数达到了 6 天。对比之下，本来就身处在风景名胜区如大理、丽江的老年游客则最"宅"，他们更愿意待在当地，其平均出游天数不足一天。由此可见，不同地区的老年游客的平均出游天数存在差异性。但总的来看，因为退休在家，退休的老年旅游人群普遍比较空闲，加上他们追求慢节奏的旅游方式，故其旅行一次花费的时间很长。

六、出游方式以朋友陪伴、参团为主

对于退休老人来说，他们在出行时更需要相互扶持，故更愿意选择结伴出行。据携程网 2015 年发布的《国内老年人旅行行为分析报告》显示，有 63% 的老年游客选择 2~4 人一起出行，5~6 人结伴出行的占比为 18%，另外有 13% 选择 7~10 人共同出行，而选择 10 人以上出行的约占 6%。途牛网发布的《2017 爸妈游消费行为分析报告》也指出 60 岁以上的老年人更愿意以家庭、社区、老友为"单位"抱团出游，平均每单的出游人数达到了 9 人。子女忙于上班，不能长时间侍奉左右，老人们更倾向于选择关系较好的邻居、旧时的同学、同事及好友一起结伴出行，这样不仅能在旅途中相互照应，而且能增强感情的联络，是定期聚会的良好方式之一。途牛网的报告还发现，哈尔滨和郑州两座城市的老年游客还爱带着"孙子辈儿"一同出游，数据显示每六个人当中就有一个老人领着个娃儿。

与此同时，由于身体情况、信息获取、软件应用等一些限制，退休旅游人群大多倾向于选择旅行社的团队包价游，这种出行方式更加省心省力。如果线路设置妥当，行程宽松，服务良好，老人们就可以获得一次放松舒适的旅游体验。而出境游则更是如此，携程网 2015 年的报告还指出，老年游客在出境游方面选择跟团的平均占比高达 82%，且居高不下，这与语言沟通问题以及子女无法陪伴密切相关。

七、交通工具选择以火车、汽车为主

退休旅游人群一般年龄较大，身体可能不适应飞机等交通工具，长途飞行也会带来身体的不舒服，故他们在出行交通方式选择上以火车、汽车居多。携程网 2015 年发布的《国内老年人旅行行为分析报告》指出，选择乘坐火车出行的老年游客占比达到四成，而选择乘坐飞机的占比不到三成。报告还特别指出，老年游客中有一批忠诚的自驾游用户，他们往往选择淡季出行，总体旅游时间较长，通常为一个月或者更久，通过每天控制驾驶时间，可以在深度游玩的同时尽量减少身体机能的消耗，能够有效地避免疲劳，从而达到身心放松的目的。途牛网发布的《2017 爸妈游消费行为分析报告》也指出行程来去自由又轻松舒适的周边游和高铁短途游最受老年旅游者的青睐。

老年人在出游时更易于选择中短途目的地，短途游开汽车，亲友或老

人自驾旅行就很方便，而稍长的中途旅行坐火车也很便利。因为退休老人一般有怀旧心理，故他们更倾向于选择乘坐火车这种常规型交通工具，平缓舒适的高铁最适合老年人出行的需要。乘坐飞机可能需要的手续、身体健康证明对老人来说办理起来较为烦琐不便。

八、消费水平不高，主要购买土特产品

相较于冲动消费的年轻旅游者，甚至"月光族"，退休的老年人不管是在日常生活中还是在旅游出行过程中都更加理性消费，通常他们的旅游花费不高，更倾向于物美价廉类旅游产品，总体上还是以经济旅游为主。携程网 2015 年发布的《国内老年人旅行行为分析报告》曾指出，较于拥有奢华装修的高星级酒店，老年游客更倾向于选择地理位置好的快捷型酒店，他们往往重视价格因素，平均一次国内游的花费在 3200 元左右，平均一次出境游花费为 12000 元左右。同程网 2016 年发布的《中国中老年人旅游消费行为研究报告》也指出，有 58.4％的受访者在出行中愿意选择经济型酒店，选择星级酒店的占比为 29.6％，总体上选择标准住宿即经济型酒店和星级酒店的占比总计 88％。此外，途牛网发布的《2017 爸妈游消费行为分析报告》也进行了相关的统计，发现 2016 年全国范围内 60 岁以上的老年游客人均旅游消费 3500 元，其中上海的老年游客更追求品质游，人均旅游消费金额达到了 6000 元，其消费升级观念更为强烈。

据同程旅游网在 2016 年发布的《中国中老年人旅游消费行为研究报告》数据显示，有超过九成的中老年旅游者（50 岁以上）在旅途中有购物经历，他们在出游中购买商品数量的前五位分别为：土特产品、特色手工艺品、旅游纪念品、服装以及电子产品，其中土特产品更是占到了76.8％，而其对珠宝首饰、名表等奢侈品购物需求几乎为零。退休的老年人群生活习惯较为简朴，购物上更加讲究实用性，而土特产品与奢侈品相比，花销要少得多，还具有食用、养生等功效，确实符合退休旅游人群的需求。相较于 18～50 岁的旅游者，50 岁以上的中老年游客不购物的比例是前者的一倍多，这也反映了老年退休旅游者的简朴作风。

第三节　退休旅游人群的旅游偏好

退休旅游人群因其独特的群体特征，旅游偏好也具有一定的特殊性。本书将该类人群的旅游偏好共分为三类，分别为旅游动机偏好、旅游购买决策偏好和旅游目的地偏好，下面分别就这三种偏好进行具体的探讨。

一、旅游动机偏好

退休旅游人群一般的旅游动机与其他旅游人群差异较大。首先，他们的健康动机比其他旅游人群更高，这和他们自身希望通过旅游来锻炼身体、增强体质有很大关联；其次，怀旧动机也是退休旅游人群的一个较为独特之处，他们往往对一些纪念馆、红色旅游地等拥有浓厚历史文化气息的旅游目的地具有深刻的感情，另外对异乡亲友的探亲式旅游欲望也相对强烈。据同程旅游网 2016 年发布的《中国中老年人旅游消费行为研究报告》称，大部分中老年受访者出游的内在动因是"趁身体允许多出去走走"，占比达 37.1%，另有 24.9% 的受访者选择了"陪伴家人或朋友"，而"打发退休时光"和"了却年轻时心愿或遗憾"占比分别为 18.3% 和 15.6%。这些内在动因正是部分老年人即退休旅游人群的旅游动机偏好，这些偏好、需求越为强烈，就越会促使旅游行为的产生。

二、旅游购买决策偏好

据同程旅游网 2016 年发布的《中国中老年人旅游消费行为研究报告》调查数据显示，中老年人在进行旅游购买决策前主要关注和收集的信息集中在目的地风景、目的地风土人情以及周边住宿三类，占比分别为 77%、56% 和 51%。此外，有超过 55% 的中老年人更偏向于从传统旅行社门店进行旅游产品的购买，通过旅游网站（含客户端）的购买者占比刚刚超过 20%，而其他诸如从"旅行社门店 + 互联网"、美团网等团购网站以及京东商城、天猫商城等电商渠道进行购买的占比较小。途牛网发布的《2017

爸妈游消费行为分析报告》也显示老年人更偏向于使用线下预订的渠道，其中电话预订及门店预订的比例占总量的62%，而移动端App预订则多由其子女代为完成，占比为38%。由以上数据可以看出，退休的老年旅游者较多地关注目的地的景色和风土人情等情况，并且主要从线下的传统旅行社门店进行产品的预订和购买。

三、旅游目的地偏好

退休旅游人群有一种独特显著的旅游方式，就是"候鸟式"旅游。老人们由于身体状况等原因，不同季节对旅游目的地的偏好不一样，如冬季更愿意去纬度较低的海岛度假，而夏季则愿意去纬度较高的地区或山区度假，寻求不同纬度地区怡人的气候条件。

在国内游和出境游两个选择方面，大多数退休旅游人会选择国内游，这跟长途飞行更易造成老人身体不适，语言沟通不畅有关。携程网2015年的《国内老年人旅游行为分析报告》指出，有近六成的老年游客会偏好于选择国内游，而在国内游方面，又有超过65%的老年游客选择周边游。该报告还指出，老年游客群体最喜爱的十大旅游目的地分别为北京、上海、杭州、大连、苏州、洛阳、桂林、无锡、深圳、南京。途牛网监测数据显示，国内老年游客选择较多的出游目的地依次为：三亚、北京、桂林、张家界、长沙、西安、丽江、大理、扬州和嘉兴，全国范围内最受老人们喜爱的景区为三亚蜈支洲岛、四川峨眉山、厦门鼓浪屿、丽江古城、北京故宫、杭州西湖、珠海长隆、浙江乌镇、西安兵马俑以及四川的都江堰。总体来看，退休旅游人群更喜欢观光度假类旅游地，如我国的华东、华南等地，这里一般风景优美、空气良好、气候舒适，非常适合他们在此长时间停留修养。当然，这也与上海、广州两个城市及其周边二线城市的退休游客更喜欢周边游直接相关。历史文化类景区如丽江古城、北京故宫、西安兵马俑景区也同样收到老年游客的青睐，这与他们崇尚人文内涵、追求历史足迹的心愿密切相关。

而出境游方面，携程网的报告还指出，有接近六成的老年游客更愿意选择飞行时间较短的周边国家或地区作为出行的目的地，如日本、韩国、（中国）台湾、泰国等地。曼谷、首尔、新加坡、（中国）香港和东京五地则被列为老年游客常去的出境目的地前五名。另外，还有接近30%的老年游客表示愿意选择欧洲作为出境游目的地。途牛网发布的《2017爸妈游消费行为分析报告》也指出在老年游客出境游目的地国家方面，最受欢迎的前十名分别为泰国、日本、美国、意大利、法国、瑞士、新加坡、越南、马来西亚和澳大利亚。其中泰国、日本因为飞行时间较短，而且当地汉语使用程度较高，所以成为老年游客出游的最热门国家。此外，对于长途旅游来说，像欧洲、美国的常规跟团线路也占据了一定数额的老年游客市场。

下面介绍一下退休人群国内旅游经典目的地。

1. 成都青城山

青城山－都江堰景区，2007年被评为"中国老年人最喜爱的旅游目的地"。青城山由于空气鲜润、绿树成荫，因此非常适宜老年人观赏游览。每年都会举办老年精修养生节，养生节上青城山武馆会组织青城山老年人集中展示太极养生拳法。老人们可以在清幽自然和浓郁文化气息中让自己的思想、精神得到放松，老年人可以体验源远流长的道教文化、养生文化，徜徉在自然生态中颐养身心。

2. 杭州西湖

上有天堂，下有苏杭，杭州是"人间天堂"，可以看朦胧的烟雨，品西湖龙，畅游杭州各个公园，太子湾公园一年四季都有花展，是一个休闲娱乐的好地方。带着老人到杭州，不管季节，不管天气，杭州就像一位超级魔术师，不管是春夏秋冬，不管是阴晴雨雪，都能展现出最美妙的姿态。春有百花争艳，徜徉柳堤踏青赏花；夏有荷花开满荷塘，是赏荷最好的时机；秋有朦胧秋雨，桂花飘香；冬有雪覆苏堤，意味深长。

3. 厦门鼓浪屿

美国前总统尼克松曾赞誉厦门为"东方夏威夷"，是国内极其火爆的出游地，也是全家人一起出游的首选海滨城市。厦门是个极具南国风情的优秀旅游城市，沿着海边的环岛路骑行，椰子树在两旁摇曳，恍若间让人感觉自己像置身于东南亚的海岛之中。走进热闹的中山路，街道两旁排列的矮楼，无时无刻不彰显着浓郁的闽南风情。

4. 桂林大圩古镇

"水作青罗带，山如碧玉簪"，自古以来桂林就以山清水秀而闻名，最适合老年人回归大自然和修养身心；几位老人一起前往至今已有 2000 年历史的大圩古镇，探寻清代徽派建筑风格特色的青砖、青瓦楼房，在青石板铺成的大街上健步，让人不禁怀旧，非常适合长者游览；桂林有特色农家美食，对住在城市里的长者都有着非常大的吸引力。

大圩古镇坐落在漓江东岸，与广西宾阳的芦圩、苍梧的戎圩、贵县的桥圩一并称作广西"四大历史圩镇"。万寿桥是一座由石块砌起的石拱桥，始建于明代，是老人必去的地方，桥面的石头已被磨损得失去了棱角。漓江就在桥的西面，所以这里自然就成为欣赏漓江、观赏螺蛳山的最好的地方。站在桥上一边欣赏漓江风景，一边享受千年小镇的浓浓古意。

5. 湖南凤凰

由于老年客群的活动能力比较差，休闲度假的自然也就成为最合适不过的方式。凤凰古城是一个以玩水、游故居、游园林为主的景区，不需要攀登高山。首先可以观赏错落有致的吊脚楼，河边不停旋转的水车，清澈见底的沱江水，其次还可以提上五颜六色的许愿灯，去沱江去放飞自己的愿望，祈求保佑自己的子孙后代永远平安。在清晨的浓雾中，看着沱江上的一叶扁舟；在傍晚的夕阳下，看着夕阳余光照射下的古城墙，非常安静美好，有助于身心放松。

6. 云南

云南冬季温暖夏季凉爽，一年四季都跟春天一样。通常去云南旅游，都会选择昆明、大理、丽江、香格里拉四个地方，也是经典的线路。苍山、洱海、双廊、泸沽湖等都是为老年旅游者所喜爱的地方。在丽江可以寻味纳西风情，在元阳可以看到壮丽的梯田，去普者黑可以体验少数民族的淳朴，同时还能够一览世外桃源美景。老年人还可以漫步古城，垂钓洱海，非常美好。后代们可以和父辈们一起分享温馨的时光，听听父辈们的故事，第二天再去大昭寺门前晒晒太阳，这样的旅游经历都将令人非常难忘。

7. 北京

北京是一座有着 3000 多年历史的古都，是中国的首都，很多小学教科书里面都能看到北京的历史古迹，主要有长城、故宫、天坛、颐和园、圆明园等，每天清晨去天安门广场看升旗也是非常有吸引力的一项活动。除此之外，北京拥有中国最顶尖的高校教育资源，如清华大学、北京大学、中国人民大学和北京师范大学等，去校园里走走提前感受名校氛围也是广大游客的选择。

8. 西安

西安是六朝古都，历史文化氛围非常浓郁，也是老人年怀旧的必去之地。西安是一座既有现代美感又有历史韵味的城市，它是古老华夏民族发祥地，是世界四大文明古都之一，历史之悠久，文化积淀之厚重，都超乎人们的想象。环绕西安周边，总共有 120 多个帝王陵墓，形成了"天然历史博物馆"；兵马俑坑被称为是"世界八大奇迹之一"；西安的古城墙，是迄今为止世界上保存最完整、长度最长的古城墙遗址。秦始皇陵具有世界知名度，也是最早被列入世界遗产名录的中国遗迹；千里金秋，天府古国，兵马俑、古城墙绽放着独特的魅力，让游客走进拥有千年历史的帝王之都。

9. 海南三亚

三亚本就是适合全家旅行的地方，带上小朋友们去度假再好不过。国内有四大一线旅游城市，分别为"三威杭厦"，而排名其首的就是三亚，可见大家对三亚有多喜爱。想要在国内体验南国海滨风情的话，那就一定要去三亚。其实，想在温暖的冬日在海边浪一浪的话，不一定要千里迢迢飞去语言不通的东南亚，在三亚就能享受到温暖海水的轻抚。

10. 广西北海

北海面朝我国最大的海湾——北部湾，气候温和，年平均气温在23摄氏度左右，冬无严寒、夏无酷暑，森林覆盖率高达89%以上，空气中负氧离子含量大约是内陆地区的80～500倍，中国古代"海上丝绸之路"就是从这里出发的，也是国家历史文化名城。2005年以来，北海已经连续12年入选"中国十大宜居城市"，毫无疑问是老年人康复、疗养的最佳目的地。北海银滩东西长度24千米，最大的特点是滩长平、沙软白、水温蓝、浪平软、无鲨鱼、无污染、空气洁净自然，最适合老年人出游。

四、旅游产品类型偏好

梁滔滔曾在2010年对广州老年旅游客源进行了调查研究，发现92%的老年人偏爱充满人文气息的名胜古迹、民俗风情类旅游产品；其次是占比约76%的自然生态类旅游产品；另外老人们也偏爱红色旅游等特色旅游产品，其占比达到62%；有58%的老年人对农家乐养老类旅游产品表示关注，这与他们在农村生活过的人生经历有关。2016年重阳节来临之际，各大在线旅游机构通过大数据分析，得出近些年来老年人出游的趋势之一就是偏爱乡村游、邮轮游。途牛网发布的《2017爸妈游消费行为分析报告》对老年游客的出游主题做了调查，发现有37%的受访者更愿意选择到名山胜水之地进行游览，而选择前往民俗古镇的老年游客占比也达到了26%，此外，选择踏青赏花的主题游的占比为23%，而城市乐园主题出游的人次占比为14%。从以上数据可以看出，退休旅游人群对祖国大好河山、名胜古迹的游览需求比较旺盛。

途牛网2017年的调研数据显示，老年旅游者更关注目的地的气候、环境是否对身体有益，该类用户占比达45%。比起年轻人热衷于探险、刺激、娱乐类旅游产品，退休的老人们反倒更钟爱具有浓厚历史文化内涵的景区类旅游产品，或者益于健康、静心怡神类的旅游产品。疗养康健型旅游产品在老年旅游市场上大火也跟这个有关。

第四节　如何为退休旅游人群设计旅游产品

老年人出游具有许多好处，如开阔视野、增长知识；陶冶情操、享受人生；锻炼体魄、享受健康；调剂生活、增添乐趣；促进交往、结识朋友。开发退休人群的旅游产品，可以提高老年人的生活品质，活跃我国老年人旅游市场。但目前来看，我国旅游市场上缺乏为退休旅游人群量身定做的旅游产品，一些产品仅仅是带了一个"银发旅游"或"夕阳红"的名头，其实与普通类旅游产品大同小异。另外，普遍存在服务设施缺乏人性化关怀，住宿饮食等方面比较粗放，缺乏安全性、便捷性等问题，这些都对该类旅游市场造成了破坏。本书总结退休人群旅游产品设计要点，针对退休旅游人群的行为特征和旅游偏好帮助旅游企业设计出符合该类人群所需的旅游产品。

一、退休人群旅游产品设计要点

随着有钱、有时间的退休群体成为旅游市场的重要客源之一，旅行社和在线旅游网站纷纷推出老年游产品争夺市场蛋糕。不过，市场上让人眼花缭乱的老年游产品部分存在服务标准缺失、旅游安全无保障、低价陷阱、产品同质化等问题。在传统旅行社逐渐"式微"的背景下，退休人群便是诸多传统旅行社的"衣食父母"。以广之旅为例，老年游人数以15%左右的速度在逐年递增。而从老年人的出游消费的时间来看，基本和传统的旅游旺季"错峰"，不仅形成了淡旺季市场的"互补"，也直接扩大了淡季业绩增长的空间。因此怎样为老年人提供更好、更有效、更实用的服务，成为传统旅行社的下一个"蓝海"。

（一）出游要便利，要安心，还要走得更远

每年3月下旬到5月是旅游市场的传统"小淡季"之一，此时旅游交通、住宿费用均有下降，错峰出游的市民增多，加上退休人士购景区景点

门票还有优惠政策，老年人成了旅游市场中活跃的主角。

据了解，不少退休人士的子女也会积极鼓励父母此时外出旅游，并通过旅行社为父母报团。而他们为父母报名后，首要关心的便是该团是否成行、签证是否通过、出团信息等一系列问题。

目前，退休人群出游可以分为两种情况：老年人自行预订出游与子女预订父母出游。途牛网大数据显示，2015年，老人自己报名出游的比例为21%，子女为表孝心代为报名的比例为79%。也就是说，庞大的退休旅游人群市场上埋单者以子女居多。很多工作地和父母居住地不在同一个城市的子女，也愿意通过旅游网站为异地的父母预订旅游产品：一是网上报团线路更多、更个性化；二是行程更透明，可以查看游客点评，儿女更放心。为"买家"子女们提供报团的便捷，便能更大限度地赢得老年市场，途牛网便提供了"异地报名"的方便。

针对潜力巨大的爸妈游市场，途牛网抢先推出了"乐开花爸妈游"品牌。途牛网品牌管理中心总监洪菊表示，途牛网广泛的区域服务网络覆盖为其掘金爸妈游市场增添了独特的竞争力。途牛网在全国已拥有170家区域服务中心以及提供超过240个出发城市的预订服务，同时仍在不断深化区域拓展战略，至2016年年底，区域服务中心数量达到300家。"线上线下的协同，让子女异地报名、父母异地成团不再是难事。同时一旦发生问题，子女在预订地、父母在出发地都可以与途牛网进行沟通，实现信息共享和对称。"

（二）退休人群专享产品，除了慢游外，还要开心

用户选择老年游产品时重点关注高性价比以及舒适、安全，同时老年游客多跟团游，因此，吃、住、行、游等方面都高性价比：吃，餐食基本全包，以中餐为主，避免老年人吃不惯；住，选择干净舒适的酒店；行，线路设计及行程安排以缓为主，满足老年游客"快旅慢游"的特点；游，目的地大多选择相对安全、气候相对温和、适合老年人出行的目的地，所有经典、精华景点基本覆盖，不让老人留遗憾。

针对70岁以上老人出游投保难的尴尬，可将旅游意外险的承保年龄进

行扩展，从而满足更多老年游客的保险需求。在具体产品方面，可针对用户选择难的问题筛选适合老年人出游并且达到品牌标准的产品，方便和简化子女或者老年人选择合适的出游产品。未来可针对全部都是老年游客的人数较多的独立团队提供专业陪护，并根据老年群体在旅游中的常发问题设计更多保障方案，为有需求的老年客户提供上门接送服务。

（三）出境游将是退休旅游人群出游重头戏

尽管退休人群更爱国内游，但随着出境游景点开始出现更多的中文服务以及众多国家推出免签及签证便利举措，不少身体状况较好的退休人士开始渐渐倾向出国游玩。2015 年，老年游出境游同比增长 217%，增速高于国内游（95%），老年游客较为青睐的境外目的地国家有日本、韩国、泰国、法国、意大利、瑞士、德国、美国、俄罗斯、越南。从这一排行榜可以看出，老年游客主要选择飞行时长较短的周边国家作为目的地，但也不排斥出境长线游，看更广阔的世界。

南湖国旅公司一出手便下重本在"长者出境游"的线路上。南湖国旅很早就在德国设立了分公司，经过多年的运营特别是近两年来的快速发展，在欧洲区域已经掌握了非常完善以及丰富的资源，所以率先在欧洲的产品上试水推出了"长者服务八大标准"，包括特别配备无线导览耳机，清晰聆听；配备了豪华品牌（奔驰、沃尔沃、MAN 等品牌）旅游车，让长者出行更舒适；旅途中安排了精通普通话、粤语、英语等多种语言的耐心细致、服务好的领队；抵达欧洲后，领队及时向长者家属发送平安信息，返程前发送航班信息；将细心工作提前到旅途之前，计调人员为长者团安排了楼层低或者有电梯的酒店；领队每晚都必须巡视房间；每人赠送集体照一张等贴心服务。

（四）注重老年人旅游服务规范

可以参考《旅行社老年旅游服务规范》的各项条例注重老年人旅游服务规范（见表 5.1）。

表 5.1 《旅行社老年旅游服务规范》

《旅行社老年旅游服务规范》是为了充分保障老年旅游者的合法权益、规范旅行社的经营行为和服务内容、提高旅行社行业的服务质量而制定的法规，2016 年 3 月 1 日，《旅行社老年旅游服务规范》由国家旅游局批准予以公布，2016 年 9 月 1 日起正式实行。

1 范围

本标准规定了老年旅游服务要求，包括旅游产品要求、旅游者招徕、团队计划的落实、接待服务和后续服务等内容。

本标准适用于提供老年旅游产品的旅行社。

2 规范性引用文件

下列文件对于本文件的应用是必不可少的。凡是注日期的版本适用于本文件。凡是不注日期的引用文件，其最新版本（包括所有的修改单）适用于本文件。

GB 16153 饭店（餐厅）卫生标准

GB/T 26359 旅游客车设施与服务规范

3 术语与定义

下列术语和定义适用于本文件。

3.1

老年旅游者 elderly tourists

年龄在 60 周岁以上（含 60 周岁）的老年旅游产品消费者。

3.2

老年旅游产品 tour products for elderly people

旅行社根据老年旅游者的旅游需求特点，专门为老年旅游者组织与开发的包含交通、住宿、餐饮、游览、导游等旅游服务在内的包价旅游产品。

3.3

随团医生 tour group doctor

指为老年旅游者提供保健知识、紧急救助、非处方药建议以及协助医生救治的医务工作者，需持有有效的医师执业资格证。

4 旅游产品要求

4.1 旅游景点、活动的安排

4.1.1 应选择符合老年旅游者身体条件、适宜老年旅游者的旅游景点和游览、娱乐等活动，不应安排高风险或高强度的旅游项目。

续表

4.1.2　宜选择具有完善无障碍设施的旅游景点。

4.1.3　宜在人群密集度较低、容易管理的区域安排自由活动。

4.1.4　宜安排乘坐景区内交通环保车、缆车等交通工具。

4.1.5　连续游览时间不宜超过 3 小时，可安排一定时间的午休。

4.2　行程的安排

4.2.1　整个行程应节奏舒缓，连续乘坐汽车时间不应超过 2 个小时，每个景点应安排充裕的游览时间。

4.2.2　结合旅游目的地时令特点，宜选择适合老年旅游者的季节和天气出游。

4.3　地接社

4.3.1　组团社宜选择具有老年旅游者接待经验的地接社，地接社应具有诚信与履约能力。

4.3.2　组团社应要求并监督地接社充分了解接待计划，充分了解行程中的各项安全措施、安全保障能力和安全要求，发生意外情况时有应急计划与解决对策。

4.3.3　组团社应要求地接社对地陪提出老年旅游服务要求，以确保其服务达到所需品质。

4.3.4　组团社应定期进行地接社的筛选与优化。

4.4　交通工具

4.4.1　乘坐火车应安排座位，过夜或连续乘车超过 8 小时应安排卧铺，宜尽量安排下铺。

4.4.2　宜选择老年专车、专列（专厢）、包机、包船等交通方式。

4.4.3　客车座位安排应适度宽松，宜保持 15% 的空座率。

4.4.4　应要求客车承运单位安排拥有至少 5 年驾龄、具有熟练驾驶经验、驾驶平稳的客运司机。

4.4.5　客车上应配备轮椅、拐杖等辅助器具。

4.4.6　应选择客车设施和服务符合 GB/T 26359 规定的旅游客车承运商。

4.5　饭店

4.5.1　宜选择噪声小、隔音效果好的饭店。

4.5.2　宜选择有电梯的饭店，没有电梯的饭店应安排老年旅游者入住 3 层以下楼层。

4.5.3　宜选择距离医院或急救中心较近的饭店。

4.5.4　宜选择具有无障碍设施的饭店。

4.6 导游/领队

4.6.1 应选择具备紧急物理救护等业务技能、了解一般医疗常识、具有至少3年导游从业经验、做事细致耐心的导游/领队全程随团服务。

4.6.2 导游和领队应接受过老年旅游服务技能的相关培训，掌握老年心理保健、老年健康管理等相关知识。

4.7 餐厅

4.7.1 应选择卫生标准符合 GB 16153 规定的餐厅，宜选择具有接待老年旅游者经验的餐馆。

4.7.2 团队餐食应在充分考虑老年人饮食特点的情况下，安排当地的特色餐饮。

4.7.3 应考虑老年旅游者的特殊需要，提前为有饮食禁忌的老年旅游者安排特殊饮食。

4.8 购物安排

如果老年旅游者有购物需求，应选择货真价实、服务质量较高的购物场所。

4.9 自费项目安排

旅游产品宜一价全包，不宜再安排自费项目。

4.10 旅游保险

组团社应与保险公司就旅游意外险的投保年龄上限进行沟通协商，为更多老年旅游者提供保险保障。

5 旅游者招徕

5.1 产品咨询服务

5.1.1 应耐心、详尽解答老年人的问题。

5.1.2 应提供有关旅游产品内容、价格的详尽书面材料，书面材料的字号、字体要适合老年旅游者阅读。

5.1.3 应根据老年旅游者的生理特点推荐适宜的旅游产品，并向老年旅游者说明某些旅游活动对身体条件的限制性要求。

5.1.4 可在网上开辟老年旅游服务专区，为老年旅游者提供在线咨询服务。

5.2 合同签订服务

5.2.1 应耐心、详尽解读合同文本各项条款。

5.2.2 应详细说明并书面提供合同价格所包含的旅游产品的详细信息，包括但不限于相关旅游目的地景区景点对老年人的门票优惠政策等情况。

5.2.3　应采集老年旅游者详细信息，包括个人健康情况、个人通信方式、紧急联络人信息，并请老年旅游者当面签字，75 岁以上的老年旅游者应请成年直系家属签字，且宜由成年家属陪同。

5.2.4　应准备《安全告知书》一式两份，并当面为老年旅游者逐条讲解，待老年旅游者理解具体内容后签字，组团社和老年旅游者各留存一份。《安全告知书》应包括旅游活动的潜在风险、旅游行程中的安全注意事项等内容。

5.2.5　应口头提醒并书面提供老年旅游者一份《出行提示清单》，具体内容应包含身份证、护照等证件携带提醒；常用药品、衣物等必要物品携带提醒；提前到达机场、车站、码头的时间提醒等。

5.2.6　应详细介绍旅游意外保险产品及其适用对象，应推荐其购买包含紧急救援在内的旅游意外险，并宜要求符合投保年龄规定的老年旅游者购买普通旅游意外险。

6　团队计划的落实

6.1　组团社应与地接社共同做好团队计划的落实工作。

6.2　应严格选择旅游服务供应商，验明资质，考察服务质量与安全保障能力，并定期对供应商进行优化。

6.3　应严格按照产品设计规范与相关旅游服务供应商沟通、落实产品和服务要素。

6.4　组团社应将游客年龄、身体状况、特殊需求等详细信息有效传递给地接社、承运单位、旅游景点、饭店等相关旅游服务供应商，并宜根据产品设计规范，以书面形式向供应商强调具体要求。

7　接待服务

7.1　旅游协助

7.1.1　导游/领队在团队出发与迎接、参观游览与行程中、离站/末站等服务环节中，应随时主动做好搀扶、搬运行李、协助系好安全带、代办邮寄、托运等辅助服务。

7.1.2　导游/领队应针对老年旅游者的特殊需求做好各项物质准备，备有老花镜、放大镜等老年人常用物品。

7.2　安全提醒

7.2.1　出行前应就老年旅游产品的潜在风险、老年旅游者的身体健康要求等内容做好口头安全提醒，并出示《安全告知书》，以保证老年旅游者选择适宜的老年旅游产品。

7.2.2　导游/领队应在行前告知老年旅游者旅游沿途的地理、气候、风俗等情况，提醒老年旅游者带好带齐通信设备、相关证件证明、衣物、应急和日常药品等。

7.2.3　导游/领队应核对每位老年旅游者的通信方式，同时应为每位老年旅游者发放便携式集合信息卡片并详细讲解卡片内容，卡片上宜载明导游与司机的联系方式、乘坐汽车车牌号等关键信息，应提醒老年旅游者认真阅读、随身携带、妥善保管该卡片。

7.2.4　导游/领队应在游览过程中及时告知老年旅游者停留时间、集合时间及地点，及时清点人数，防止老年旅游者走失，保证老年旅游者的人身安全。

7.2.5　导游/领队应提醒老年旅游者按时服用常用药，时刻关注老年旅游者在旅途中的活动及身体状况，及时告知老年旅游者不适合其参加旅游活动的情形，对自由活动应尽安全提示义务。

7.2.6　导游/领队应提醒老年旅游者在饭店退房时清点并拿好自己的行李物品。

7.2.7　导游/领队应提醒老年旅游者在用餐时注意卫生，饮食不宜过冷过热，规律进餐，饮酒适度。

7.2.8　导游/领队应就可能发生危及老年旅游者人身、财物安全的情况，不厌其烦地向老年旅游者予以说明。

7.3　旅游讲解

7.3.1　导游/领队应耐心、细心和热心地为老年旅游者提供讲解。

7.3.2　导游/领队讲解时应放慢语速、提高声调、咬字清楚，以便老年旅游者理解。

7.3.3　导游/领队应耐心细致地回答老年旅游者提出的问题。

7.4　相关信息介绍

7.4.1　导游/领队应及时告知游程安排、用时和沿途休息区、卫生间等公共设施情况，合理安排中途停车与休息。

7.4.2　导游/领队应介绍所乘坐飞机、客车或轮船等交通工具上的常用设施，帮助老年旅游者正确安全使用。

7.4.3　导游/领队应介绍入住饭店的名称、位置、周边环境和联系方式,为每位老年旅游者发放饭店位置指示卡。

7.4.4　导游/领队应介绍饭店主要设施设备的使用方法,特别是逃生通道。

7.4.5　导游/领队应引导老年旅游者进房入住,提醒老年旅游者记住房间号码,并将自己的房间号码告知老年旅游者和酒店前台。

7.4.6　导游/领队应讲清饭店内就餐形式、地点以及时间,告知有关活动的时间安排、集合地点和停车地点。

7.4.7　导游/领队在餐馆应细心引导老年旅游者入座,介绍餐馆卫生间等公共设施设备的位置和使用注意事项。

7.5　服务对接

7.5.1　全陪/领队应及时提醒地陪落实各项活动安排并告知团队老年旅游者的特殊需求。

7.5.2　全陪/领队应协同地陪监督、提醒司机平稳驾驶、及时休息、保证安全,切勿超速和疲劳驾驶,在急转弯时需小心慢行。

7.5.3　全陪/领队应协同地陪及时主动与景区管理人员沟通,在游客拥挤时为老年旅游者开设绿色通道,提醒景区讲解员耐心细致地为老年旅游者进行讲解。

7.5.4　全陪/领队应协同地陪提醒饭店在客房内必要地方放置防滑垫,谨防老年旅游者摔伤,宜提醒饭店多关注老年旅游者住店状况,提前制订应急预案,工作人员应协助老年旅游者解决入住期间遇到的问题。

7.5.5　全陪/领队宜协同地陪提醒餐馆制作符合老年旅游者需求的菜品,将老年旅游者的饮食禁忌及特殊要求提前转达给餐馆工作人员。

7.5.6　全陪/领队应协同地陪做好购物安排,对于强制购物或违法购物安排应以及时劝阻。

7.6　保健服务

7.6.1　包机、包船、旅游专列和100人以上的老年旅游团应配备随团医生服务。

7.6.2　团队应配备急救用品、简单常用医疗器械和常用药品。

7.6.3　团队应配备防止晕机晕船晕车的药物,制订产生晕机晕船晕车时的紧急预案。

7.6.4　随团医生在旅途中应为老年旅游者讲解保健知识,接受咨询。

续表

7.6.5 随团医生应提醒老年旅游者注意饮食平衡，规律进餐，饮酒要适度。

7.6.6 随团医生应提醒老年旅游者随气候变化及时增减衣物，注意防止受凉感冒或天热中暑。

7.6.7 随团医生宜提醒老年旅游者参加活动量力而行，注重休息和睡眠，避免过度疲劳。

7.6.8 随团医生在旅途中应随时关注、及时询问老年旅游者的健康状况和身体感受，应提醒老年旅游者规范使用自备药。

7.7 应急处理

7.7.1 老年旅游者遭遇突发病情或意外事故时，导游/领队应在第一时间拨打紧急救助电话，寻求专业医护和救援人员，并将突发事件情况及时上报组团社，同时组织周围力量开展第一时间的紧急救助工作。

7.7.2 老年旅游者遭遇突发病情或意外事故时，随团医生应对病人和伤者进行紧急救护，并应在专业医护人员到达后做好协助救护工作。

7.7.3 在完成及时送医的工作后，组团社应第一时间通知老年旅游者紧急联络人并协助安排家属探望及处理后续事宜。

8 后续服务

8.1 回访服务

组团社应通过随团发放《游客旅游服务评价表》、电话回访等方式认真听取老年旅游者对旅游产品的意见和建议，不断改进旅游产品，提高老年旅游产品的市场满意度。

8.2 投诉处理

8.2.1 组团社应为老年旅游者提供便利的投诉渠道，宜上门为老年旅游者提供投诉处理服务。

8.2.2 组团社应认真受理、记录老年旅游者投诉内容，依法及时做出处理。

8.2.3 对于老年旅游者针对第三方的投诉或诉讼，组团社应给予积极协助，跟踪处理过程，做好对老年旅游者的心理安抚工作。

8.2.4 老年旅游者对地接和地陪服务产生投诉的，地接社应协助组团社处理好投诉。

8.3 保险索赔

保险事故发生后，组团社应协助老年旅游者或其家属向保险公司索赔。

二、退休人群的旅游产品类型

（一）自然风光类

正如上面提到的出游的动因那样，退休的老年旅游者希望趁身体状况还允许时多出去走走，去一些山水之地，感受大自然的清新。对于一些老人而言，前半辈子可能没出过几次远门，也没有见过多少令人赞叹的风景，而退休之后空闲时间充裕，儿女又各自成家立业，不必再为他们过于操劳，这时通过旅游的方式去外面的世界看看是一个很好的选择。设计适合老年人出行的自然风光类旅游产品能够让老人们在较为慢节奏的行程中游览乐山乐水，感受不同地方的风土民情、百姓喜乐，从而使其心灵开阔豁达，更易于健康生活，延年益寿。下面介绍自然风光旅游地江西婺源以及途牛网的中老年旅游品牌"乐开花爸妈游"及其线路之一，供退休的老人们出行参考。

婺源位于江西省东北部，这里风景秀丽，其民间艺术文化更是丰富多彩，包括"舞蹈活化石"傩舞、"京剧之祖"徽剧以及极具地方特色的茶道、灯彩、板龙灯、地戏等。独特的地形和湿润的气候造就了婺源丰富的物产。红色荷包红鲤鱼、绿色婺绿茶、黑色龙尾砚、白色江湾雪梨、黄色油菜花被称为婺源五绝。退休的老年游客喜爱购买土特产品和手工艺品，在这里老年游客可以在观赏美景、体味民情之余，购买绿茶和雪梨，或者带走一方龙尾砚，这些不失为上好的旅游购物和纪念品。婺源森林覆盖率达82%，作为海内外称颂的"中国最美乡村"，其大力倡导人与自然、文化和生态的和谐相处，通过发展旅游吸引了一批批游客前来踏青观光。退休的旅游者大多喜爱古村落，而婺源恰好能满足这一需求。它拥有江湾、彩虹桥、晓起、李坑、汪口等许多保存良好的古村落，这些徽派建筑粉墙黛瓦，隐在青山绿水间，构成一幅幅天人合一的美好画卷。老年人喜爱具有乡土特色的风景，这往往能勾起他们的怀旧乡情和往日思绪，在婺源，他们可以春天观看五色芳菲，夏天乘凉避暑，在树下唠一唠家常，秋天欣

225

赏满山红叶，冬天品一品热乎可口的农家饭。行走在乡野间，老人们能够收获心灵的宁静，让时间流淌得缓慢悠远。

"乐开花爸妈游"是途牛网为 50 岁以上的中老年群体专门打造的旅游品牌，行程依据中老年人的生理特征，挑选符合他们喜好的线路地点，优选航班以及舒适的酒店，并且配备了专属的随团陪护，能够给游客提供贴心的服务。其特色还包括提供针对中老年人出游的专门保险、辅助餐包，以及午休时间，让老人们能获得一次高品质且舒缓放松的出游体验。下面挑选好评率高的自然风光类产品线路即"云南—西双版纳—昆明—大理—丽江 4 飞 8 日游"做具体的介绍。该线路出游人数截至 2017 年 12 月 9 日已达到 26032 人次，点评人数为 5286 人，好评率为 93%，这些数据可以说明该线路是一条较为成熟和优质的产品。该线路沿途景点丰富，有昆明、野象谷、傣族村寨、丽江古城、玉龙雪山、洱海、大理、石林等，游客可以体验到云南的地理风光和风土人情。同时，由于线路是四飞行程，可以省去舟车劳顿，更加方便快捷，旅途过程中也有专业的导游人员进行讲解，评论中游客也对他们的服务大为赞赏。总体行程安排较为合理，有松有紧，住宿舒适且饮食具有特色，没有强制购物，适宜退休的老年游客选择出行体验。之所以有这么高的导游好评率，是因为这些人员都是由途牛网自己组织的，规范化统一培训，从而造就高品质的服务和讲解质量。

开发此类旅游产品主要是为满足退休旅游人群亲近自然、回归乡野的诉求，自然风光类旅游地通常风景优美，能让老人们真切地感受到祖国的大好河山或者体会世界的精彩之处。在设计产品时要注意选择适当的旅游地和旅游线路，如作为老人，可能身体状况不适合登山或过量行走，就应该减少如沙漠、高原、山地等严苛环境的旅游点，而增加那种不需要太多体能消耗的，如江西婺源观花海，江南水乡赏莲池等自然风光类旅游产品。

（二）历史文化类

退休旅游人群一般热衷于具有浓厚历史文化气息的旅游产品，这些散落在中华大地上的瑰宝，每一块砖瓦、每一件文物、每一间寺庙、每一方庭院、每一座城池无不在诉说着各自悠久的传奇故事。老人们经历人生的沧桑变化，对这些厚重的历史积淀更是饱含热忱之心，对各地传承下来的民俗风情也同样充满崇敬和依恋之意。针对退休旅游人群合理开发历史文化类旅游产品，让他们感受到过去的时光，这是对老人们心灵的抚慰，从而使其产生思绪和情感的寄托。下面具体以浙江乌镇、平遥古城、乔家大院为例进行介绍。

乌镇位于浙江省嘉兴市桐乡市，镇内河流纵横交织，京杭大运河依镇而过，它是中国历史文化名城，中国十大魅力名镇，国家 5A 级景区，拥有 7000 多年文明史和 1300 多年的建镇史。悠久的历史造就了乌镇深厚的文化底蕴，十分适宜退休老年游客来此游览，品读水乡人家。这里拥有众多景区，如东栅、西栅、道观、名人故居、当铺、江南百床馆、民俗馆、木雕陈列馆，以及乌镇历史上特有的城府机关旧址江浙分府，等等。古朴的建筑、木质的桌椅、悠长的回廊、淙淙的流水、来往的渡船，老人们行走在这特色的小镇里，收获心灵的宁静。除去小桥流水人家，乌镇还拥有品种多样的名优特产，如乌锦、丝绵、蓝印花布、手工酱、姑嫂饼、熏豆茶、杭白菊以及木雕竹刻等，老人们定会喜爱这些具有当地特色的产品和手工艺品。当地的民俗文化也源远流长，有贺岁拜年、元宵走桥、清明踏青、端午吃粽、中元河灯等节日习俗，老人们可以和家人、亲朋在民宿里小住几日，观看花鼓戏、皮影戏、评书或者露天老电影，体会浓厚的节日氛围和当地的文化。此外，如果想要进行疗养，还可以去水疗养生馆进行精油沐浴、理疗和护肤，或者去足道馆体验专业的穴位按摩手法，以摆脱身心疲乏，真正在异乡体会慢生活、享受高品质。

平遥古城位于山西省中部平遥县内，是国家 5A 级景区，世界文化遗产，被世界纪录协会评为中国现存最完整的古代县城。这里的民居建筑布局严谨、轴线明确、左右对称、主次分明，古色古香之间搭配精致的木雕、砖雕、石雕，以及造型各异的剪纸和插画，生动地体现了我国古代汉民族的历史文化特色。平遥古城内还拥有丰富的民俗活动，如旱船、高跷、抬阁、龙灯、地秧歌等，退休的老年游客在这里可以观赏到具有地方特色的表演节目，重新感受并唤起往日的回忆。到了晚上老人还可以和家人朋友一起观看大型实景演艺节目《又见平遥》，穿越到清末，从故事当中感受历史沧桑变化。另外平遥古城还实行60周岁以上老人凭有效证件免票的政策，老人们可以免费游览诸如古城墙、县衙、城隍庙、文庙、明清古街、古兵器博物馆等众多景点。此外，品尝平遥牛肉，再带一瓶山西老陈醋回家也是不虚此行。逛完平遥古城，老人们可以休息一晚之后第二日来到乔家大院进行游览。乔家大院被称为"北方民居建筑的一颗明珠"，其总占地面积超过24000平方米，是一座汇集晋商历史风貌、反映明清时代特色的民居精品。它拥有宏伟壮观的建筑格局、传承悠久的民俗文化，以及处处体现的晋商精神，许多剧组都来此进行拍摄取景。老人们行走在这具有独特风格的清代民居之间，感受一个大家族的兴衰起伏，往往能引起久远的追思和共鸣。以上两个旅游地，老人们可以追寻历史的步伐，感受文化的流传，若想深入了解它们背后的故事，可以报名由平遥古城乐游网组织的线路"平遥古城，乔家大院团队二日游"，将有专业的导游进行全程的讲解，行程宽松，游览舒心。

不仅是古镇、古城或者古代民居，历史文化类旅游产品涵盖的范围非常广泛，诸如龙门石窟、苏州园林、杭州西湖、安徽黄山、布达拉宫、兵马俑等景点也都是退休的老年游客喜爱的旅游目的地，这些名胜古迹带给老年旅游者美的体验，不仅可以领略祖国的大好河山，而且可以感悟博大精深的中华文化。旅行社和旅游网站应该合理开发该类产品，为老人们提供多样的线路选择，在满足需要的前提下用优质的服务使老人们获得难忘的旅游回忆。另外，在产品设计中可以加入诗词、曲艺、书画等多种元素，通过举办丰富的活动来增添产品的文化内涵。

（三）温泉疗养类

老年人一般容易患上各类病症，如皮肤病、风湿性关节炎、动脉硬化、慢性支气管炎等，而温泉中含有的丰富矿物质则对预防和治疗这些疾病有一定的功效。众所周知，泡温泉还可以改善肌肤，康养保健，非常适合退休的老年人进行体验。下面结合两个案例做具体的介绍。

　　厦门天沐杏博湾度假村位于福建省厦门市国家 4A 级景区厦门园林博览苑中的温泉岛上，总占地面积达 70 多亩，拥有 60 多个功能各异的养生温泉池，其四面环海，空气湿润清新，景色秀丽。该地集大型露天海洋温泉园区、金色沙滩海上儿童乐园、观景表演台、露天餐厅、特色养生餐饮、临海别墅群、休闲汤屋、顶级水疗馆、大型室内国际化标准游泳馆、高端别墅式会所于一体，是一个顶级的休闲养生、多功能高端的海洋温泉度假胜地。该地的温泉属于海水温泉，日出水量最大可达 4000 吨，出水的温度达 90℃。该泉水色带黄、味带咸，富含钙、镁、钾、铁、氟、偏硅酸、硫黄等 20 余种有益人体的微量元素，浴用能改善身体素质、血液循环，调整神经的紧张性，增加汗腺及皮脂腺的分泌，提高机体免疫功能；同时具有促进代谢、减低血糖、调整内分泌功能等作用，对糖尿病、痛风、肥胖、神经衰弱、慢性风湿痛等有诸多的疗效，极具医疗、保健、养生等功效。温泉区园中有景、景中有桥、桥下有池，泉景相融，从而为游客提供"健康、舒适、安心"的休闲度假环境。该度假村的客房全部采用原木结构，以弘扬中华"汤道"为宗旨，格调高雅，环境浪漫。房间内也拥有温泉泡池，使老年游客不必出门便可享受温泉泡汤的舒适。饮食方面，度假村倡导"绿色与健康"，推出"闽南特色海鲜"和"客家特色"的菜肴，露天餐厅更是紧邻各大温泉汤池，通过现场烹饪能够保证游客在泡汤的同时第一时间享受到美食。怡人的气候、健康的温泉、舒适的住宿，该温泉度假村能够使退休旅游者享受到身体和心灵的放松和滋养，从而感悟生命本真的喜悦。

　　海南兴隆亿云山水温泉度假酒店位于太阳河畔，是一家独具乡土度假特色的温泉养生酒店，它同时还是中科院南药研究所的合作项目。酒店自 2010 年 2 月开业至今收获了众多好评。酒店园区种植了近千种珍稀名贵的南药养生植物，整体绿化良好，曲径通幽，老年游客们可以白天在临河而建的木栈道上散步休闲，吹着微风，呼吸新鲜的空气。兴隆温泉号称"世界少有，海南无双"，天然的温泉水水温为 40 ~ 70℃，含有对人体十分有益的丰富矿物质，如可溶性二氧化硅和氟等微量元素，因而被称为"氟硅水"，长期浸泡对于一些病症如关节炎、皮肤病、神经衰弱以及心脑血管等有良好的辅助性疗效。而该酒店更是在此基础上加入南药，以温泉水的温度和矿物质来激活南药里的活性分子，从而加速南药在人体内的作用，起到改善人的体质、去除体内阴湿寒邪、增强细胞活性、活血祛瘀的作用。老年人长期浸泡能够起到很好的疗养作用。此外，酒店拥有各类客房两百多间，室内装饰也是中国风，更为住客准备了多样的带有药效功能的茶饮，可谓非常贴心。更值得称道的是，该酒店的温泉水每日一换，工作人员会早上将隔夜的温泉水放掉，清洗泡池，等到傍晚时分再重新放水。住客也可以提前预约，工作人员就会准备相应的药材进行浸泡，等待晚上客人进行温泉疗养。老年游客还可以同家人朋友一起体验充满趣味的小鱼温泉池，享受放松与快乐。

温泉疗养类旅游产品对于退休的老年旅游者来说是一个康养放松的良好选择，舒舒服服地泡温泉不仅可以缓解疲劳，而且可以对身体有益，如果有条件，可以长期坚持泡温泉的习惯。当然，老人们在泡温泉时要提前知晓一些注意事项，不可长时间浸泡。旅游地在开发这类旅游产品时，要充分挖掘当地资源，适当结合其他疗养手段，同时要配备必要的医护设施及人员，向老人们讲授泡温泉的知识和好处，并给予老人们及时的关怀与照顾。

(四) "候鸟式" 旅游类

退休旅游人群中有一类独特的，即上文谈到过的"候鸟式"旅游人群，他们往往选择到南方越冬，到北方过夏，根据季节的变化前往更加适宜的生存环境。而这一人群大多收入较高且稳定，少数人甚至拥有异地的房产，更加便利其在不同地方居住养老。途牛网发布的《2017 爸妈游消费行为分析报告》发现，前往三亚、厦门等地的老年客户大多来自北京、天津及其周边地区，而广西、云南及其周边地区的游客则更喜欢前往华北地区出游。这与候鸟人群出于健康的考虑，回避常住地不良的气候环境，而前往更适合自己生存的地方旅行和游览具有相同的道理。此外，还有一个重要原因，由于城市供热燃煤等因素的影响，冬季北方的空气质量堪忧，这也促使"候鸟人群"选择冬季"南飞"到空气质量更好的南方过冬。下面具体以海南省旅居预订平台之一"候鸟时光"以及哈尔滨市寿之源老年公寓做介绍。

候鸟时光是一个集休闲、旅居、度假、候鸟式养老业务于一体的智能化服务平台，能够为团队或散客提供旅居在线预订。该平台与海南岛内百余家优质的养生度假基地、度假酒店携手合作，涵盖了海南岛上包括海口、三亚、文昌、琼海、澄迈等 19 个市县的候鸟式养老养生度假公寓基地。平台主要分为以下六个板块：康养产品系列、候鸟旅居基地、候鸟体验游、候鸟卡、候鸟新闻、候鸟旅居攻略。该平台为用户提供了一些线路推荐，游客也可以自主选择旅居的线路地点，以及想要的度假形式、旅居主题和旅居价格，在这些筛选条件之下，平台会向游客推荐度假公寓。游客可以通过候鸟时光网络进行"一键预订"，方便快捷且安全可靠。在平台上，游客可以注册成为会员，及时了解一些公寓、度假基地的信息，并且可以在网站留言，以及查看海南养老相关的新闻和攻略，甚至可以通过购买产品攒积分兑换礼品。值得一提的是，平台在对各个度假酒店和养生基地做介绍时，可谓图文并茂，非常详尽，房间的面积、户型、床型，甚至膳食安排的种类，以及酒店拥有的各类服务配套设施介绍都一应俱全，包括老年游客关心的酒店文娱活动、周边景点介绍等，能让浏览者在预订前进行充分的了解。另外在预订选择方面，平台对每个度假公寓和基地都设计了不同月份不同时长的产品，并做了清晰明朗的费用说明。该平台作为候鸟式度假的开拓者正在逐渐蓬勃发展。

不同于冬季北方退休老人"飞"去南方过冬，在夏季，同样也有一批退休老人到东北地区避暑度夏。2016 年上半年，哈尔滨市全面推进养生度假、健康和候鸟式养老等业态的发展，支持各类市场主体开发养老服务和产品，以期为不同层次、不同需求的老年人提供多样化的养老服务。哈尔滨市政府为推动当地候鸟式养老产业的发展可谓不遗余力，积极组织市民政部门参加黑龙江省天鹅颐养联盟候鸟式养老推介会，大力宣传本市养老服务业的优惠政策，从而不断扩大自身旅居养老的影响力和招商引资的号召力。下面具体介绍一家哈尔滨的寿之源老年公寓，为希望冬季来哈尔滨市旅居的退休老人们提供借鉴。

哈尔滨市寿之源老年公寓是一家由该区民政局批准成立的医养结合的老年公寓，它紧邻老动物园，交通便捷且环境优美，是哈尔滨市唯一一家绿化率达到 40% 的二环内养老院。该公寓占地面积为 2500 平方米，花园面积为 1100 平方米，床位数为 130 张，是智慧养老、智慧社区的试点单位。独立的花园式公寓楼环境使其虽处于二环内却可以闹中取静。公寓具备完善的生活设施和专业的护理服务，全部的房间还配备了呼叫、监测系统，老年人的活动空间也采取了无障碍设计，并设置了医疗诊所，引进国家老龄办智能化健康养老服务项目——"华龄 365"智能系统，可为老人建立健康档案，定期为老人体检，随时进行常规的血压、血糖等检测。此外，旅居的退休老人还可以使用公寓提供的多功能活动室、阅读室、棋牌室、手工制作室等活动空间，参加各种文化、娱乐、健身的活动，丰富自己的精神生活；同时依据公寓专业的营养师搭配的食谱摄取科学营养的膳食。

"候鸟式"旅游产品将随着国内老人们消费的逐渐升级而被市场更加重视，针对这一类人群，一些旅游城市可以开发度假村、短租房、避暑胜地等旅游产品，按季节的变化吸引退休的老年旅游人群来此旅居，并通过配套设施尤其是医疗设施的良好保障，提供贴身管家等人性化服务，搭配科学营养的餐品，以及开展各类文化和娱乐活动以丰富老人们的生活，从而为该类人群提供享受型旅游体验。

（五）红色旅游类

对于老一辈人来说，可以用一句话来概括其生长环境，即"生在新中国，长在红旗下"。他们对于党的发展历程的理解要比年轻人更为深刻，甚至一些艰苦岁月的记忆在他们心头留下了不可磨灭的痕迹，"红色情结"一词在这些退休人群的身上体现得更为明显。其实不光是热衷国内红色游，老人们还把这红色火焰带到了我们的邻国——俄罗斯，列宁纪念馆、列宁墓、红场等革命圣地对这些老一辈人来说有着特殊的情感。下面以北京和俄罗斯的红色旅游地为例进行具体的介绍。

作为中国的首都，北京拥有众多的红色旅游景点，2016 年京津冀更是共同打造了"携手京津冀，红色旅游行"三地房车巡游活动，活动取得了不错的反响。为推动北京红色旅游的发展，北京市旅游委还推出了十大主题 23 处红色旅游景点，如表 5.2 所示。

表 5.2　北京 23 处红色旅游景点

主　题	位　置
"红色根据地"	平谷冀东抗日根据地旧址（平谷区）；熊儿寨北土门战斗遗址（平谷区）；延庆昌延联合政府旧址（延庆区）
"红色纪念馆"	冀热察挺进军司令部旧址陈列馆（门头沟区）；京西山区中共第一党支部纪念馆（门头沟区）；没有共产党就没有新中国纪念馆（房山区）
"红色党支部"	焦庄户地道战遗址纪念馆（顺义区）；怀柔第一党支部陈列馆（怀柔区）；白乙化烈士纪念馆（密云区）
"红色黎明"	天安门广场（东城区）；新文化运动纪念馆（东城区）
"闪闪红星"	中国国家博物馆（东城区）；北京市正阳门（东城区）
"红色功勋"	宋庆龄故居（西城区）；李大钊烈士陵园（海淀区）
"红色博物馆"	北京城市规划馆（东城区）；中国革命军事博物馆（海淀区）
"红色摇篮"	陶然亭公园（西城区）；香山双清别墅（海淀区）
"红色利剑"	中国人民抗日战争纪念馆（丰台区）；卢沟桥文化旅游区（丰台区）
"红色记忆"	中国航空博物馆（昌平区）；圆明园"三·一八"烈士纪念园（海淀区）

在这 23 个景点当中，北京天安门广场、国家博物馆、中国革命军事博物馆、圆明园"三·一八"烈士纪念园、中国人民抗日战争纪念馆等革命圣地不仅是北京红色记忆的代表，更能激发出千千万万个中华同胞内心深处强烈的爱国热情和民族精神。作为中华儿女，这辈子必然要来首都北京走一走、看一看，而我们众多的退休老人们可能活了大半辈子也还没来过北京，没看过天安门。开发老年游客的红色旅游产品，笔者认为北京应该

233

作为首选旅游地，串联红色旅游地，打造精品线路，大力弘扬和推广我们的红色文化，让各地的退休老人们赴京圆梦。

自从 2012 年中国举办"俄罗斯旅游年"，2013 年俄罗斯举办"中国旅游年"开始，中俄两国的旅游交往越发密切。2017 年正值十月革命 100 周年，借助于这样的旅游发展热潮，俄罗斯旅行社抓住机遇，重点发展红色旅游项目。据"世界无国界"旅游协会统计显示，五月节假日期间（2017 年 5 月 1 日至 9 日）共有超过 1.55 万名中国游客在莫斯科和圣彼得堡旅游，他们通过组织好的旅游团的免签渠道入境，与 2016 年同期相比该数据增长了一倍。值得关注的是，据俄罗斯 UTS Russia 旅行社中国项目部负责人助理拉斯卡佐娃称，"这些游客主要是中国的知识分子、教师、历史学家以及前任官员。他们是真正的共产主义者，其青年时代正好是苏联最繁荣的时期，他们非常了解苏联历史，比俄罗斯人更加尊重这些地方。"由此可见，前去俄罗斯红色旅游地游览的中国游客大多是上了年纪的人，其中不乏已经退休的老年人，因为经历过中苏友好年代，所以他们对这些景点更加具有向往之心。如见证重大历史事件发生的红场、无产阶级伟大先驱者列宁的陵墓、象征烈士精神永照人间的无名烈士墓，以及莫斯科国家历史博物馆、阿芙乐尔号巡洋舰、彼得保罗要塞等红色旅游地能够使老人们追忆过去，反思现在，展望未来，感受到精神之光的引领。随着中俄两国进一步深化战略合作伙伴关系，未来不仅是退休的老年游客，相信也会有更多的中国人前往俄罗斯进行红色之旅。

开发红色旅游类产品，如首都天安门游、韶山市毛泽东故居和纪念馆游、井冈山革命根据地旧址游等，能够很好地满足退休旅游人群怀古习旧的精神需求。与此同时，这一群体在红色旅游地受到的洗礼感悟将通过言传身教的形式对青少年产生良好的文化传承衔接效果。

各地的旅行社在打造红色旅游线路时，可以通过"中红网"即中国红色旅游信息平台等渠道广泛搜集红色旅游地信息，丰富线路内容，提升线路品质，严格把控导游的讲解水平，从而为退休旅游者提供行程宽松又底蕴深厚的红色旅游产品。

（六）农家乐休闲类

乡村对于老人来说具有故乡的味道、家的感觉，能够让老年旅客感受到童年的回忆。农家乐不仅给当地人带来了旅游增收，提高了人民的生活水平，而且对于退休旅游人群来说更是一个旅游好去处。它们一般建立在环境优美的自然景区的周边地区，周围空气清新，适合长期居住，并且价格很实惠，对老年人很有吸引力。在这里，老人们可以体会到原汁原味的乡村风土人情，住在像家一样温馨舒适的乡村民宿里，吃的食物也地道健康。

长兴县，位于浙江省东南沿海的平原地区，太湖西南岸，隶属湖州市，该地为亚热带海洋性季风气候，光照充足，降水充沛，总体气候温和。长兴县素有"鱼米之乡""丝绸之府"等美誉，其周边旅游资源非常丰富，包括大唐贡茶院、金钉子远古世界景区、仙山湖景区、太湖旅游度假风景区、中国扬子鳄村等知名的旅游景点。基于得天独厚的资源优势，长兴县大力发展第三产业，尤其是推动其乡村旅游业的发展，并设置"浙江长兴农家乐旅游网"为来此度假休闲的游客提供信息咨询服务。该网站主要介绍长兴县景点、美食、特产、交通等，并给游客推荐农家乐住所，以及提供旅游资讯和攻略等多项服务。针对不同的农家乐，网站分别做了图文介绍，包括地理位置、周围环境、农家特色餐饮、娱乐项目以及价格和联系方式等，并提供在线的客服咨询。退休的老年游客可以在长兴的农家乐里住宿度假，品尝当地农家美食，使用配备的歌舞厅、音响和健身等设施，游览周边环境优美的景点，或者到当地的农贸市场选购土特产品。"好山好水好人家，好茶好景好地方"，长兴农家乐是退休旅游者度假休闲和体验乡村生活的推荐选择。

巴马长寿村位于广西西北山区的巴马瑶族自治县，人称长寿之乡，这里自古以来就有生命超过百岁的老人，对于退休旅游人群来说，这里是满足他们在乡村居住、颐养天年的良好选择。这里属于亚热带季风气候，典型的喀斯特地貌，年平均气温为20.4℃，冬无严寒、夏无酷暑，昼夜温差较小，居住环境和气候都十分怡人。巴马地区除了生态环境良好还盛产茶油、珍珠黄玉米、稻谷、黄豆、竹笋等土特产品。附近的交通也非常便利，公路四通八达，一般到此旅游的游客大多以广州和南宁为中转站，再乘坐汽车到达巴马。这里长寿老人众多与当地的地理环境息息相关。首先是这里的空气负氧离子很高，同时拥有富含矿物质的山泉水，退休的老年游客可以在这里的百魔洞里呼吸氧气，在山泉水中沐浴养生，此外还有当地地磁、太阳光线、土壤、当地人合理的膳食结构和饮食习惯等一些原因。在巴马地区，退休的老年旅游者可以居住在当地的农家和旅店，价格不算高，老人们可以同当地的寿星们吃住同源，在感受当地民俗风情的同时休养生息、舒适生活。推荐巴马长寿养游俱乐部网站，老人们可以在上面了解旅游线路、酒店住宿等信息，并根据自己的需要预订旅游产品。

农家乐休闲旅游产品可以满足退休旅游者的乡土依恋之情，并以其周围的自然风光、淳朴的民风民情受到老年人们的欢迎。开发此类旅游产品时应该注意从老年人的角度出发，提供整洁舒适的房间、热情周到的服务，以及配备多种文娱设施，价格设置上也应该合理，量大从优，以吸引聚会的老年团队来此居住。旅行社可针对该类退休游客的需求设计农家乐线路，或者提供农家乐在线预订服务；拥有农家乐的当地政府也可以根据当地的情况规划布局，扩大宣传，加强扶持力度，以促进当地农家乐的发展，如设置县城到景区农家乐的定时定点巴士等，更好地为老人们服务。

（七）邮轮旅游类

携程网 2015 年发布的《国内老年人旅行行为分析报告》显示，近些年国内邮轮市场发展状况良好，老年游客甚至成为这一市场的重点服务对象。2014 年有占比 35% 以上的老年游客在携程网上选择乘邮轮出行，截至 2015 年第三季度，这个比例已经超过了 40%。途牛网发布的《2017 爸妈游消费行为分析报告》也显示，在 2016 年，老年旅游客户是邮轮旅游的主要消费群体之一，60 岁以上的客户人次占比达到了 27%。而目前我国游览出发的港口主要是在上海、天津、广州等地，选择邮轮游的老年客户群体也主要来自这些城市及其周边地区。邮轮旅行免去了舟车劳顿，能够集"食住行游购娱"于一体，并且提供舒适的环境，它倡导的慢生活、高享受这一旅行理念与老年游客渴望舒缓的旅游行程，放松身心的想法不谋而合。应该开发适宜退休旅游人群的邮轮类旅游产品，用邮轮上精致的餐饮住宿和周到的服务安排赢得该类人群的青睐。下面推荐适合退休老年游客出行的天海邮轮，并做具体介绍。

由携程网和皇家加勒比邮轮公司携手打造的天海邮轮公司，成立于2014年，是中国第一家本土邮轮公司，是中国轻奢邮轮的典范。它坚持"中西合璧"的发展特色，被广大游客誉为"舌尖上的邮轮""五星服务邮轮"。它的服务理念是"以客户为中心""与客户共担当""独特慢旅游""时尚新科技""行家精服务"和"活力酷航程"。天海邮轮公司旗下的首艘大型邮轮"新世纪号"购于皇家加勒比邮轮公司，该邮轮在2013年、2014年全国游轮指南Berlitz评分中均居于中国营运的邮轮之首。作为中国本土的邮轮，新世纪号提供更多的中餐和中文服务，这对一些吃不惯西餐、不太懂英语的退休旅游者是非常合适的选择。而且每年的2月到4月是油轮的淡季，这个时期邮轮价格最便宜，退休的老年人可以错峰出行，不仅人少，而且价格优惠，享受高品质的服务，性价比最高。该邮轮有四种房型，内舱房、海景房、阳台房和套房，老年游客可以选择阳台房，这样不会感到房间太闷，还可以到阳台上享受海景。房间内的各类洗漱用品非常齐全，减轻了游客的行李负担，卫生间的沐浴和坐便旁还安装了把手，为老人们的日常使用提供了方便。邮轮上的各种娱乐表演活动也别具特色，魔都剧场上演的杂技歌舞演出、海上KTV、棋牌室、电影院、星空电影院、歌舞厅等一应俱全，此外老年游客们还可以下载天海邮轮App，查询每日活动，跟家人好友、导游领队联系。船员贴心的微笑管家服务、上岸后独特的风土人情、各种免税购物店、精致美味的中西餐会使老年游客们在这里体会到邮轮旅行不一样的精彩。

邮轮只适合老年人，不用做任何攻略，不用在酒店和游玩之地来回折腾，吃住玩一体化，单纯享受就好。这虽然是一种误解，但也说明邮轮作为一种舒适、轻松的旅游方式，对退休的老年人友好程度很高。针对这一类人群，船中低层宽敞且能容纳多人的套房是最优选择，不仅更为平稳，而且方便及时照顾老人。为获得更好的邮轮出游体验，老人们可以在上船前购买保险，并建立自己的健康档案，上面写明疾病史、药物过敏史、紧急联系方式等重要信息。邮轮产品也可以提升自身的服务品质，如完善医疗设施和人员的配备、无障碍设置、营养搭配均衡的中餐、开设太极拳瑜伽公共课等，为老人提供全方位的安全保障和娱乐休闲环境。

同程 2016 年发布的《中国中老年人旅游消费行为研究报告》曾提到，中老年旅游产品有三个问题，首先是市场上为中老年旅游者量身定做的旅游产品数量和种类较少；其次是产品的价格和服务质量不对等；最后是旅游线路行程和餐食安排等未考虑中老年人的需要。所以在给退休旅游人群设计旅游产品时要注意以下一些方面：安全问题是重中之重，它是关系到出游是否顺利的关键；出游交通尽量以选择火车或汽车为主，应老人需求可以选择搭乘更为方便快捷的飞机；行程设置要尽量舒缓，配合老人的身体状况，多一些知识学习类活动，少一些刺激体验类活动；饮食上注意清淡酥软，避免三高食品；住宿要尽量安排到安静的地方；目的地气候要温暖怡人。

国家旅游局在 2016 年 3 月 1 日发布了《旅行社老年旅游服务规范》，并于该年的 9 月 1 日起开始实施。它具体指出了以下几条旅行社应该遵循的规范内容：旅游产品应选择符合老年旅游者身体条件、适宜老年旅游者的旅游景点和游览、娱乐等活动，不应安排高风险或高强度的旅游项目；宜在人群密集度较低、容易管理的区域安排自由活动，连续游览时间不宜超过 3 小时；整个行程应节奏舒缓，连续乘坐汽车时间不应超过 2 个小时，每个景点应安排充裕的游览时间。希望随着《旅行社老年旅游服务规范》的深入实施，我国老年旅游产品更加丰富多样，老年旅游市场更加健康有序地发展。

三、退休人群旅游服务机构

退休人群旅游市场是一个潜力无穷的市场，但由于其消费人群的特殊性，目前国内专门为老年人服务的旅游服务机构较少。下面以"老游所乐"和"金色福"两家机构为例进行介绍。

（一）老游所乐

老游所乐是浙江省老年服务业协会旅游专业委员会和杭州顺风国际旅游有限公司共同推出的中老年旅游品牌，主要是为了丰富中老年人的业余文化生活，让中老年人在空余时间可以走出家门，开展健康、文化、休闲、养生的旅游活动，使老年人的晚年生活过得更加幸福、美满，真正让中老年朋友"老游所乐"、老有所乐。经过这些年的努力，老游所乐逐渐受到了中老年朋友的关注和支持，在大家心目中打造出了"好品牌，好服务"的美誉。老游所乐俱乐部累计组织 1000 余趟（次）活动，报名人数逾 10 万人，每次活动都受到中老年朋友的喜爱和追捧，游客乘兴而来，满意而归。老游所乐始终坚持"专心、专注、专业"的服务品质，让老人放心、父母顺心、儿女安心，满意度高达 97%。

老游所乐现有专列旅游、专线旅游、包机包船游、出国旅游等，常规产品还有摄影采风游、文化之旅、养生之旅、健康之旅、休闲度假、周边短线等系列；

专列旅游：大西北专列、大东北专列、大西南专列、云贵专列、西藏专列、海南—桂林专列、广西—越南专列、山西—内蒙古专列、港澳—桂林专列等；

专线旅游：大西北五省连线游、大东北连线游、东北知青游、环游新疆系列、七彩云贵、中原文化之旅、山西陕西连线游、南中国连线游、广西越南、西藏、恩施重庆武隆等；

摄影采风：七彩坝上、呼伦贝尔、云南坝美、巴丹吉林沙漠、喀纳斯、伊犁、四川康定新都桥等；

文化之旅：丝绸之路古文化之旅、草原文化之旅、四大古都、四大佛教圣地、云贵少数民族风情之旅等；

养生之旅：巴马长寿村健康之旅、湖北神农架清新养生之旅、海南养生之旅、丽水休闲养生之旅等；

健康休闲：张家界、凤凰古城、青岛、大连、三亚、桂林、北海、厦门、黑龙江等；

周边游：浙江、江苏、上海、安徽等华东地区短线游。

杭州顺风国际旅游有限公司旗下的"老游所乐"俱乐部构建了一个完备的中老年旅游平台，花费数年的时间深耕旅游、中老年服务领域。十余年的团队贡献了巨大的前期投入。俱乐部从各项专业细节入手，每一项都为中老年人量身定做。目前老游所乐俱乐部已在线路安排、行中服务、传播渠道等诸多方面深耕细作，进行了项目的地毯式铺陈，构建密切贴合中老年人消费心理的旅游平台。

老游所乐，推出的线路不仅行程更舒缓、节奏更慢，同时都安排有贴心的服务，如安排医生随行、赠送项枕等，让老人出游更省心，家人更放心。老游所乐旅游产品还根据老年人的需要，推出"大西部丝绸之路""畅游南国""大西南""闯关东，一路向北"等旅游专列。

专列旅游有以下优点：

（1）专列上全部是游客，没有闲杂人员，医生与乘务员专注服务于游客。

（2）专列只停靠指定旅游城市，沿途不上下客，人员与行李都更加安全。

（3）专列途经很多旅游城市，一次旅游，去的地方更多，节省大量费用。

（4）专列上可卧、可行走、可自由娱乐，省掉大量汽车颠簸，舒适快乐。

（5）游览多久，专列就等多久，大件行李全程放在专列上，不用带着行李到处跑，旅途更轻松。

老年人出行问题相对较多，身体的老化让老人的生活节奏变得缓慢，而专列减轻了老人出行的负担和不便，还给老人们带来了保障，直接解决了老人们出行难的问题。老游所乐已经开行专列旅游多年，深耕中老年专列服务，为专列配备医护人员，给老人的出行安全以很大的保障。

（二）金色福

北京金色福国际旅行社有限公司（"金色福旅游"）是一家高品质中老年人旅行服务商，为50岁以上中老年人群提供更舒适、更透明、更自在的高性价比旅行服务。

金色福旅游各类产品累计达400余个，分为国内参团游、异地疗养游、摄影游、出境游等。金色福旅游专注于中老年人细分市场，服务于50～60岁上班族、刚退休者，60～75岁离退休者，75岁以上身体健康适合旅行的年长者，90%自组成团；接待各离退休办、居委会、老干部局等单位团体，旨在为追求旅行品位的广大中老年朋友、50岁以上上班族休假旅行者，提供透明化、高品质的旅游服务。

服务特色：

（1）只为中老年人提供旅行服务。

（2）国内游、出境游都派领队。

（3）国内游真正做到不安排任何购物。

（4）所有旅游产品均为自主研发，而非代理。

核心优势：

（1）自组成团：每期线路均为自行设计，自行成团，并充分考虑中老年人及50岁以上上班族追求旅游品质的旅游特点，旅行节奏宽松适宜。

（2）专业团队：有一支热爱高品质旅游事业、从业多年、爱岗敬业、熟悉中老年及上班族，注重旅游品质特点的策划团队。

（3）线路齐全：线路多达400余条，国内游覆盖了全国各省、自治区、直辖市的各主要旅游目的地；出境游涉及世界各主要旅游目的地。

（4）全陪队伍：拥有一批素质高、服务意识极强的专业导游队伍。

（5）广泛合作：严格选择、精诚合作，建立了强有力的产业价值链、优质地接社和代理商。

（6）后期保障：高效、负责的投诉应急措施及处理机制。

产品特色：

（1）制定产品标准并严格执行，不因价格而降低相关标准。

2. 以游客的舒适体验为产品设计的出发点，以带给游客健康、快乐为宗旨。

（3）自组成团，每团必派领队全程服务，协调和监督地接社。

（4）公开透明，明确购物次数（国内旅游不安排购物），不以购物提成来贴补团费成本。

（5）明确自费项目，重要景点安排在行程之内。

（6）领队及导游不缴人头费，发工资补助。

（7）行程宽松、节奏适宜，保证景点充分的游览时间。

（8）每团必进行满意度调查，善听建议及投诉，不断改进产品、提升服务。

产品分类：

（1）标准型（D系列）：注重客户体验，住宿、餐食能满足游客的基本出行需要；旅游节奏适宜，避免走马观花；不购物；自北京出发，全程领队；每团不超过28人。

（2）舒适型（C系列）：旅途更加舒适、有品位，住宿和用餐条件相对较好；行程舒缓，体力消耗小，不购物；自北京出发，全程领队；每团不超过20人。

（3）豪华型（E系列）：住宿挂三星、四星或以上标准酒店宾馆；轻松、休闲；用餐和住宿条件较高，更加享受；不购物；自北京出发，全程领队；每团不超过15人。

（4）疗养游（L系列）：精选度假基地，自由休养，自行前往周边的景点参观，不派全陪。

（5）摄影游（P系列）：摄影题材鲜明、旅游季节极佳的线路组合；充分考虑摄影取材之需，节奏缓慢、深度，不购物；自北京出发，全程领队；每团不超过20人。

（6）出境游（A系列）：按中老年人旅游、休闲游特点设计，相对宽松，自北京出发，全程领队；飞行时间较长的线路安排倒时差；购物次数少；每团不超过25人。

第六篇
探险旅游人群旅游市场研究

第一节 探险旅游人群定义

国外关于探险旅游的研究开始较早，发展也更为成熟。Hall（1989）认为探险旅游是指远离旅游者的居住地，利用与自然环境的互动关系，包含有冒险因素，经常被商业化的、范围很广的户外活动，这种活动的结果受到参与者当时的情况、旅游经营管理的影响。这一定义强调探险旅游的环境性、冒险性、结果不确定性，并首次提出了探险旅游的商业化特性。John Swarbrooke 等学者（2003）曾在《冒险放行》一书中这样形容，探险旅游就是旅游者自愿地涉足于一个未知的天地，他们将在这里遇到各式各样的挑战，同样也会从这些经历里收获很多珍贵有益的东西。由此看出，探险旅游强调的是通过身临险境，进行各种具有挑战难度的活动来获得深刻的体验，这个过程一般冒险性占主导。Buckley（2006）指出探险旅游是指有人引导的商业旅游，它的主要吸引物是依托自然环境特征的、需要特殊体育或者类似设备支持的、令游客激动的室外活动。

国内方面，探险旅游学会曾在 2003 年对探险旅游做了如下定义：一种在不寻常的、奇异的、遥远的或者荒芜的目的地从事的休闲活动。通常它与参与者高强度的活动相关，多数在户外进行。探险旅游者期望体验到不同程度的冒险、兴奋和宁静，并要亲身经受考验，他们是外部世界尤其是人迹罕至地区的探索者，他们也寻求挑战个人。王红姝等认为，探险旅游是以求新求异为主要目的的旅游形式，旨在受人类干扰较少的原始自然环境中涉足，通过在具有一定危险性的环境中磨炼以获得个人价值的再创造和别人对自己的认可，它所追求的是探险者自身价值的实现，注重的是一种精神享受。这些定义则注重探险旅游者自我挑战、自我实现的需要。

综合来看，探险旅游人群可以定义为：为追求探索未知、自我实现等高层次心理需求的满足而暂时放弃舒适的生活条件和安定的环境，前往人迹罕至或者险象环生的特殊环境，如山区、沙漠、冰川等地，进行危险性和刺激性旅游活动的人群。

第二节　探险旅游人群的行为特征

一般来说，探险旅游者的经济收入较高，接受过良好的教育，有大量的闲暇时间，旅行经验丰富。他们以中青年为主，主张个性张扬，自主性强，渴望探险，寻求刺激，求新求异。他们往往体力充沛，以此来胜任探险过程中的种种严苛的环境条件以及巨大的体能消耗，部分探险者还具备高超的生存技能和其他如潜水、跳伞等专业技能。除了这些基本特征之外，探险旅游人群还具备一些共性的行为特征，主要有以下六个方面。

一、信息获取途径以网络和朋友介绍为主

探险旅游一般选取的旅游地是偏远的，不仅对于旅游者来说是未知的或者是不了解的，对于周围大多数人来说都是较为陌生的。而且因为探险旅游产品并非传统的旅行社或者旅游网站的主营业务，探险旅游人群能从这些渠道获取的信息也比较有限。故为获取自己想要的旅游地信息，探险旅游者就需要上网亲自去搜寻，并根据自己的偏好进行选择，或者询问志趣相投的探险爱好者。大多数情况下，这些旅游者最初也不太清楚要去哪里探险旅游，后来偶然发现了自己感兴趣的旅游地或旅游产品，才萌发了旅游动机。

邹统钎等学者 2010 年对北京的探险旅游者做的调查发现，游客获取探险旅游活动信息的主要途径，一是通过朋友的邀约，二是通过旅游网站论坛或者综合论坛的旅游版块，两者的比例分别占到 37.8% 和 29.7%，利用这两种途径的探险游客总和达 67.5%。而网络（34.8%）与朋友介绍（25.9%）也是游客了解探险旅游相关内容的主要途径，这与游客获取探险旅游活动信息的途径是一致的。值得注意的是，游客倾向于自己通过网络来获取信息，在参与活动方面却更多依靠朋友的介绍。

二、参加旅游活动以自发，结伴同行方式为主

探险旅游作为一种非常规的旅游方式在市面上并不常见，但近些年来，中国市场上也涌现了一批专营探险旅游的旅游机构。总体来看，该类旅游者萌生旅游想法一般以自发为主，可能是受到了某种刺激或者单纯的突发奇想，而后通过对朋友进行邀约，继而达成共识一同前往。目前探险游客参与活动的主要形式是以自发为主，缺乏组织性和规范性。另外，由于适合探险旅游的旅游目的地跟惯常旅游地往往不太一样，可能环境比较严酷，如前往极地观赏极光，或去沙漠骑行等活动。在这种环境下，单独前往不仅不切实际而且很危险，故探险旅游人群大多选择结伴同行，这样彼此之间可以相互照应，从而增添一定的安全保障。传统的旅行社的团队游有众多限制，行程不够灵活，而探险旅游重在去寻找探索，亲身体验，过程中也会遇到各式各样计划之外的事，所以一般选择跟团游的较少，而大多选择结伴自助出行。与团体游客相比，单独游客在行程和活动安排上具有更多的信心和灵活性。

三、探险旅游者旅行过程中自主性很强

探险旅游者大部分都是自发组织的团队，采取 AA 制的支付模式，或是单独出游，在整个活动过程中自主性很强。他们在整个探险旅游活动安排的自主性包括旅游目的地选择和行程的安排、交通方式和食宿标准的选择、探险项目的安排等，同时随机性也很强，旅行时间极富弹性。他们往往边走边细化旅行计划，一旦爱上某地的风物人情或是奇特的自然景观，就可能舍弃原计划中的其他旅游地，而在当地长期停留。由于时间安排自由，这使得有些探险旅游者事先并未计划去某地，一个偶然的机会就能改变他们的行程。如果是一个团队的话，他们在充分发挥自主性的同时都会遵守集体的合约精神，不会轻易改变团队的旅游计划。2016 年，全球 GDS 分销商 Sabre 发布了一份报告称，中国旅行者不再满足于传统的观光游览，9% 的旅行者喜欢探险旅游，而 17% 的旅行者想更好地了解外国文化。这

份调查报告发现，其余 74% 的旅行者更愿意花时间和精力规划自己的行程，但他们需要旅行供应商提供一些服务支持。由此可见，越来越多的探险旅游者正通过自己的计划和实施来实现探险之梦。

四、旅游消费水平较高，且具有一定前置性

一般来说，探险旅游者大多来自经济发达地区，拥有较高的经济收入，他们会愿意花费大量的金钱，只为满足自己想要探险、寻求自我挑战的心理。探险旅游的消费不像大众旅游那样花在旅游过程中，他们则主要集中消费在出行前的设施设备、基本服装、户外生存用品的购买上，具有一定的前置性。而对于一些前往遥远目的地进行探险的旅游者，交通费用也是一笔较大的支出。鉴于探险旅游具有较强的挑战性，在选购帐篷、背包、服装、睡袋、摄影器材、野营附件等设备时容易消耗大量的金钱。同时由于目前我国户外探险旅游用品消费市场的不成熟性，即普及性不广，更是加剧了探险旅游消费在所述方面的消费份额。由于探险旅游本身具备一定的不确定性，如去北极看极光需要等待时机，而等待的过程就需要延长旅行时间，就会导致消费的增加。探险旅游者通常采取的旅游方式以自助为主，通常情况下，自助比跟团花费更多，而部分旅游公司提供的探险旅游产品也大多价格昂贵，故该类旅游人群的旅游消费水平较高，且具有一定的前置性。

五、在旅游过程中注重与当地人进行交流

对于探险旅游者来说，在旅游过程中除了要寻求刺激和从事冒险活动以外，还有其他重要目的，其一是与当地人或者其他旅游者进行交流，从而取得更多重要的信息。学习当地的民俗文化和借鉴别人的旅游攻略，不仅可以丰富其旅游内容，还可以消除旅途过程中所带来的疲劳，放松心情，给旅程增添乐趣与美好的回忆。这一般表现为在与旅游地居民的交流，通过当地居民的介绍说明，可以了解更多关于当地的民俗风情、历史文化；其二是与其他旅游者进行交流，他们交流的内容主要涉及旅游线路

和他们以往的探险旅游经历，有的时候还会谈到一些私人的话题，因为大家都是探险旅游爱好者，结交志同道合的"驴友"也是他们出游的一个动机，同时他们希望下一次能够有机会再一起出游；其三是与旅游过程中遇到的服务人员交谈，探险旅游者一般希望能够从交谈中得到一些对旅游活动有用的信息，获取指导性的旅游建议。

六、注重记录旅游过程中的所见所闻

探险旅游者在很多方面都不同于一般的大众旅游者，他们的旅游是注重用心去感受，去深度体会探险旅行途中的乐趣。大部分的探险旅游者会很认真地把旅游经历写下来或者通过拍照等方式记录下来。对于一些梦幻奇特的景物，或者刺激有趣的经历，他们愿意通过社交媒体进行分享，尤其是一些日常生活中见不到的景致奇观，会给他们带来挑战自我的满足感和喜悦之情。除了记录分享外，探险旅游者也会给后来人提一些建议性的注意事项，希望别人去同一个地方的时候能够减少不必要的障碍。在互联网上，特别是一些自媒体等旅游平台上，经常能看到一些探险旅游者发出来的旅游记录或攻略，这样既可以留住回忆，又可以与别人分享旅游经历，一举两得。

第三节　探险旅游人群的旅游偏好

与传统旅游相比，探险旅游者寻求的是个性化、灵活性，更多的冒险与多种选择。游客投入较多的精力追求真实和差异，在探险旅游中不断分享经验，交流体会，主动探索旅游带来的快乐。这些独特的心理和行为特征使得探险旅游人群区别于传统旅游大众，呈现出特有的旅游偏好。

一、旅游动机偏好

在探讨探险旅游者的动机偏好之前，先对探险旅游进行一个简单的分类。按照危险性和冒险性程度，探险旅游可分为软性探险旅游和硬性探险

旅游两类。软性探险旅游即对旅游者的体力要求不高，危险性或者冒险性只是表面的，完全可以人为控制的旅游形式，如野营探险旅游、观野生动物探险旅游、垂钓探险旅游等。硬性探险旅游指危险性或冒险性实际存在，探险的结果具有很大的不可预知性，对旅游者的探险经历、探险技能、专业水平、探险装备等要求比较高的旅游形式，如登山旅游、漂流探险旅游、攀岩探险旅游、沙漠探险旅游等。

邹统钎等学者 2010 年对北京的探险旅游者的调查发现，探险游客的首要动机是"欣赏风景、享受自然"，占 24.8%，在被访者的百分比统计中占到了 97.1%，表明该动机是探险游客普遍的出游原因。而它比占比第二的动机"锻炼身体"百分比高了近 30%，说明"欣赏风景、享受自然"的原因比其他原因要重要得多，这与资源导向型探险旅游目的地选择是相对应的。"锻炼身体"与"挑战极限、完善自我"分别为第二、第三重要因素，占比 16.8% 和 16.1%。出游动机的统计体现了国内当时发展阶段仍以"软"探险旅游为主要特征，游客关注点仍然在休闲上，但一些旅游者已有参与"硬"探险旅游的动机。近年来，随着沙漠徒步、高山攀登、极地探险等探险旅游项目慢慢地兴起，已经能够说明我国的探险旅游者的偏好正逐步向硬探险进行过渡，该市场正渐趋清晰明朗。

二、旅游目的地偏好

探险旅游者除了继承背包客"走多远算多远"的宗旨之外，更重要的是追求"亲近自然、张扬个性、挑战自我"的精神。他们一般选择淡季出游，避开旅游高峰期，追求的目的地多是大众旅游所不能到达的地方，去探索自然的奥秘、挑战自我的极限。这些地方一般被旅游业认为是处女地，生态环境极少被破坏，具有可被开发和利用的旅游资源。

目前我国探险旅游发展较好的是在西南、西北一带，如西藏、新疆、云南、四川、内蒙古等地区都是探险旅游的首选之地。这主要是因为这些地区保存了良好的自然景观，原始的生态环境极少被破坏，如热带原始森林、青藏高原、塔克拉玛干沙漠等形态各异的地貌，而且具有高度的挑战性，除此之外还有浓郁的少数民族风情和古老的文化特色。这自然而然地吸引了许多的探险旅游者的到来。邹统钎等学者 2010 年对北京的探险旅游者的调查发现，西藏（18.9%）、新疆（16.7%）、海南（16.0%）、云南（14.9%）是探险游客最喜爱的旅游地。这些目的地均拥有丰富的自然人文旅游资源，游客对探险旅游目的地的选择存在一定的资源导向，拥有特殊地质地貌资源的地区如西藏、新疆等具有开发探险旅游的先天优势。

出国探险游方面，品橙旅游网称有公开数据显示，2015 年在新西兰皇后镇主要跳伞商的业务中，中国游客占了三分之二，奥克兰和皇后镇的蹦极景点哈克特蹦极（AJ Hackett Bungy）的工作人员说，中国游客现在是主要的增长点；位于新西兰南岛的一家冰山船游公司称，中国游客现在占据其总客源的 60%，这一比例较前两年有了显著增长。对于许多无法在国内找到极限运动或冒险活动的中国冒险游客而言，新西兰是首选目的地，有越来越多的中国游客参与到高空跳伞等活动中来，该国因拥有超越许多地区的具有强烈感官刺激的户外运动而闻名。2016 年 2 月至 4 月，全球奢侈旅游网 Virtuoso 对参加 "Virtuoso 自主和特殊旅游" 项目中 125 位顾问和合作伙伴进行了调查，结果显示顶级探险目的地按其受欢迎程度排名依次为：冰岛、加拉帕戈斯群岛/厄瓜多尔、哥斯达黎加和智利/巴塔哥尼亚、新西兰、秘鲁、古巴、南极洲、北冰洋/北极、南非和澳大利亚。除了欧洲知名目的地外，探险旅游者逐渐开拓旅行视野，探寻不走寻常路的新领域。其中拉丁美洲尤其受欢迎，因为自主旅游游客可以在那里体验到梦寐以求的自然和文化集合体。南极洲和北冰洋这类遥远而未开发的地方也受到了高级冒险游客的追捧。2017 年，胡润研究院与亚洲国际豪华旅游博览（ILTM Asia）合作发布的《中国奢华旅游白皮书》也指出：未来三年高端旅游趋势体现探险精神。环游世界、极地探索、轻度冒险成为中国高端旅游者未来三年计划中的旅游主题。相比过去几年休闲度假的一枝独秀，中国高端旅游者的探险精神正在逐步崛起。值得注意的是 "80 后" 年青一代旅游者对于非洲和极地的渴望在逐步增加，相比 2016 年的 23% 和 17%，2017 年分别上升到了 36% 和 32%。

综合来看，国内探险游方面，我国探险者偏好的旅游目的地主要是西藏、新疆、云南、四川等地，而外国则偏好于新西兰、非洲，以及极地等。

三、出游方式偏好

探险旅游者倾向于选择个性化定制的旅游产品，甚至是自助探险旅游，通过自己购买零件，自己组装，自己安排行程，自己去探索发现旅游胜地。探险旅游者往往追求主动参与、亲自组织安排，更加重视探险旅游体验的过程。常规旅游主要按照旅游服务公司的安排乘坐旅游大巴、火车、飞机等交通工具来完成整个旅游活动，而探险旅游者主要借助人力运作（徒步、狩猎、登山、驼队、自行车旅游）和自驾机动车运作（汽车、摩托车、其他机动运输工具）来完成旅程。传统的跟团游缺乏灵活性，经常都是一些固定线路，而带有探险因素的旅游更能让游客感觉到兴奋点。通常情况下，三五个好友结成伴，在具有探险经验的人员带领下开展旅游，交通和行程由团队协同安排。

四、旅游线路偏好

常规旅游线路主要是由当地的名胜古迹、自然景观带等为基点连成，而探险旅游者追求的旅游线路则具有地域跨度大、时间长，旅游目的地复杂化等突出特征。探险旅游者偏好于具有浓烈的原始自然性的自然环境和文化环境，其旅行经过的地区通常是边（边疆）、古（有悠久文明史）、荒（沙漠、人迹罕到之处）、奇（有奇特的地形地貌特征）、险（高山、峻岭、险地、恶水）、少（少数民族聚居地）地区。由此可以看出，探险旅游者偏向于具有新鲜感、刺激感和探险性的旅游线路。对探险旅游者来说，他们对物质上的享乐程度的要求相对而言并不高，更注重精神或心理上检验自己能力的满足感。他们期待探险性的项目和线路拥有较为充分的内容，从而使其展示自己的能力，包括体力、耐力、应付突发事件的能力以及心理素质。当然，探险旅游者偏好的线路一定具有可靠安全系数，在这样的前提下才能够保证他们最大限度地体验到项目和线路所蕴含的冒险因素。

下面介绍一下中国九大探险路线。

1. 泸沽湖女儿国探险——寻找奇异的风俗民情（探险地：泸沽湖）

如果你知道有一个地方现在还继续维持着母系社会，生命的延续是通过一种叫作"走婚"的方式，你会是什么反应？我的第一反应是：世界之大，无奇不有啊！然后就是想到那里去看看。这个地方叫泸沽湖，它还有另一个美丽的名字——"女儿国"。因为这里道路不平，民俗风情特异，到这里来旅游往往还是会冠以探险的名头。

泸沽湖，位于四川省盐源县与云南省宁蒗县交界处，为川滇共辖。湖东为盐源县泸沽湖镇（原左所区），湖西为宁蒗县永宁乡。该湖俗称左所海，古名勒得海、鲁枯湖，湖面海拔 2685 米，湖泊最长 9.5 千米，宽 7.5 千米，最大水深 70 米，平均水深 40 米，面积 49.5 平方千米，蓄水 9.5 亿立方米（见图 6.1）。

图 6.1　泸沽湖

泸沽湖属高原断层溶蚀陷落湖泊，由一个西北东南向的断层和两个东西向的断层共同构成。泸沽湖属长江上游干流金沙江支流雅砻江支流理塘河水系。泸沽湖入湖河流共 18 条（云南部分 11 条，四川部分 7 条），湖水经东侧的大草海注入盐源县境内前所河，再注入盖祖河（下游称永宁河），再注入卧龙河（又名卧落河、盐源河），入流理塘河，最后排入长江上游干流段金沙江的支流雅砻江。

泸沽湖地区在大地构造上属于横断山块断带和康滇台北斜交界地带，形成时期较新，为第四纪中期新构造运动和外力溶蚀作用而形成。泸沽湖流域属巴颜喀拉地槽区，金沙江褶皱系，湖区古生代及中生代地层发育，第四纪地层仅见湖边之沙砾层，无典型的湖相沉淀，湖周断崖三角面及U形冰川谷地型到处可见，湖盆系由断陷及冰川作用形成，由于受构造运动的影响，湖盆四周群山环抱，湖岸多半岛、岬湾。

在地貌区划上属横断山系切割山地峡谷区，横断山北段高山峡谷亚区和滇东盆地山原区，滇西北中山山源亚区交界地带。泸沽湖湖岸多弯曲，形成深渊的小港湾，湖中有大小岛屿七个，都是石灰岩残丘。

沿湖有四个较大的半岛伸入湖中，其中由东至西伸到湖中的长岛长达四千米，面积六平方千米，把湖面阻隔成马蹄形。东部湖底有长形深槽，北部和长岛两侧的湖坡陡峻。

湖北面有狮子山高3754.7米，东北面有肖家火山高3737米，西南为海拔3400米高的狗钻洞山地，最高点为湖西南面牦牛坪附近的主峰，高4200米，形成相对高差1500米的壮观景象，泸沽湖如明镜镶嵌于高原群山之中。周围群山主要岩石为志留系下统石灰岩和页岩，分布于狮子山一带，湖西岸分布着三叠系下统泥岩、砂岩夹少量泥灰岩，南岸及西南岸由二迭系上统砂页岩、硅质岩、凝灰角砾岩、凝灰岩、砂页岩夹少量灰岩组成。

2. 两江源头科考探险——为了我们的母亲河（探险地：两江源）

中华民族的母亲河黄河和长江都发源于青藏高原的巴颜喀拉山，大片的冰塔林就是她们的源头，在源头几十千米的范围内分布着一百多个小水泊，有着诱人的自然风光。但是，现在这里的生态已经开始变得恶劣，沙化已经开始蔓延，因此，每一个人都应该了解和保护母亲河的源头。黄河与长江的源头地处青藏高原，自然条件恶劣，适合探险，不适合休闲旅游（见图6.2）。

图 6.2　两江源

　　巴颜喀拉山位于青海省中部偏南，是庞大的昆仑山脉南支的一部分，走向为西北——东南，西接可可西里山，东连岷山和邛崃山。旧称巴颜喀喇山，蒙古语意为"富饶的青色的山"。巴颜喀拉山藏语叫"职权玛尼木占木松"，即祖山的意思，是青海省境内长江与黄河的分水岭，主峰位于玛多县西南、巴颜喀拉山口西北，藏语名为勒那冬日，海拔5266米。

　　巴颜喀拉山属于大陆性寒冷气候，空气稀薄，气候酷寒，一年之中有八九个月时间飞雪不断，冬季最低温度可达零下35℃左右，因而许多5000米左右的雪山有经年不融的积雪和终年不化的冻土层。而温暖季节则比较短暂，一般只有三个多月时间，而且气温较低，即使是盛夏季节，最高气温也不过10℃左右。

　　冰塔林是一种罕见的珍稀的景观。在海洋性冰川上不能形成冰塔林，因为它冰温高、消融快、运动的速度也快，冰塔林是大自然慢慢地精雕细刻的作品，只有在大陆性冰川上才可能出现冰塔林，而且还要在中低纬度的地区，高纬度地区的冰川上也不能形成冰塔林。

　　在珠穆朗玛峰东北山脊、东南山脊和西山山脊中间夹着三大陡壁（北壁、东壁和西南壁），在这些山脊和峭壁之间又分布着548条大陆型冰川，冰川上就有千姿百态、瑰丽罕见的冰塔林。根据科学考察显示，珠峰东绒布冰川末端的冰塔林已经退缩到海拔5800米。

3. 茶马古道探险——滇藏地区的"丝绸之路"（探险地：云南、西藏）

茶马古道是古代联系云南与西藏的一条通道，在历史的演化中曾经拥有辉煌的一页，然而时过境迁，今日的茶马古道只剩下众多的遗址和古迹。茶马古道到底指的是哪条道路，到底留下了什么，都需要我们去挖掘。滇藏复杂的地形、曲折的历史为茶马古道的探索带来不小的困难，但是像丽江这样的古道明珠将是你探险路上最大的动力。

在古代，茶马古道是以马帮为主要交通工具的民间国际商贸通道，是中国西南民族经济文化交流的走廊。茶马古道分川藏线、滇藏线两路。茶马古道源于古代西南边疆的茶马互市，兴于唐宋，盛于明清，"二战"中后期最为兴盛。茶马古道分陕甘、陕康藏、滇藏大概路，连接川滇藏，延伸入不丹、锡金、尼泊尔、印度境内，直到抵达西亚、西非红海海岸（见图6.3）。

图6.3　茶马古道

中国茶马古道有三条：

第一条是陕甘茶马古道，是中国内地茶叶西行并换回马匹的主道。

第二条是陕康藏茶马古道（蹚古道），主要是陕西人开辟的。《明太祖实录》（卷251）记载："秦蜀之茶，自碉门、黎、雅抵朵甘、乌思藏，五千余里皆用之。其地之人不可一日无此。"足以说明当时茶叶需求量之大，范围之广。

第三条为滇藏茶马古道。

陕甘茶马古道是古丝绸之路的主要路线之一。《新唐书·隐逸列传·陆羽传》载："（中唐）时回纥入朝，始驱马市茶。"主要的运输工具是骆驼，而茶、马指的是贩茶换马（这里的茶和马均是商品）。

陕康藏茶马古道——蹚古道，始于唐代，由陕西商人与古代西南边疆的茶马互市形成。由于明清时政府对贩茶实行政府管制，贩茶分区域，其中最繁华的茶马交易市场在康定，称为蹚古道。茶叶来源一是陕南茶，陕西南部属汉水流域，是古老的巴蜀茶区。《华阳国志》记载，三千余年前，陕南的巴人就栽植茶树，饮用茶叶，并向朝廷进贡茶叶，是中国茶叶原生地和茶文化发祥地；二是南方茶，在湖南安化等地收购茶叶，运至泾阳，加工成便于运输的砖茶。

川藏茶马古道是陕康藏茶马古道的一部分，东起雅州边茶产地雅安，经打箭炉（今康定）西至西藏拉萨，最后通到不丹、尼泊尔和印度，全长4000余千米，已有1300多年的历史，具有深厚的历史积淀和文化底蕴，是古代西藏和内地联系必不可少的桥梁和纽带。

滇藏茶马古道大约形成于公元六世纪后期，它南起云南茶叶主产区西双版纳易武、普洱市，中间经过今天的大理白族自治州和丽江市、香格里拉进入西藏，直达拉萨。有的还从西藏转口印度、尼泊尔，是古代中国与南亚地区一条重要的贸易通道。普洱是茶马古道上独具优势的货物产地和中转集散地，具有悠久的历史。

4. 秦岭探险——穿越中国气候的南北分界线（探险地：陕西）

古来人们就因秦岭割断了关中与蜀和楚的往来，而在秦岭的崇山峻岭中修建了众多的栈道。这里山高林密，生态保持完整。从关中出发，穿越秦岭，横跨中国气候南北分界线，走过中国最大的自然保护区群，踏着羚牛、孤狼的足迹步入无人的苍原……这些都是秦岭探险的意义。

狭义上的秦岭，仅限于陕西省南部、渭河与汉江之间的山地，东以灞河与丹江河谷为界，西止于嘉陵江。而广义上的秦岭是横贯中国中部的东西走向的山脉，西起甘肃省临潭县北部的白石山，向东经天水南部的麦积山进入陕西。在陕西与河南交界处分为三支，北支为崤山，余脉沿黄河南岸向东延伸，通称邙山；中支为熊耳山；南支为伏牛山。长约 1600 多千米，为黄河支流渭河与长江支流嘉陵江、汉水的分水岭。由于秦岭南北的温度、气候、地形均呈现差异性变化，因而秦岭—淮河一线成为中国地理上最重要的南北分界线（见图 6.4）。

图 6.4　秦岭

在地质构造上，秦岭是一个掀升的地块，北麓为一条大断层崖，地势极为雄伟；山脉主脊偏于北侧，北坡短而陡峭，河流深切，形成许多峡谷，通称秦岭"七十二峪"；南坡长而和缓，有许多条近于东西向的山岭和山间盆地。

5. 穿越大海道——体验从西域进入中原（探险地：敦煌、吐鲁番）

从敦煌往西到吐鲁番共 500 多千米的路途构成了丝绸之路上最富传奇色彩的一段——大海道。这里汇集了古城堡、烽燧、驿站、史前人类居住遗址、化石山、海市蜃楼、沙漠野骆驼群，以及众多罕见的地理地貌。如果从吐鲁番出发穿越大海道到敦煌，你会深刻地体会到民族风情之间的差异和不同魅力。穿越大海道最大的障碍莫过于经过这里的无人区，但是走完大海道，你也会深刻地体会到丝绸之路留下的无尽魅力。

从敦煌到吐鲁番或楼兰，在地图上观看呈一条直线，直线距离只有500 千米左右，比绕道伊吾路要近整整 500 千米。如果从敦煌走伊吾路到吐鲁番，路程是 1000 千米，从大海道出发可以节省一半的路程。尽管大海道这条路险恶异常，连生命异常坚韧的芨芨草和红柳也难以寻觅，但在古代还是有心有不甘的军队、传道僧侣、商队经过。

经过实地探查确知，从迪坎儿至敦煌玉门关遗址的直线距离仅 400 千米左右，路面能通行汽车，只要做好相应准备，途中就可无饥渴之苦。在现代的条件下，"大海道"不仅远没有古人说得那么可怕，而且沿路富于刺激性的独特自然景观和生态环境、不时出没的野生动物，还可令人大饱眼福，观景寓教，别有一番情趣。

因此，"大海道"无疑是未来探险旅游的好去处。促进对"大海道"的综合开发利用可以带动周边地区的发展，使"大海道"成为造福于民的新丝绸之路。

6. 高黎贡山—怒江探险——走进人类文化公园（探险地：怒江）

在中国的西南角，地形复杂，民族众多，自然环境独特，造就了众多适合探险旅游的地方。高黎贡山—怒江探险一线便是其中之一。尤其是这里有许多地方长时间与世隔绝，更显神秘莫测。探险者的脚步、摄影家的镜头都一并伸了过来，人们都期望在这里能发现新的东西。

高黎贡山属青藏高原南部，横断山脉西部断块带，印度板块和欧亚板块相碰撞及板块俯冲的缝合线地带，是著名的深大断裂纵谷区。山高坡陡切割深，垂直高差达 4000 米以上，形成极为壮观的垂直自然景观和立体气候。鬼斧神工塑造了无数雄、奇、险、秀景观，像银河飞溅、奇峰怪石、石门关隘、峡谷壁影等一幅幅壮景（见图 6.5）。

高黎贡山素有"世界物种基因库""世界自然博物馆""生命的避难所""野生动物的乐园""哺乳类动物祖先的发祥地""东亚植物区系的摇篮""人类的双面书架"等美称，它地处怒江大峡谷，坐落于怒江西岸，是国家级自然保护区。保护区东西宽 9 千米，南北长 135 千米，总面积 12 万公顷。山势陡峭，峰谷南北相间排列，有着极典型的高山峡谷自然地理垂直带景观和丰富多样的动植物资源。这是横断山脉中的一颗明珠，森林覆盖率达 85%，高山峡谷复杂的地形和悬殊的生态环境，为各种动、植物提供了有利的自下而上的条件。

图 6.5 怒江

高黎贡山被称为"世界自然博物馆"和"世界物种基因库"，"植物活化石"桫椤撑起一片天地，延续着恐龙的"绿色梦"；"世界杜鹃花王"，最古老的一棵树龄达 280 多年，整棵花树占地 500 平方米。有扭角羚、蜂猴、绿孔雀、白眉长臂猿、孟加拉虎等 20 多种国家一级保护动物在这里生息繁衍，被誉为"野生动物的乐园"。

高黎贡山是横断山脉中最西部的山脉，山高及宽度均较云岭、怒山为小。高黎贡山北连青藏高原，南接中印半岛，使之无论是在气象学还是生物学上都具有从南到北的过渡特征。

7. 塔克拉玛干沙漠探险——穿越死海（探险地：新疆）

塔克拉玛干是中国最大的沙漠，一望无垠的沙漠和充满艰险的环境吸引了许多探险旅游者。不过听说随着沙化的加剧，这个本来世界面积第二的沙漠已经逐步"逼近"世界第一了，这可不是什么好消息。其实塔克拉玛干中最让人心惊肉跳的莫过于死海，如果穿越了死海，无疑将是一次成功的探险。

塔克拉玛干沙漠位于新疆南疆的塔里木盆地中心，是中国最大的沙漠，也是世界第十大沙漠，还是世界第二大流动沙漠。整个沙漠东西长 1000 千米，南北宽 400 千米，面积达 33 万平方千米。平均年降水量不超过 100 毫米，最低只有四五毫米；而平均年蒸发量却高达 2500~3400 毫米。这里，金字塔形的沙丘屹立于平原以上 300 米；狂风能将沙墙吹起，高度可达其 3 倍；沙漠里沙丘绵延，受风的影响，沙丘时常移动；沙漠里亦有少量的植物，其根系异常发达，超过地上部分的几十倍乃至上百倍，以便汲取地下的水分，那里的动物有夏眠的现象。

　　整个沙漠东西长 1000 余千米，南北宽 400 多千米，总面积 337600 平方千米，是中国境内最大的沙漠，故被称为"塔克拉玛干大沙漠"，也是全世界第二大的流动沙漠，仅次于阿拉伯半岛的鲁卜哈利沙漠（约 65 万平方千米），流沙面积世界第一（见图 6.6）。

图 6.6　塔克拉玛干沙漠

　　沙漠在西部和南部海拔高达 1200 ～ 1500 米，在东部和北部则为 800 ～ 1000 米。沙丘最高达 200 米。塔克拉玛干腹地被评为中国五个最美的沙漠之一。由于地处欧亚大陆的中心，四面为高山环绕，塔克拉玛干沙漠充满了奇幻和神秘的色彩。

　　塔克拉玛干沙漠流动沙丘的面积很大，沙丘高度一般在 100 ～ 200 米，最高达 300 米左右。沙丘类型复杂多样，复合型沙山和沙垄宛若憩息在大地上的条条巨龙，塔形沙丘群，呈各种蜂窝状、羽毛状、鱼鳞状沙丘，变幻莫测。

　　8. 楼兰古国—罗布泊丝路探险——踏着前人的足迹前进（探险地：新疆）

　　同样是在新疆，与塔克拉玛干相比，对于探险者来说，罗布泊—楼兰一线，也许是因为发生了太多故事，所以就更具吸引力了。如果把罗布泊的故事来个年历排序，将会有一长串，远的有楼兰古国和楼兰美女，近的有余纯顺。

罗布泊在若羌县境东北部，曾是中国第二大内陆湖，海拔 780 米。罗布泊有过许多名称，有的因它的特点而命名，如坳泽、盐泽、涸海等，有的因它的位置而得名，如蒲昌海、牢兰海、孔雀海、洛普池等。元代以后，称罗布淖尔。在 20 世纪中后期因塔里木河流量减少，周围沙漠化严重，迅速退化，直至 20 世纪 70 年代末完全干涸（在 20 世纪 70 年代以前为中国第二大咸水湖，自从罗布泊干涸后，纳木错成为中国第二大咸水湖，第一大是青海湖）。

罗布泊和因它而繁盛的楼兰古国一度吸引了很多国内外的探险者。几千年来，不少中外探险家来罗布泊考察，写下了许多专著和名篇，发表了不少有关罗布泊的报道。但是，由于各种局限和偏见，也制造了许多讹误，为罗布泊罩上了神秘的色彩。

阿弥达深入湖区考察，撰写《河源纪略》卷九中载："罗布淖尔为西域巨泽，在西域近东偏北，合受偏西众山水，共六七支，绵地五千，经流四千五百里，其余沙啧限隔，潜伏不见者不算。以山势撰之，回环曲折无不趋归淖尔，淖尔东西二面百余里，南北百余里，冬夏不盈不缩……"

1876 年，沙俄军官普尔热瓦尔斯基在塔里木下游考察后，以其片面之见错误地认定卡拉河和顺湖即中国古记所记罗布泊。他的学生科兹洛夫和英国的斯坦英支持他的看法。德国地理学家范李希霍芬却持反对的观点。

经过中国科学家实地考察，证实了罗布泊是塔里木盆地的最低点和集流区，湖水不会倒流；入湖泥沙很少（湖底沉积物 3600 年仅 1.5 厘米），干涸后变成坚固的盐壳，短期内湖底地形不会剧烈变化。对湖底沉积物通过年代测定和孢粉分析证明，罗布泊长期是塔里木盆地的汇水中心。从而证明了游移说是不切实际的推断。

9. 雅鲁藏布大峡谷探险——进入人类最后的密境（探险地：西藏）

雅鲁藏布大峡谷是世界上海拔最高的峡谷，也是世界上最深和最长的峡谷，堪称世界上峡谷之最，被誉为"人类最后的密境"。到这样的地方去探险，将面对高海拔、高艰险等多重困难的考验，需要的不仅仅是毅力，更需要生理、毅力、人类智慧和团结协作，需要充分的准备和科学的计划，而这些都是人类不断探险、进取所需要的。

中国西藏雅鲁藏布大峡谷是地球上最深的峡谷。大峡谷核心无人区河段的峡谷河床上有罕见的四处大瀑布群，其中一些主体瀑布落差都在30～50米。峡谷具有从高山冰雪带到低河谷热带雨林等9个垂直自然带，汇集了多种生物资源，包括青藏高原已知高等植物种类的2/3、已知哺乳动物的1/2、已知昆虫的4/5，以及中国已知大型真菌的3/5。

雅鲁藏布大峡谷不仅以其深度、宽度名列世界峡谷之首，更以其丰富的科学内涵及宝贵资源而引起世界科学家的瞩目，世界最大降水带分布在布拉马普特拉河—雅鲁藏布江流域，世界最北的热带气候带和自然带分布在雅鲁藏布大峡谷，因此这里是地球系统中层圈耦合作为研究最理想的野外实验室。

峰与拐弯峡谷的组合，在世界峡谷河流发育史上十分罕见，这本身就是一种自然奇观。其实大拐弯峡谷是由若干个拐弯相连组成的（见图6.7）。

图 6.7　雅鲁藏布大峡谷

峡谷北侧的加拉白垒峰也是冰川发育的中心，其东坡列曲冰川是一条大型的山谷冰川，从雪线海拔4700米延至海拔1850米。在大峡谷水汽通道北行的当口部位念青唐古拉山东段北坡，有卡钦冰川，长达33千米；帕隆藏布上游的来姑冰川长达 35 千米。它们都是我国海洋性温性冰川中较长的山谷冰川，冰川末段伸入亚热带的常绿阔叶林中，最低可以达到海拔 2500 米左右的地方，构成奇特的自然景观。

大峡谷地区是青藏高原最具神秘色彩的地区，因其独特的大地构造位置，被科学家看作"打开地球历史之门的锁孔"。因此，大峡谷地区的地质调查是青藏高原地质大调查的重要组成部分。河南省地质调查院是青藏高原地质大调查的主力军之一，在地质、水文、植物、昆虫、冰川、地貌等方面都取得了丰富的科学资料和数千种标本样品，为大峡谷的资源宝库增添了新的内容。尤为值得称道的是，考察中不仅确认了雅鲁藏布江干流上存在的瀑布群及其数量和位置，而且发现了大面积濒危珍稀植物——红豆杉、昆虫家族中的"活化石"——缺翅目昆虫。

科学考察证实，雅鲁藏布大峡谷地带是世界上生物多样性最丰富的山地，是"植物类型天然博物馆""生物资源的基因宝库"。同时大峡谷处于印度洋板块和亚欧板块俯冲的东北挤角，地质现象多种多样，堪称罕见的"地质博物馆"。

五、旅游项目偏好

邹统钎等学者 2010 年对北京的探险旅游者的调查还发现，探险游客对登山（13.3%）、露营（10.6%）、穿越（6.2%）、漂流（7.5%）、冲浪（7.1%）等项目最感兴趣，这也是国内开展较多、具有良好发展潜力的探险旅游项目。受参加者消费能力限制和探险旅游相应配套服务措施滞后等因素影响，空中项目还没有广泛开展。品橙旅游网称，2015 年在新西兰进行探险游的中国旅游者在旅游目的地的所有冒险活动中，最喜欢热气球观光这一项目，占比达到71%。此外，管道、划水或河流冲浪（63%）、激浪漂流（58%）、滑翔伞（57%）、绳降或洞穴探索（54%）、喷气快艇（52%）等项目也受到了赴新西兰的中国探险旅游者的喜爱。

2016 年全球奢侈旅游网 Virtuoso 对 125 位顾问和合作伙伴进行的调查发现，自主游客和专业游客青睐的活动排名依次是：远足/徒步旅行、骑自行车、划皮划艇、小型船舶探险航行、野生动物园/野生动物观光、步行、摄影、水肺潜水、艺术和文化。旅行者渴望地道的旅游经历，选择将自己沉浸在目的地中去学习，而不仅仅是观光。当下，健康意识强烈的游客希望在家以外的地方继续保持自己的生活方式。同样，他们觉得在旅行中尽情享受个人的激情是最重要的事，不论是在体育、艺术，还是美食上。

综合来看，探险旅游者偏好的项目较为常规，如登山、漂流、徒步等，旅游机构应该结合旅游地的资源特征，为游客设计出符合他们的需求并且安全性能较高的探险项目。

（一）《孤独星球》推荐的全球十大值得体验的探险活动

1. 骑山地车（法国，阿沃里阿兹）

阿沃里阿兹是法国阿尔卑斯山太阳门滑雪区的十二个度假胜地之一，山地车爱好者可以在这里体验到量身打造的人工滑雪自行车道，有650千米长。在夏天，雷杰和摩津（2012年被评为欧洲最早最好的滑雪度假村）将开放25个滑雪缆车，让喜欢冒险的游客乘坐。而在七月，还能够看到当地最知名的山地自行车节，每年大概有4000余名山地车选手来参加。

2. 划船（智利，合恩角）

全部采用高桅横帆船，就像19世纪经典油画里面的帆船一样，瞬间夺人眼球。从奥克兰出发到马尔维纳斯群岛的航线，是全世界久负盛名难走的航线，沿途巨浪无数，暗礁险阻重重，总长度共有5400海里。

3. 冰上马拉松（南极洲）

通常情况下，冰上马拉松开始于11月19日到23日之间的某一天，但具体时间要根据天气情况来确定。每年到这个时候，南极洲的气温已经下降到零下20摄氏度以下，周围凛冽的寒风呼啸，在参赛选手看来，气温要低于零下40摄氏度。如此寒冷的环境让企鹅都懒得出来，但是对来此地的"驴友们"来说，这将是一场体力和精神的双重考验。

4. 游泳（希腊，斯波拉得岛）

你是否觉得从一个小岛游到另一个小岛是件神奇而不可思议的事？其实你也可以做到。在游爱琴海的旅途中，你每天都可以这么游上一回，并且不必担心装备工具的问题，因为会有辅助小船在后面尾随。而且你将有机会体验斯波拉得岛崎岖的海岸线，还可以看到在蓝绿色水域中畅游的海豚、海豹。

5. 爬贝克雪山（美国，华盛顿）

当登上山顶的时候，每个人都会非常激动，但如果让人们再踩着滑雪板滑到山地，就显得更加惊险刺激了。贝克雪山海拔3285米，游客可以在登山的过程中欣赏阿尔卑斯山，圣胡安群岛以及华盛顿内陆水域的风景。

6. 皮划艇（俄罗斯，堪察加半岛）

堪察加半岛地处于世界的边缘，让人不寒而栗。在这里，游客们将要参加徒步＋皮划艇的冒险之旅。游客们将在卡丽姆斯卡火山脚下跳伞降落，接下来要横穿西伯利亚针叶林，途中可能会有25000头棕熊出没，当抵达Zhupanova河上游的时候，就要驾驶皮划艇划到白令海峡。

7. 攀岩（中国，阳朔）

阳朔是桂林的一个小山村，如诗如画的景色让人痴迷，但它更凭借众多奇形怪状的石灰岩喀斯特峰丛，被称为"中国冒险之都"。攀岩爱好者们可以在这里大显身手，大部分岩石都必要先骑一段山地自行车或是做一段公共汽车才能到达，攀岩者总会不断发现接近笔直的岩石来挑战自我。

8. 直立桨式冲浪板（多米尼加共和国）

直立式冲浪需要一个相对空旷的地方，才能够玩得更加尽兴，多米尼亚共和国北部有长达500千米的崎岖的海岸线，正好可以满足这一点。在激流勇进搏击浪花的时候，游客还可以顺便探索一下这些地方的入海口、礁石，以及墨绿色的加勒比海湾，一次旅行可以看完所有风景，堪称经典。

9. 激流漂流（洪都拉斯，莫斯基托海峡）

莫斯基托海峡的名字源于当地的米斯基托印第安人，而不是讨人厌的吸血鬼蚊子。该海峡遍布沼泽丛林，是整个美洲鲜有人踏足的区域。在这里玩儿激流漂流，玩得绝对是心跳，而且从雷奥普拉塔诺河到加勒比海海岸，你还可以看到当地独有的野生动物，比如美洲豹、美洲虎、吸血蝙蝠，等等。

10. 马车旅行（缅甸）

不要以为乘着马车探索古城阿瓦的遗迹只是旅游机构弄出来的噱头，这是在这里游览的唯一方式，同时也是好好看看巴干的佛寺和佛塔的好方式。而且马车虽然不算平稳，也不快，但是比起让所有的景色"嗖"的一声从身边掠过，这样更能好好地享受沿途的风景。

（二）极限运动

极限运动源于欧美，在我国也已经历20多年的发展。极限运动结合了一些难度较高且挑战性较大的组合运动项目，这些运动拥有一个共同的特性——"extreme"，即极限，因此得名极限运动。

目前极限运动开发的项目主要有长板、滑板、极限单车、攀岩、雪板、空中冲浪、街道疾降、跑酷、双翘滑板、极限越野、极限滑水、极限轮滑等。刺激且兼具参与性与观赏性，同时户外运动的形式使参与人群摆脱场地束缚，能够近距离与自然接触，再加上冒险成分的存在，极限运动吸引了一群热爱自然与探险的人群。

目前极限运动在我国已经发展成为一项不可忽视的运动，并由此产生了专业的协会——中国极限运动协会（Chinese Extreme Sports Association，CESA）。其于2004年6月经过国家体育总局、国家民政部、国务院的批准正式成立，是我国目前第一百个单项体育协会（详见图6.8）。中国极限运动协会的职能是管理极限运动在中国的发展，从竞赛、市场、俱乐部、选手等多方面进行规范管理，建立一套健康、有序的发展机制，普及极限运动在中国年青一代的受众群体，让更多的年轻人了解并热爱极限运动。

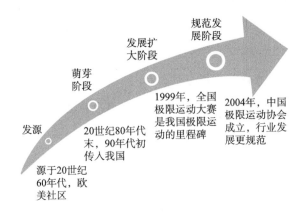

图6.8　极限运动发展史简图

资料来源：国海证券研究所整理。

极限旅游在极限运动基础上产生，集冒险与探索于一体。极限旅游可以理解为极限运动和旅游相结合的模式，是探险旅游的一种。传统的旅游方式通常是游览景观、感受人文气息、品尝美食、体验生活等。相较而言，极限旅游是去一些不常见之地，通过极限运动方式挑战身体极限，寻求惊险刺激或挑战自我。例如去极地、深海、沙漠、火山等传统旅游路线不太涉及的地点，而在游玩方式上，有高空跳伞、攀岩、深海潜水、直升机参观等让游客感受新奇的形式。

极限旅游在国外受欢迎程度较高，发展相对成熟。美国的户外运动渗透率近50%，户外休闲是家庭消费除医疗和金融服务外的第三大支出部分，超过6000亿美元。欧洲户外零售市场规模亦超过百亿欧元。

从公司运营角度看，世界最大的探险旅游公司澳大利亚Intrepid、北美领先的山地度假区和冒险公司美国Intrawest公司以及极限旅游项目平台运营商法国Adrenaline Hunter公司均处在极限运动相对发达的国家，其运营模式或为旅行社、旅游产品（要素）提供商，或为平台运营商，与国内普通旅游企业的运营模式较为相似，其特别之处在于产品和客户相对小众，针对性更强。

目前国内极限旅游市场处于起步阶段，极限旅游项目仍以滑雪、潜水、蹦极等相对常见项目为主。从极限旅游的协同指标户外运动看，我国近几年从事户外运动的人数不断攀升。未来随着经济的发展、收入水平的提高、政策的推动、供给的增加以及配套的完善，我国极限旅游市场有望迎来快速发展。

第四节　如何为探险旅游人群设计旅游产品

近年来，随着我国人民收入水平的不断提高，旅游活动已成为百姓日常生活的重要内容。但与此同时，人们的旅游需求也越来越高，对产品的品质化、体验化和个性化需求不断提升，传统的旅游方式与活动内容已不能完全满足市场需求，越来越多人将目光投向不寻常的、奇异的、遥远或荒芜的目的地，选择更具挑战和刺激性的探险旅游来获得"独一无二"的感受，强参与性和刺激的探险旅游蓬勃兴起。但我国的探险旅游才刚刚起步，各项规范制度及专业技能培训都属空白，探险旅游发展存在着诸多问题。

一、中国探险旅游发展的问题

（一）探险旅游安全问题

目前中国的探险旅游发展存在着诸多问题，尤其是参加者的安全隐患大。就高山探险而言，据中国登山协会登山户外运动事故研究小组不完全统计，2016 年全年共发生 311 起登山户外运动事故。虽然这些事故基本得到了公安、消防、民间救援队等机构的及时救援，但仍然有多起事故伤亡案例。2016 年全年事故中活动参与总人数 1813 人，发生事故总人数 1268人，受伤事故 114 起，受伤人数 146 人，死亡事故 54 起，死亡人数 64 人，失踪事故 3 起，失踪人数 3 人，无人员伤亡事故 140 起（见表 6.1）。其中，群体性死亡事故（3 人以上死亡）两起，死亡 12 人。

表6.1   历年登山户外运动死亡人数和失踪人数

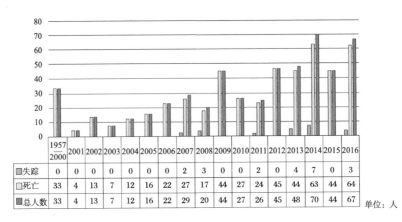

	1957 2000	2001	2002	2003	2004	2005	2006	2007	2008	2009	2010	2011	2012	2013	2014	2015	2016
失踪	0	0	0	0	0	0	0	2	3	0	0	2	0	4	7	0	3
死亡	33	4	13	7	12	16	22	27	17	44	27	24	45	44	63	44	64
总人数	33	4	13	7	12	16	22	29	20	44	27	26	45	48	70	44	67

单位：人

这些触目惊心的数字说明当今探险旅游存在着巨大的安全隐患问题。探险旅游是旅游活动中的软肋项目，尤其是在户外高难度探险旅游活动中，发生危险的可能性大，事故多。

（二）探险旅游行业组织形式不规范

目前中国的探险旅游组织形式主要有个人、旅行社和俱乐部三种形式。

个人即大众熟知的"驴友"，通过一些户外探险论坛或者网站自愿组团参加，费用采取 AA 制，相互之间不存在依附关系，发起者往往成为领队即"驴头"，这种方法因其方便、约束小而被许多年轻人喜欢。但"驴友"之间并不存在利益关系，"驴头"也往往仅是探险旅游的发起者，专业素质难以保证，出现了危险，队友之间往往是"大难临头各自飞"。

旅行社较个人组织来说比较正规，但由于中国探险旅游市场还不成熟，所以只有少数旅行社参与探险旅游市场，选择这种方法的旅游者也较少。

俱乐部也是探险旅游活动的组织形式之一，中国的俱乐部多采取会员制，大致一周举行一次活动，活动多以中短线旅行为主，配有专业的领队人员。随着探险旅游规模的扩大，越来越多的私人俱乐部也应运而生，这些俱乐部往往通过与一些商家合作谋取利益，缺乏正规的具有探险领导资格的领队。

（三）行业标准、法律法规制度不完善

中国有关规范探险旅游的法律还不完善，没有明确的专门法律法规规范探险旅游活动。国家目前尚未针对户外探险活动进行专门法律的规范，因此在对俱乐部和景区的管理方面存在很大漏洞。

探险旅游活动各方面的准入制度缺乏规范，尤其是领队的准入制度。作为探险旅游的领队，其拥有的资质、经验及领导能力直接影响着探险活动的成败。但中国目前的法律并没有明确规定什么样的旅游者才可以成为探险旅游的领队。

中国的探险旅游迫切需要建立一个规范化的行业组织，深入研究国内外市场和先进经验，提出合理规划和有效实施路径，从而促进整个行业的规范化和可持续发展。在这种情况下，中国旅游协会探险旅游分会应运而生。2017 年 12 月 13 日，由中国旅游协会授权，文晟旅游产业有限公司等多家单位与公司共同发起的中国旅游协会探险旅游分会成立。

中国旅游协会探险旅游分会的成立为中国旅游业揭开了新篇章，宣告了中国旅游全新时代的到来，中国特色的探险旅游将会快速出台并完善各项规范标准，完成探险旅游产业模式的搭建，中国的探险旅游业将在未来的国民生活和国家旅游经济发展中不断发挥产业助力的光和热。

当代中国探险旅游行业正经历着历史上最宏大而独特的实践创新。新的发展道路上，需要我们不断创新发展，加强行业标准建设，引领中国探险旅游向着光辉灿烂的前景勇往直前。

二、开发和设计探险旅游产品的注意事项

（一）满足探险者需求方面

探险旅游的特性之一即旅游形式具有自主参与性。旅游机构在设计旅

游产品时，一方面，要给旅游者提供尽可能丰富的产品内容以及完善的服务；另一方面，又留有许多让旅游者自主参与的余地。譬如，在允许的范围内，旅游机构根据旅游者的特殊需要，可以对项目或线路提出增加或减少内容的要求；在项目和线路实施过程中，精心安排一些旅游者乐于参与的内容，诸如自备交通工具、自备帐篷、参与餐食准备、组织娱乐活动，甚至参与排除事先安排的"险情"或偶尔出现的"危险"局势，以及提出更改某些具体内容的要求。在这一点上组织者要对探险旅游者的文化心理有充分理解，尽可能满足他们在这一方面的合理要求，从而充分调动探险旅游者在参加探险旅游过程中的自主参与性。在某种意义上，这样做会改变探险旅游者在旅游中的角色和心理上的被动性，使其有一种感觉，即探险旅游是充分发挥他们自身潜力、施展才干的机会，使他们在体验、欣赏自然风光和人文风情的同时，享受自身潜能和才干在探险中得到体现的欣喜愉悦。

（二）线路选择和设计方面

探险旅游的性质决定了它必须具备旅游对象的独特新奇性与旅游方式的特殊性相结合的特征。首先，在旅游目的地的选择上应有较大突破，而不能只局限在传统的模式上，不同地区的探险旅游发展应该建立在该地区相应的自然地理生态环境和人文资源的基础之上。例如，新疆独特自然地理特征和生态系统，其高山地区、草原地带、湖泊河流、戈壁沙漠、峡谷丛林等，都可以当作发展探险旅游的潜在资源基础。但是，有资源基础并不意味着就能够立即发展探险旅游。重要的是根据这个基础，通过对国内外市场的调研，把资源转化为具体项目和对线路的研究和设计上，包括项目在具体地理与人文环境中的时间或空间内容，对历史、文化、宗教等内容的利用，以及考虑项目的经济效益等。其次，在旅游方式上充分考虑和注意多样性、新奇性。由于探险旅游活动涉及诸因素，因此在推出项目和设计线路时，要动员学术界人士参与论证。同时，一个项目或线路在实施过程中，应随着市场反馈不断进行修正和补充，那些凡是具有贴近自然、富有挑战特征的旅游方式均有尝试的价值，诸如徒步、登山、潜水、漂流、攀岩、探洞、滑雪、热气球旅行、骑自行车、自驾车船、乘伞滑翔等。

（三）旅游行程的安全控制方面

由于探险旅游的特殊性，其旅游的相关环境及有关条件必然不同于常规旅游，因而旅游的操作、实施控制上比常规旅游要复杂和困难，同时旅游风险性也比常规旅游大。这就要求必须特别注意以下两点：第一，线路的安全性。这是由探险旅游的性质决定的，在该旅游过程中旅游者将会遇到种种无法预料的自然因素，面临种种可能性。因此在设计线路及实施操作时应尽可能地避免那些能够提前预知的风险，把风险性控制在最低的程度。为了将探险旅游的风险降到最低，相应的保险制度应紧跟其后。第二，控制的严密性。由于探险旅游方式的多样性、旅游对象的奇特性，以及旅游中的配套服务各个环节的不完善性，因此必然存在着许多难以预测的特殊因素和不利因素的影响，这就要求在组织实施上应把握住各个环节，备有行之有效的各种应急措施和手段，对行程的各个细节严密分析控制，从而使旅游者得到较为满意的服务。

（四）队伍的专业化建设方面

从事探险旅游作业的人员素质直接关系到接待质量，而接待质量不仅关系到能否获得完善的经营效益，而且关系到探险旅游产品的寿命。探险旅游接待不同于常规旅游接待，表现在难度更大、要求更高、操作规律和方式更具有专门性，这就需要旅游经营者的产品开发部门与接待部门密切配合，形成相对稳定的接待班子。从事探险旅游的相关人员如外联、计调、导游、司机等都必须具备丰富的探险旅游的相关知识、经验和技能。少数民族地区从事该项业务的旅行社还应培养和拥有一支自然、历史知识丰富、能吃苦耐劳、国家安全意识强、熟悉民俗民风、能严格执行民族政策、有志于探险旅游的专业队伍。

习近平总书记在党的十九大报告中指出，"像对待生命一样对待生态环境。"我们要建设的现代化是人与自然和谐共生的现代化。同时，党的十九大报告把"一带一路"建设和实施共建"一带一路"倡议作为经济建设和全方位外交布局的重要组成部分。而作为大力倡导走入自然、适合在原生态地区落地的探险旅游产业，无论是在生态保护还是扶贫建设方面，无疑都是响应国家号召的有力实践者。2017年12月13日，由中国旅游协会授权，文晟旅游产业有限公司等多家企业共同发起的中国旅游协会探险旅游分会成立大会暨探险旅游特色小镇签约仪式在北京举行。大会期间，与会代表讨论通过《中国旅游协会探险旅游分会管理办法》《会费标准》等规章制度，并进行第一届理事会及领导选举。中国旅游协会探险旅游分会的成立为中国旅游业揭开了新篇章，宣告中国旅游全新时代的到来，也为中国探险旅游提供了新的发展机遇。

传统的大众旅游多为走马观花的游览，旅游者较为被动且主体参与性不强，而探险旅游以相对纯净的自然环境为依托，形式多样，内容丰富，弥补了大众旅游参与性、刺激性不足等弱点。旅游者通过跳出自己的舒适区，挑战自己，能在对各种活动的投入中得到丰富、深刻的心灵体验，从而以一种新的方式看世界。而当下，由于我国的探险旅游发展时间较短，相关制度和监管存在不完善和缺失，还存在一些安全隐患。而自助探险游客可能会因为自身经验欠缺、遇上环境突变等原因而产生危险。因此希望中国特色的探险旅游快速出台并完善各项规范标准，完成探险旅游产业模式的搭建，从而使中国的探险旅游业在未来的国民生活和国家旅游经济发展中不断地发挥良性助力作用。

三、探险旅游机构

根据我国探险旅游者的探险休闲爱好程度，可将探险旅游分为以下几类：徒步探险旅游、越野探险旅游、登山探险旅游、漂流探险旅游、洞穴探险旅游、航海探险旅游。通常情况下，一次探险旅游具有某种特定的主题。本节通过介绍我国开展探险旅游的公司或者旅行社及其特色线路产品，以期为相关旅游机构提供借鉴，更好地为探险旅游人群设计出优质的旅游产品，为探险旅游者提供参考。

（一）萨米全球探险旅行网

萨米全球探险旅行网（www.summitrip.com）隶属于"上海萨米国际旅行社有限公司"，是一家做全球户外运动、探险旅行的俱乐部公司，专注于个人定制游、团队定制旅行、国际高端旅行、户外探险、高端私人定制游、旅游线路策划等领域，致力于"带中国玩家去全世界旅行"和"带外国玩家来中国旅行"。

该平台可以带领探险旅游者踏足世界各国的国家公园登山、探险穿越、野生巡游、朝圣之路、自然奇迹等系列线路，玩遍中国境内的行车自驾、藏地转山、雪山攀登等户外探险系列线路，更有季节狩猎、飞行、跳伞、热气球、越野漂流、潜水、游艇出海、被遗忘的民族、远古文明、中世纪文明、温泉、海岛、沙滩等篇章；还可以根据不同需求量身定制。

平台上的各类旅行计划是由来自世界各地、有数十年经验的源头地接公司、户外探险公司、户外探险俱乐部的众多旅行家们亲力打造，配合数位前沿摄影师、影视编剧、资深媒体人的旅游线路策划制作，能让探险旅游者的每一次旅行"都是一场不一样的电影"。

该平台涵盖的探险旅游线路非常广泛，旅游目的地包括中国的新疆、四川、青海、西藏、云南、宁夏等地区，境外还包括中国周边国家，欧洲、北美洲、南美洲、大洋洲和非洲等，为游客提供多样化的选择。

总体来看，萨米探险的旅游产品分为两大类：

"无尽冒险"类下包含了全球国家公园、中国雪山攀登、全球探险穿越、全球巡游狩猎、全球潜水、冒险家之旅六个板块；

"无限人文"类下包含了世界朝圣之路、藏地密码·转山、中国行车自驾、世界自然奇迹、海岛·海滩、世界人文探秘六个板块。

在这些板块之下，平台设计了各具主题特色的旅游线路。每条线路也进行了包含详细行程、服务配置、费用说明、装备配置、签证、保险以及日期、价格等方面的具体介绍，并通过地图上的沿途城市标识，行程特色说明，使探险旅游者对行程有更清晰的把握和认知。

除了网站平台运作之外，萨米也有自己运作良好的微信公众平台：萨米户外旅行。工具导航栏设置了"线路查询""定制活动"，以及"个人中心"三个板块。线路查询里又分为户外图册、技术帖、行程日历三个部分，户外图册收录了不同线路的探险旅游者在旅途中的一些照片，并持续更新；技术帖则包含了各种户外生存指南和技能；行程日历则根据近一段时间进行了不同的行程介绍，有意向的探险旅游者可以直接在微信上按操作指南进行报名，平台还针对线路进行了航班推荐，更方便游客进行比价筛选。定制活动板块里，探险旅游者可以查看到不同日期萨米带领的探险团队到各地游览的图文介绍，从这些已经结束的归来报道中，游客可以搜寻自己喜欢的线路或项目，从而进行自己的线路定制。总体来看，萨米旅游网的探险行程丰富多样，且针对当天行程进行了包含餐饮、酒店、出行车辆、当天行程和特色活动的具体图文介绍，线路较为成熟，覆盖面广泛，能给予探险游客较大的选择空间；私人定制也可以使游客将自己的需求告诉专业的旅游线路定制师，从而通过双方沟通协商，打造出符合游客所需的高品质旅游路线。

（二）兜峰户外探险

兜峰户外探险成立于 2015 年，总部在安徽合肥，随后在乌鲁木齐、重庆、加德满都设立办事处。之所以取名"兜峰"，是取音"兜风"，代表个性化、自由化的行为方式，同时与象征激情和挑战的户外元素"峰"相结合，这样能很好阐述俱乐部的创建理念，即高度自由、极致个性、狂放激情、自我挑战。

该俱乐部自从成立以来，一直致力于为中国户外俱乐部、高端商业团队，以及为个人客户提供"一站式"的特色户外旅游地接服务，推动中国户外旅行市场的良性发展。而目前，兜峰户外会集了众多中国登山协会认证领队、户外指导员、高山协作、向导等专业人才，经营了包含徒步、自驾、摄影、登山等十几条特色深度旅行线路，覆盖了尼泊尔、我国西藏、新疆、青海、甘肃、重庆等十几个地区，并且与全国三百多家探险公司、户外俱乐部、高端商业团队建立了良好的合作关系。兜峰户外着力打造围绕"大众户外"文化传播的新型户外旅行俱乐部，主要以体验户外、亲近自然、人山和谐为互动主题，倡导精彩户外。

俱乐部平台上主要包含了以下几个板块，即徒步、登山、滑雪、探险、露营、骑行、空中、摄影、越野、人文，不同板块之下，游客可根据目的地和旅游时间进行线路筛选。具体到某一线路，平台则对其进行了详细的介绍，如图文行程概括，具体每一日的行程安排、装备推荐、费用说明、温馨提示、沿途风光欣赏，以及提供线路咨询服务等。

其中，在装备要求里，平台针对每项物品都进行了简单的说明，清晰地罗列在一起，能够让游客一目了然并知晓装备的不同功能和使用场合；温馨提示也从衣、食、住、行以及注意事项几个方面进行了说明，能够让游客在出行前提前知晓一些有用的信息。平台甚至针对初次尝试探险的旅游者提供全套装备的租赁服务，可谓是非常贴心。平台首页上还设置了热门游记的板块，能够为探险旅游者提供线路攻略，或者让游客在此处分享自己的探险经历。总体来看，兜峰户外探险俱乐部平台很好地将各种信息组合在一起，能够帮助探险游客准确地获取到出行前所需要准备的物品和了解的信息；与此同时，平台提供的各种多样化的户外探险线路能够满足不同探险游客的偏好；提供器材租赁服务也照顾到了探险新手，非常便利且人性化。

下面具体介绍兜峰户外的线路之一，即尼泊尔—鱼尾峰—安娜普尔纳大本营 ABC—喜马拉雅徒步。尼泊尔被誉为"徒步者的天堂"，世界上 14 座 8000 米以上的高峰，有 8 座在尼泊尔境内。安娜普尔纳大本营线（Annapurna Base Camp，ABC），这也是国人最为熟悉也是最受国人欢迎的徒步线路。环线位于世界第十高峰安纳普尔纳（8091 米），第七高峰道拉吉峰（8167 米）和第八高峰玛纳斯鲁峰（8156 米）三座大山及其卫峰之间的峡谷中。探险旅游者可以在安纳普尔纳进行 8000 米的雪山徒步，该徒步线路甚至名列全世界十大徒步线路榜首。同时，该线路包含了全球大部分的山地景观和最典型的垂直气候变化，并且一路上有田野、森立、峡谷、湖泊、荒漠、戈壁、草甸、冰川、雪山等各种自然景观。在这里，游客可以体验到世界上最完善的滑翔伞项目，在尼泊尔皇家度假胜地即费瓦湖畔骑行，在湖中划水，感受当地绝美的风光。另外，线路还赠送了机场接送机、中文领队本地协作、全程免费充电，以及加德满都欢迎和欢送晚宴、纯天然温泉体验以及魔术头巾等服务。两人成行的安排也使线路时间更加灵活，小团队可以获得更优质的游玩体验和服务。沿途有丰富的自然景观、具有特色的滑翔伞项目、贴心的配套服务，探险旅游者可以在尼泊尔感受到不一样的美景和风情。

（三）卡尔探险

深圳卡尔探险户外运动有限公司（Carl Adventure，以下简称"卡尔探险"）是中国的一家高端探险旅游公司，总部位于深圳南山区，坚持以"寓知于行，探索世界"为精神理念，通过行知体验的方式分享知识、探索世界。它提供全球范围内以行知为核心模式的高端探险旅游体验产品，以及基于此的知识分享产品。

从 2014 年 6 月成立开始，近两年时间内，卡尔探险开发了全球三百多条探险旅行线路，其中国外近 160 条，超过九成都是以徒步探险为核心的产品（如沙漠徒步、雪山徒步、近郊徒步等），主要分布在东南亚、欧洲、非洲、北美和南北极。为提高线路服务质量，前期卡尔探险的很多线路都是由培养的领队亲自带队，而线下更偏向与当地供应商合作，后期公司做得更多的是线上整合线下资源，通过自己的品控系统来把控自己与供应商的合作，领队则更多采取公司专职和外聘相结合的机制。

为了更好地确保领队以及活动的质量，公司建立了反馈机制，每位探险旅游者在旅程结束后都会填写一份问卷调查，或者通过微信公众号的链接直接对领队进行评价，而卡尔探险则根据评价进行领队的优胜劣汰。

除了领队管理的一些经验之外，卡尔探险在营销方面也有自己获取客户的渠道。第一，是通过老客户推荐新客户；第二，利用自己的媒体，微信、微博、官网、今日头条等进行推广；第三，第三方平台导流，将主要产品放在一些较大的第三方平台推广销售，比如途牛网、8264、绿野、乐途旅游网等；第四，同行渠道推广及招募，类似于代理，公司和全国四十多家户外俱乐部、探险机构等建立合作；第五，线下定期举行小型分享会和短途周末活动等。卡尔探险这些领队管理和平台宣传的经验非常值得其他旅游机构借鉴，要想获得良好的发展，一定不能"单打独斗"，要学会整合资源，借势营销。

此外，卡尔探险还开设了自己的品牌——勇闯大漠，该活动只针对青年创客群体开放。该类探险旅游人群聚在一起，在沙漠中分享自己的创业经历，他们能在体验和回归本质的同时，实现资源共享和建立深刻友谊，从而给游客带来远超出单纯徒步旅游的附加值。除了这个系列外，其他线路符合一般报名条件的人都能参加。

总体来看，卡尔探险是以徒步活动为主体，并且对徒步进行了细分，专注做沙漠徒步这个垂直细分领域，能更好地维持线路的质量，尽量避免运营过程中的资金链断裂的现象。

与其他探险旅游公司不相同的地方是，卡尔探险在完善其服务体系之后开发了一些体验式的户外探险项目，称为目的地轻户外旅行，用户的参与门槛低、周期短，整体的受众范围就会很大。通过降低户外旅游的门槛，让更多地人能够参与和体验到户外探险的魅力。这类新产品大多是具有同一类属性标签的项目，也就是轻户外，包括潜水、滑雪、骑马、滑翔伞、热气球、漂流、攀岩等，让一些还不具备体验探险成品路线的人能够通过半天或者一天的体验了解这个旅游类别，以吸引更多的用户到户外探险旅游中来。

对于探险旅游，游客对某一公司的忠诚度较高，长线旅游产品如果信任度不足，很难使探险旅游者接触一次就参加，因此，卡尔探险这种从短线出发，让游客慢慢接触，能够使用户和公司之间产生一个逐渐建立信任的过程，从而更好推广公司其他的长线旅游产品。这些经营管理方面的经验也能够给其他探险旅游公司一些启示，从而为探险旅游者提供多样化、易接受的旅游产品。

（四）极意南北极

"极意南北极"是专业服务于南北极旅游的品牌，隶属于意冉（北京）文化传播有限公司，该公司致力于为世界各地的旅游爱好者提供独特定制的南北极探险及旅游服务。它是世界三大南北极旅游船公司的一级票务代理，这三大船公司都是极地旅游行业的"领头羊"，其中荷兰极地探险公司（Oceanwide）从 20 世纪 80 年代，就已开始经营南北极旅游项目，拥有丰富的南北极旅游经验。

该平台提供的南极旅游线路，行程时长多样，10 天、20 天、30 天等，探险旅游者可根据自己的需求和时间灵活挑选。10 天的行程大致包括南极半岛探险、免费露营、二人皮划艇、徒步、登山、潜水、摄影教学等活动；20 天左右的行程除了南极半岛外，还增加了马尔维纳斯群岛、南佐治亚群岛等旅游地；而 30 天左右的行程则包含了罗斯海、免费直升机、彼得一世岛、坎贝尔岛以及南极半岛；此外还有时间更长的 37 天游览线路，可以在大西洋上尽享海上冒险的快乐。

该平台提供的南极游出发港口基本上都是阿根廷的乌斯怀亚港，航行的邮轮选择有两个，善朗修斯号（Plancius）和奥特柳斯号（Ortelius），包含的船舱房有 6 类：四人小窗、三人小窗、双人小窗、双人大床、双人豪华以及大床豪华，不同舱型价格不一。船票的价格包含了所有的食宿以及茶点、咖啡，并提供上下船行李搬运、行程结束后团队送机服务，旅途过程中还为探险旅游者们开设了自然学家和探险专家的专题讲座，能够帮助游客们了解探险知识，更快适应探险活动。

相比南极游，平台上提供的北极游线路涉及的项目也很丰富，如观看鲸鱼、北极光，探访海鸟栖息地、拥有独特的生活方式的因纽特人，游客们可以身处苔原地貌环境中，邂逅各种动物如麝香牛、北极野兔、旅鼠等。极地在稀疏的植被的装饰下，到处呈现出奇特的景观，非常适合探险者们拍照。行船上还有专家级的摄影人士指导摄影技术，介绍各种构图和取景技巧，并能跟游客现场互动回答问题，可以使探险摄影爱好者更好地学习和实践。

整个航行过程中，团队也配有经验丰富的探险队长和队员，在保证航程安全的前提下指导游客进行活动。与此同时，探险游客还可以根据自己的需要在平台上租赁航拍器和专业的雪地靴，部分航线还提供防风外套和登岸游览时需要的橡胶靴。平台也为旅途归来的游客提供了旅行分享空间，游客可以分享照片、视频、游记等。

总体来看，极意南北极作为专注做极地旅行的平台，凭借着自身一级票务代理的身份，为中国探险旅游爱好者提供了安全前往极地旅游的机会，旅途过程中通过专家级的摄影师进行讲解和指导，更给探险摄影爱好者提供了绝好的学习时机，从而留下美好的回忆。

（五）高山牦牛探险

高山牦牛探险于2009年在世界屋脊西藏拉萨登记注册，它是目前国内最大的高原户外旅行地接商，旗下全资公司有五家，分别为成都高山牦牛国际旅行社有限公司、拉萨高山牦牛户外运动有限公司、西宁高山牦牛户外运动有限公司、西宁老树户外运动有限公司、西宁金圣地国际旅行社有限公司第一分公司。

该公司自成立以来一直致力于为中国户外俱乐部、高端商务团队及个人，提供"一站式"特色户外旅行地接服务。公司会聚了众多中国登山协会认证领队、户外指导员、高山协作、向导及西藏、四川、青海、云南、尼泊尔的经典徒步、穿越、自驾越野、摄影等特色深度旅行线路，极力推动中国户外运动的良性发展。

高山牦牛探险海域与全国三百余家探险公司、户外俱乐部、高端商务团队保持着良好的合作关系，并为在外、携程网旅行、三夫户外、时尚旅游等国内外知名企业指定地接商，策划执行过"行走的力量""企鹅的感动""狼行天下"等大型主题活动，拥有目前国内最具实力的高原旅行策划执行团队。

公司在 2016 年荣获"十大最具实力商业户外俱乐部称号"，向探险游客做出了七点承诺：

（1）安全第一：每一名高山牦牛领队都有着丰富的带队经验和过硬的专业知识，从活动开始到旅行结束，全程全方位保障游客的安全；

（2）时刻分享：每一名高山牦牛领队和驾驶员会用心发现旅途中每一处风景，实时与游客分享当地人文，让游客旅行更加贴近当地生活；

（3）遵守承诺：每一名高山牦牛领队和驾驶员都严格遵守既定的线路安排，认真履行活动内容，保证游客能得到与承诺相符的体验；

（4）轻松出发：每一名高山牦牛领队和驾驶员都竭力为游客提供最佳的旅行体验。除个别线路外，因地制宜解决行李搬运问题，让游客专注于眼前的风景；

（5）装备保质：每一名高山牦牛领队全程负责所提供装备的使用保护与运输工作，保证游客得到切实需要且状态优良的户外装备；

（6）当地美食：每一名高山牦牛领队全程保障所提供餐饮的安全卫生，品种的丰富多样，保证每次活动都会安排几家可以代表当地的独特风味的餐厅；

（7）特色住宿：每一名高山牦牛领队全程保障住宿的安全，竭力寻找独具特色的住宿地，在维持行程标准的前提下争取最大化地丰富游客的住宿体验。

良好的团队运营，细化的服务守则，高山牦牛的领队和驾驶员们通过专业的服务，将给予探险旅游者精彩的旅程体验。

下面以高山牦牛 2017 年 11 月首发的"新西兰南北岛 10 日品质游"线路为例进行具体的介绍。

该线路提供六大贴心服务：第一，全程中英文领队带队，为探险旅游者保驾护航；第二，24 小时随时接机，使游客旅程更加轻松；第三，为游客代办理新西兰签证；第四，从预订住处就有专人对接，提供各种答疑解惑、预订机票等服务；第五，随团配置移动无线网络装置；第六，提供旅行四件套：颈枕、耳塞、眼罩、旅行箱绑带。

　　线路特色之一是领队带领游客到新西兰当地超市购买新鲜食材，游客可以自己动手做饭，增添旅行乐趣；或者前往品尝当地特色饮食或中国餐馆，领队与游客一起 AA 制，免除游客不会英文点餐的烦恼。旅途全程，游客住宿为四星标准，还安排有带厨房的别墅度假屋，以满足旅游者的各种需求。整条线路内容丰富，将新西兰南北岛主要景点一次游遍。游客们可以前往《指环王》《霍比特人》电影的取景地霍比特村，感受"中土世界"的神奇；来到极具新西兰农场文化特色的五星级皇家爱哥顿农场，观看剪羊毛、牧羊犬表演，或亲手挤牛奶和进行喂小羊喝奶竞赛；乘船静静地驶入举世闻名的怀托摩萤火虫洞，感受成千上万只神奇的萤火虫带来的惊喜；途经被誉为世界唯一暗夜星空保护区、牧羊人教堂、鲁冰花海的蒂卡波湖，运气好的话还能见到南极光；攀登新西兰最高的山峰——终年积雪的库克山，一路上领略新西兰最壮丽的冰川、雪山、湖泊及平原；走进最具"中土世界"气质的魔戒小镇——格林诺奇，体验最美天堂步道，看最原生态的湖泊、山川、草原、牧场；乘坐倾斜角度最大的天际线缆车登临山顶，以 220 度视角俯瞰美丽的皇后镇。探险旅游者也可以尝试蹦极、跳伞、峡谷秋千、喷射艇、骑马远足和白浪漂流等各种户外项目，以及去文艺与自然相互碰撞的但尼丁，在那里有文艺复兴风格建筑、最陡街道、摩洛基大圆石，蓝眼企鹅，等等。一路上精彩不断，探险游客们可以充分体验到新西兰 11 月春季的烂漫与纯净。沿途丰富多样的小镇景点，贴心的六大服务，探险游客们还可以自己做饭，真正融入当地的生活环境之中，从而更加深刻地体会到旅途的乐趣。

　　（六）慕嵘探险

　　慕嵘探险隶属慕嵘（北京）体育科技开发有限公司，该公司成立于2015 年 8 月底，在随后两年的发展过程中，慕嵘探险领队带领队员多次到达南北极以及世界七大高峰，并于 2015 年 11 月 29 日创造了中国人最年长和最年轻到达南极点的纪录。

283

该公司倡导积极、健康的探险旅行观念，以专注的态度提供专业的一站式探险旅行服务，打造一流的探险旅行执行团队，让探险旅行的价值最大化，让客户在探险旅行中的收获最大化、体验最大化，并让员工在团队中成长最大化。

慕嵘探险主打"7＋2"登山探险和世界著名目的地徒步等深度探险旅行定制服务。所谓的"7＋2"即全球七大洲最高峰以及南北极，这七大峰分别为亚洲最高峰珠穆朗玛峰，海拔8844.43米；南美洲最高峰阿空加瓜峰，海拔6962米；北美洲最高峰麦金利峰，海拔6195米；非洲最高峰乞力马扎罗峰，海拔5963米；欧洲最高峰厄尔布鲁士峰，海拔5633米；南极洲最高峰文森峰，海拔5140米；大洋洲最高峰查亚峰，海拔5030米。

攀登全球七大洲最高峰，是极限探险的最高境界，是全世界众多登山者的攀登梦想，完成这一壮举的中国人目前只有几十人，许多人正在以此为目标挑战自己的极限。慕嵘探险则是为这些勇敢的挑战者提供平台和专业的服务团队。它拥有经验丰富的高端探险旅行执行团队，同时这些人也是中国优秀的户外玩家、运动员、攀登者。他们的角色并不只是探险旅行规划师，其核心价值在于从客户加入开始即凭借自身对户外运动的理解和专业技能给予客户正确的咨询和引导，合理的建议。领队们全程陪伴客户但倡导客户"依靠自己的能力"完成探险，实现自己的梦想，让客户在这一过程中收获最大化、体验最大化，让每一次探险体验都成为客户自我成长的过程，收获一生的朋友，并帮助每个人实现心中的探险梦想。可以说，这支高端探险旅游团队是慕嵘探险的王牌。

作为一个探险旅游公司，要想在行业中得到认可，在旅游者中间享有良好口碑，其领队的质量至关重要。而与传统旅游行业，甚至深度体验旅游产品不同的是，探险旅行对领队的户外技能要求极高，并不只是爬过几次山就可以带人爬山，而是需要系统的训练和时间的积累。这也是高端探险旅行公司的技术壁垒之一，培养一个好的领队实在是太难了。

慕嵘探险的创始人同时也是清华大学前登山队队长、资深高山向导、登山教练员赵兴政在培养和管理领队方面有自己的见解。公司的口号为

"专注、专业、正直、诚信"，这些也正好代表了慕嵘探险领队们的作风和品质。赵兴政曾在接受采访时这样说道：一件不有趣的事，肯定不会有人花时间去做；一件不走心的产品，自然也不会有人花钱来买。探险旅行产品本身是否足够有趣，才是大伙儿认知到这种生活方式之后，是否去选择它的根本。行程安排的是否贴心，一路的风景是否足够美，餐食是否合口，下山回到酒店特别想洗个澡的时候，淋浴的花洒出水是不是足够痛快，这都是影响产品品质的因素。

而另一个在探险旅行产品品质中容易忽略的因素，就是"人"，是陪伴客户在山中探险，陪伴客户漫步城市，陪伴客户品味美酒、游览博物馆的领队。能够选择探险旅行的客户，除了关注探险活动中安全方面的保障外，另一个关注点，大概就是旅程中深度的交流了。慕嵘探险对领队的素质一直都是高标准、严要求，并把这一项作为自身产品品质一个很重要的核心。定期给领队们进行专业技能集中训练，并鼓励各领队们不断阅读，扩充自己思想的深度和广度。这样看来，且不讨论是否有同样过硬的探险保障能力，像慕嵘探险这些在经过严格的教育和系统的思维训练后走过万水千山，经过思考和积淀的领队，与一个仅凭蛮力在山上讨生活的人，在思想深度和广度方面自然是没办法相提并论的。

有游客反馈，慕嵘探险的领队与其他领队的区别是"能聊天"。高超的探险技能，丰富的阅历积淀，慕嵘领队带给探险旅游者的不仅仅是他们之间的交谈，更是一场用探险这种旅游方式与世界进行的对话。专注培养建设团队，关注探险者心灵需要，并用产品带领其实现梦想，慕嵘探险虽未急速扩大，但稳扎稳打，让探险旅游者和大家看到了它的坚持和情怀。

（七）远飞鸟户外运动俱乐部

远飞鸟户外运动俱乐部成立于1996年，于2004年进行了重组，现拥有会员六千余人，是北京最早的户外运动俱乐部之一。俱乐部旨在为大家提供更专业的户外运动项目，更周到的户外运动服务。

俱乐部由专家组和工作人员组成，户外运动专家组包含中国登山协会专家、中国探险协会专家；拓展培训专家组包含专业讲师、户外拓展培训师；工作人员由培训顾问、专职领队、训导员及兼职训导员组成。

远飞鸟所开展的业务分两大部分：一部分业务是为个人和团体会员提供户外运动项目和服务。户外运动不仅仅是轻松的郊游，更是对一个人体魄与意志的锻炼。多年来，俱乐部不仅每周组织京郊野外穿越、野外生存、徒步走长城、攀岩攀冰、悬崖下降等活动，而且每年经常组织高难度的远距离特种旅游和探险活动，如徒步雅鲁藏布江大峡谷、探秘茶马古道、越野唐蕃古道、阿里探险——越野新藏线、自行车骑行青藏线、自驾车青藏线、自驾车浙南寻廊桥之梦、自驾车额尔古纳等活动。

另一部分业务是为团体客户提供户外体验式培训项目服务。在自然环境下的训练方式是以山地徒步穿越为主要形式，配以野外生存知识教育，培养企业员工及管理人员间的竞争性合作意识，磨炼个人意志，增强团队的沟通和协作。这种团队活动形式已经被越来越多的公司管理者认可和选择。经营以来，俱乐部已经成功地为IBM公司、诺基亚公司、摩托罗拉公司、西门子公司、CA公司（证书授权中心）、朗讯公司、惠普公司、思科公司、ABB公司（阿亚布朗勃法瑞公司）、花旗银行、中国银行、联想集团、家乐福公司、中国盐业集团等大型企事业单位举办了团队活动。另外，俱乐部也经常和《新京报》《精品购物指南》《娱乐信报》、广播电台、电视台等媒体及旅行社、旅游景区、户外装备供应商、汽车厂家及4S店等单位或机构进行卓有成效的合作。

俱乐部每年都有新的线路推出，每年都有更多的会员加入。俱乐部的平台上还开设了"远飞教室"板块，分别通过"户外常识"和"户外装备"两方面为探险旅游者提供指导，如野外如何发现水源、低温症的介绍、攀岩攀冰活动的基本方法和要领、徒步旅行使用守则等；装备从衣物、帐篷睡袋、背包、其他装备等方面进行介绍，使探险旅游者在旅游前有一个较为清晰的知识储备和装备了解。

作为中国探险旅游发展的领军企业，远飞鸟户外运动俱乐部经过二十年的发展历程，已经积累了丰富而宝贵的经验，会员式的平台服务，与多家媒体机构开展广泛的合作，提供线上探险知识教学等，这些都值得后来的探险旅游机构学习和借鉴。

总体来看，以上的探险旅游公司、机构、俱乐部都具有各自的经营特色，如线路设计方面、宣传推广方面、如何吸引潜在旅游者方面、领队培训方面、团队项目开展方面，等等。虽然比起国外，我国探险旅游发展历程较短，还存在很多问题，但目前正面临着发展机遇。探险旅游不仅是一种旅游选择，更是一种生活方式的选择，如何让更多的人了解探险旅游，如何开发出优质的线路产品，让潜在的探险旅游者信任旅游公司从而出游，还需要进行深入的思考。对外联合一切探险旅游生活方式相关的同业者，对内精准高效地提升产品品质，探险旅游公司需要继续努力。

第七篇

总结篇

　　本书从小众旅游市场中具有代表性的五个细分旅游市场：高净值人群旅游市场、蜜月旅游人群旅游市场、亲子旅游人群旅游市场、退休旅游人群旅游市场、探险旅游人群旅游市场出发，对各个市场进行了包括旅游人群的行为特征和旅游偏好的具体分析，在此基础上提出如何为各类小众旅游人群设计旅游产品，并推荐了相关的热门旅游目的地和优质的旅游服务商。下面为方便读者检索查阅，本书以图表的形式梳理不同类别的小众旅游市场。

第一节　小众旅游人群的行为特征

表 7.1　小众旅游人群的行为特征汇总

细分市场	行为特征
高净值人群 旅游市场	1. 旅游是高净值人群最主要的消费领域 2. 子女教育消费备受重视 3. 需求日益"个性化" 4. 旅游是高净值人群最常见的娱乐方式 5. 运动越来越受到高净值人群的关注
蜜月旅游人群 旅游市场	1. 旅游时间较长 2. 旅游季节性 3. 消费价格偏高 4. 重视旅游质量 5. 以年轻人为主，个性化突出 6. 重游率高
亲子旅游人群 旅游市场	1. 父母进行旅游决策，以了解孩子情况为前提 2. 出游时间集中在寒、暑假等节假日 3. 信息获取渠道比较集中 4. 出游以短途自助旅游为主 5. 出游频率高且消费潜力大
退休旅游人群 旅游市场	1. 旅游决策较为理性，花费时间长 2. 以传统渠道为信息主要获取来源 3. 出游频次高 4. 出游时间灵活且较长，避开高峰期 5. 出游方式以朋友陪伴参团为主 6. 交通工具选择以火车汽车为主 7. 消费水平不高，主要购买土特产品

续表

细分市场	行为特征
探险旅游人群 旅游市场	1. 信息获取途径以网络和朋友介绍为主 2. 参加旅游活动以自发，结伴同行方式为主 3. 探险旅游者旅行过程中自主性很强 4. 旅游消费水平较高，且具有一定前置性 5. 在旅游过程中注重与当地人进行交流 6. 注重记录旅游过程中的所见所闻

第二节　小众旅游人群的旅游偏好

表7.2　各小众旅游人群的旅游偏好汇总

细分市场	旅游偏好
高净值人群 旅游市场	1. 旅游主题偏好：休闲度假、投资考察、购物美食、子女教育考察、探索冒险、医疗旅游、高尔夫旅游、滑雪旅游 2. 旅游目的地偏好：三亚、西藏、（中国）香港、云南、（中国）台湾等；美国、日本、马尔代夫和澳大利亚 3. 旅游方式偏好：热衷于通过"朋友亲戚"和"旅行社"获取海外旅游信息；倾向于自行制订旅游计划，注重个性化服务；旅游出行工具以飞机为主，有购买游艇的意愿；倾向于高端品牌型商务酒店，考虑因素首先是房间状况，其次是服务人性化；出游次数较为频繁，出游天数较长；出游中购买力强，消费品主要为服饰、包、手表和珠宝
蜜月旅游人群 旅游市场	1. 旅游消费偏好：金额较大，主要花费在住宿、餐饮和交通上，并且旅游的感性消费比较多 2. 旅游目的地偏好：选择海滨城市或者海洋景点：马尔代夫、普吉岛、巴厘岛等，富有异域风情格调的又不用出国的少数民族风情地，如丽江 3. 旅游方式偏好：跟团旅游为主；交通方式以飞机为主；主要选择经济酒店、三星级酒店和主题精品酒店住宿；喜爱婚纱摄影、特色婚礼等活动

续表

细分市场	旅游偏好
亲子旅游人群 旅游市场	1. 旅游项目类型偏好：游乐园和公园、自然风光、亲水活动、动植物园、科技馆、博物馆等科普性场馆 2. 旅游目的地偏好：广州、三亚、北京、厦门、成都、东京、新加坡、普吉岛
退休旅游人群 旅游市场	1. 旅游动机偏好：健康动机、怀旧动机 2. 旅游购买决策偏好：使用线下预订的渠道 3. 旅游目的地偏好：国内游以及周边国家出游 4. 旅游产品类型偏好：具有浓厚历史文化内涵的景区类旅游产品、疗养康健型旅游产品、红色旅游产品
探险旅游人群 旅游市场	1. 旅游动机偏好：欣赏风景、享受自然；锻炼身体；挑战极限、完善自我 2. 旅游目的地偏好：西藏、新疆、云南、四川等；新西兰、非洲、极地 3. 出游方式偏好：人力运作（徒步、狩猎、登山、驼队、自行车旅游）和自驾机动车运作（汽车、摩托车、其他机动运输工具） 4. 旅游线路偏好：具有浓烈的原始自然性的自然环境和文化环境（边、古、荒、奇、险、少） 5. 旅游项目偏好：登山、露营、穿越、漂流、冲浪

第三节　小众旅游人群的目的地推荐

表 7.3　小众旅游人群的旅游目的地推荐汇总

细分市场	旅游目的地推荐
高净值人群 旅游市场	1. 国内：三亚、西藏、（中国）香港、云南、（中国）台湾、（中国）澳门 2. 国外：马尔代夫、法国、美国、澳大利亚、日本、英国、夏威夷
蜜月旅游人群 旅游市场	1. 国外：马尔代夫、巴厘岛、南非、意大利、爱尔兰、泰国 2. 国内：三亚、丽江

续表

细分市场	旅游目的地推荐
亲子旅游人群 旅游市场	1. 主题乐园类：上海迪士尼乐园、长隆度假区、方特欢乐世界或梦幻王国、哈利波特主题乐园等 2. 亲水乐园类：长隆水上乐园、杭州云曼温泉 3. 农庄体验类：长鹿农庄 4. 求知探索类：中国科学技术馆新馆、上海自然博物馆 5. 邮轮度假类：皇家加勒比海洋量子号 6. 亲子酒店类：上海迪士尼乐园酒店、长隆企鹅酒店 7. 休闲度假类：Club Med 桂林度假村、苏州太湖牛仔风情度假村
退休旅游人群 旅游市场	1. 自然风光类：江西婺源、云南大理 2. 历史文化类：浙江乌镇、平遥古城、乔家大院 3. 温泉疗养类：厦门天沐杏博湾度假村、海南兴隆亿云山水温泉度假酒店 4. 候鸟式旅游：海南三亚、哈尔滨市寿之源老年公寓 5. 红色旅游类：北京、俄罗斯 6. 农家乐休闲类：浙江省长兴县、巴马长寿庄
探险旅游人群 旅游市场	1. 国内：西藏、新疆、云南、四川、内蒙古、海南 2. 国外：新西兰、欧洲、非洲、极地

第四节　小众旅游人群的旅游服务商推荐

表 7.4　各小众旅游市场旅游服务商推荐汇总

细分市场	旅游服务商推荐	
高净值人群 旅游市场	1. 鸿鹄逸游 3. 极之美 5. 卧客 7. 理想国之旅 9. 慢蜗牛旅行家 11. 非途旅游	2. Abercrombie & Kent 4. 游心旅行 6. 海豚哆哆 8. 柏路旅行 10. 环球高定
蜜月旅游人群 旅游市场	1. 蜜游网 3. 旷世奇缘	2. Love Journey 爱旅

细分市场	旅游服务商推荐
亲子旅游人群 旅游市场	1. 田妈妈　　　　　　　2. 麦淘亲子 3. 营天下　　　　　　　4. 启航营地 5. 小鹰户外成长计划　　6. Disney Criseline 7. 童游　　　　　　　　8. 麦味旅行 9. 新东方国际游学　　　10. My Children
退休旅游人群 旅游市场	1. 杭州顺风国际旅游有限公司旗下的"老游所乐"俱乐部 2. 北京金色福国际旅行社有限公司 3. 途牛旅游网：乐开花爸妈游 4. 海南省旅居预订平台之一候鸟时光 5. 天海邮轮公司
探险旅游人群旅游市场	1. 萨米全球探险旅行网　　2. 兜峰户外探险 3. 卡尔探险　　　　　　　4. 极意南北极 5. 高山牦牛探险　　　　　6. 慕嵊探险 7. 远飞鸟户外运动俱乐部

第五节　总　结

相对于传统的大众旅游，小众旅游从本质上来看是个性化旅游、慢旅游、深度旅游和品质旅游的结合。当人们的物质和精神文化达到一定水平以后，人们便不再满足于"一窝蜂式"的旅游方式，小众旅游应运而生，小众旅游需求日益增长。

本书详细介绍了我国小众旅游市场的发展背景，通过对五个具有发展潜力的小众旅游人群进行具体研究，分析每个小众旅游人群的行为特征和旅游偏好，列举受欢迎的小众旅游目的地、目的地服务类型和旅游服务商等，较为客观翔实地反映小众旅游时代的现状和未来发展趋势。

通过本书的梳理，以期让读者更清晰地了解目前小众旅游市场发展现状和未来发展方向，补充目前我国关于国内小众旅游市场研究的空缺，为未来开展小众旅游市场研究提供参考价值。除此之外，本书以期为旅游从业人员或者考虑进入小众旅游市场的人员提供对我国小众旅游市场的深刻认知，帮助其更好地进行决策。根据小众旅游人群的需求，选择目标小众旅游市场，设计与运营相关小众旅游产品，不断丰富我国旅游产品的多样性，提高旅游企业的市场竞争力，促进小众旅游市场发展，从而推动我国整体旅游业的蓬勃发展。

参考文献

[1] 中国旅游研究院. 2017 年旅游经济积极乐观 [J]. 空运商务, 2017 (3):
    40 - 41.

[2] 谢洋. 小众传播背景下的媒体选择 [J]. 现代商业, 2008 (17): 282 - 283.

[3] 周国华. "小众" 营销 [J]. 企业管理, 2001 (11): 60.

[4] 朱玉童. 小众营销大有作为 [J]. 大市场 (广告导报), 2006 (9): 105.

[5] 陈丽琴. 国外小众旅游对旅游目的地女性影响的研究综述 [J]. 山东女子学院学
    报, 2016 (4): 20 - 24.

[6] Richter M L K. Political science and tourism [J]. *Annals of Tourism Research*, 1991,
    18 (1): 120 - 135.

[7] 张凌云. 大众的 "新旅游", 还是新的 "大众旅游"? ——普恩新旅游论批判
    [J]. 旅游学刊, 2002 (6): 64 - 70.

[8] 刘泉, 王君武. 小众展览——来自台湾的经验和启示 [J]. 广西财经学院学报,
    2014 (6): 89 - 94.

[9] 王洁平. 关注小众旅游的大市场 [N]. 中国旅游报, 2013 - 12 - 30 (002).

[10] 杜传健, 谢小平, 牟宗强. 个性旅游前瞻下的 "小众" 旅游及其适应性思考
    [J]. 曲阜师范大学学报 (自然科学版), 2016 (03): 95 - 98.

[11] 连玉銮, 石应平. 关于小众型生态旅游及其适应性的思考 [J]. 社会科学研究,
    2005 (3): 189 - 193.

[12] Holden P. Alternative tourism: Report of the workshop on alternative tourism with a focus
    on Asia [M]. Ecumenical Coalition on Third World Tourism, 1984.

[13] 蔡晓芳. 遗址文化游初始阶段的小众旅游发展方式辨析 [J]. 旅游纵览 (下半
    月), 2015 (12): 80 - 82.

[14] Dernoi L A. Alternative or community-based tourism: Global Conference: Tourism. A vi-

tal force for peace. Montreal：The Conference. International Institute for Peace through Tourism ［A］.

［15］陈麦池. 个性旅游前瞻分析及对策探讨［J］. 沿海企业与科技，2009（10）：100 – 104.

［16］方民生，王铁生，葛立成. 关于旅游经济的几个理论问题［J］. 浙江学刊，1984（2）：2 – 7.

［17］徐伟林. 旅游市场营销的基本概念［J］. 经济师，2015（1）：239 – 240.

［18］刘文海. 我国旅游业发展研究［J］. 中国市场，2012（24）：61 – 66.

［19］国家统计局. 中华人民共和国 2016 年国民经济和社会发展统计公报［R］. 2017.

［20］中国旅游研究院. 2016 年全年旅游统计数据报告及 2017 年旅游经济形势预测［R］. 2017.

［21］赵明月，刘瑞. 浅析我国个性化旅游的现状及发展趋势［J］. 中国市场，2017（24）：247 – 248.

［22］王俊，刘邵宁. 智慧旅游时代旅游者消费行为倾向研究［J］. 科技致富向导，2012（32）：60 – 159.

［23］任宁，廖月兰，叶茜倩. 大众旅游与选择性旅游概念辨析及运用［J］. 经济地理，2006（S2）：18 – 20.

［24］韩勇. 旅游市场营销学［M］. 北京：旅游教育出版社，2006.

［25］杜海忆. 我国高端旅游的发展现状及对策建议［J］. 武汉大学学报（哲学社会科学版），2007（3）：395 – 399.

［26］胡润百富 & 中信银行. 2016 年中国高净值人群出国需求与趋势白皮书［EB/OL］. http：//www.imxdata.com/archives/17768. ［2018 – 06 – 11］.

［27］钟章奇，李山，张秀云，等. 旅游者中位年龄的几个市场指示意义［J］. 旅游学刊，2013（7）：73 – 81.

［28］兴业银行与胡润研究院. 2012 中国高净值人群消费需求白皮书［R］. 2012.

［29］新东方前途出国. 2016 出国留学趋势特别报告［R］. 2016.

［30］胡润研究院. 2014—2015 中国超高净值人群需求调研报告［R］. 2015.

［31］吴清津. 旅游消费者行为学［M］. 旅游教育出版社，2006.

［32］胡润研究院. 2017 至尚优品——中国千万富豪品牌倾向报告［R］. 2017.

［33］胡润研究院. 中国年轻一代高端旅游者洞察——2016 中国奢华旅游白皮书
［R］. 2017.

［34］蔡红. 中国高端旅游市场：定位与开发［M］. 北京：中国经济出版社，2009.

［35］程小敏，厉新权. 蜜月旅游的特点［N］. 中国旅游报，2004 - 11 - 08.

［36］陈小春. 我国婚庆旅游产品开发初探［J］. 合作经济与科技，2007（20）：
17 - 18.

［37］生延超，张红专. 婚庆旅游产品开发及营销（上）［N］. 中国旅游报，2007 -
08 - 13.

［38］张道顺. 旅游产品设计与操作手册［M］. 北京：旅游教育出版社，2006.

［39］孙凌燕. 青岛蜜月旅游市场开发研究［D］. 青岛：中国海洋大学，2008.

［40］路大鹏. 蜜月旅游产品的互联网营销策略研究［D］. 济南：山东大学，2012.

［41］张丽娜. 婚庆旅游市场细分化及营销策略分析［J］. 教育教学论坛，2015
（51）：197 - 199.

［42］刘艳. 旅行社蜜月旅游产品开发研究［D］. 长沙：中南林业科技大学，2007.

［43］赖斌，杨丽娟. 都市婚庆蜜月旅游市场消费特征及其开发对策研究——基于北
京、杭州的实证比较［J］. 消费经济，2008（6）：50 - 53.

［44］王雅婧. 游客消费行为视角下的蜜月旅游市场开发探析［J］. 山西煤炭管理干
部学院学报，2008（4）：40 - 42.

［45］沈依慧. 蜜月旅游购买决策行为研究［D］. 上海：上海师范大学，2010.

［46］娜娜. 蜜月旅游婚纱摄影开发战略 中国长江三角洲数家影楼赴韩国济州岛婚纱
创作侧记［J］. 人像摄影，2011（9）：112 - 114.

［47］王慧媛. 国内外家庭旅游文献综述［J］. 青岛酒店管理职业技术学院学报，2009
（3）：32 - 37.

［48］李菊霞，林翔. 亲子游市场若干问题探讨［J］. 企业活力，2008（12）：32 - 33.

［49］途牛网. 2015 年度在线亲子游消费报告［EB/OL］. http：//www. dotour. cn/arti-
cle/18922. html.［2017 - 10 - 06］.

［50］张磊. 浅谈亲子教育旅游的发展［J］. 今日科苑，2008（20）：40 - 41.

［51］张红. 有关亲子游产品及其开发的几点思考［J］. 旅游研究，2010（4）：
51 - 55.

［52］刘妍. 我国亲子旅游开发的现状、问题及对策［J］. 科技广场，2013（11）：

206 - 210.

[53] 艾瑞咨询. 2015 年中国在线亲子游市场研究报告 [EB/OL]. http：// www. 199it. com/archives/395322. html. [2017 - 10 - 15].

[54] 马宏丽. 郑州市学前儿童亲子旅游市场现状调查 [J]. 中国妇幼保健, 2013 (26)：4345 - 4347.

[55] 何成军, 李娴. 亲子旅游市场调查研究——以成都市为例 [J]. 全国商情（理论研究）, 2013 (6)：43 - 45.

[56] 刘学莉. 亲子游市场的需求影响因素分析研究 [D]. 上海社会科学院, 2015.

[57] 易观智库. 2015 中国在线亲子游市场专题研究报告 [EB/OL]. http：// www. 3mbang. com/p - 130465. html. [2017 - 10 - 14].

[58] 携程网. 2017 国内亲子游趋势报 [EB/OL]. http：//www. pinchain. com/article/ 120644. [2017 - 10 - 06].

[59] 去哪儿网. 2012 年亲子游调查报告 [EB/OL]. http：//tech. qq. com/a/ 20120530/000189. html. [2017 - 10 - 06].

[60] 去哪儿网. 2014 暑期亲子出游意愿调研报告 [EB/OL]. http：//www. pinchain. com/article/9156. [2017 - 10 - 06].

[61] 人民网. 2016 年儿童节期间亲子游调查分析报告 [EB/OL]. http：// js. people. com. cn/n2/2016/0603/c359574 - 28452034. html. [2017 - 10 - 06].

[62] 同程网. 2017 暑期旅游消费趋势报告 [EB/OL]. http：//res. meadin. com/Hotel-Data/14344 0_1. shtml. [2017 - 10 - 24].

[63] 途牛网. 2015 年度在线亲子游消费报告 [EB/OL]. http：//www. dotour. cn/article/18922. html. [2017 - 10 - 06].

[64] 上海迪士尼度假区官方网站. https：//www. shanghaidisneyresort. com/.

[65] 长隆度假区官方网站. http：//www. chimelong. com/baidu. shtml.

[66] 长隆野生动物世界官方网站. http：//www. chimelong. com/wildlife/.

[67] 主题娱乐协会 TEA, AECOM 公司. 2016 全球主题公园和博物馆报告 [EB/OL]. http：//www. venitour. com/info. aspx? ContentID = 1074&t = 26. [2017 - 10 - 27].

[68] 珠海长隆海洋王国官方网站. http：//zh. chimelong. com/Oceankingdom/.

[69] 华强方特官方网站. http：//www. fantawild. com/.

[70] 方特旅游网. 芜湖方特梦幻王国. http：//wuhu. fangte. com/dreamland/project.

shtml.

［71］长隆水上乐园官方网站. http：//www. chimelong. com/

［72］第一世界大酒店. 云曼温泉夺得最佳亲子温泉奖［EB/OL］. http：//www. songcn. com/hotel/news/3893. shtml.［2017 - 10 - 29］.

［73］长鹿农庄. 长鹿农庄尖叫岛、欢乐岛机动游乐项目一览［EB/OL］. http：// www. chuanloo. com/Park/index. shtml.［2017 - 12 - 07］.

［74］田妈妈. 儿童主题园区，休闲亲子农庄提出者［EB/OL］. http：//www. tianmama. com/.［2017 - 11 - 11］.

［75］看乡村亲子旅游市场如何做？［EB/OL］. http：//mp. weixin. qq. com/s/azbrXCqc_ DVEZGAuZFIs - g.［2017 - 10 - 29］.

［76］中国科学技术馆官网. http：//cstm. cdstm. cn/.

［77］上海自然博物馆官网. http：//www. snhm. org. cn/.

［78］本报记者余闯. 营地教育：一种体验式学习［N］. 中国教育报，2015 - 05 - 06 （011）.

［79］儿童户外. 小鹰户外成长计划［EB/OL］. http：//xingqiuhw. qumofang. com/in- dex.［2017 - 12 - 04］.

［80］营天下. 找夏令营，上营天下！［EB/OL］. http：//www. 51camp. cn/.［2017 - 10 - 28］.

［81］Disney. DisneyCruiseLine. https：//disneycruise. disney. go. com/cruises-destinations/i- tineraries/.［2017 - 12 - 07］.

［82］皇家加勒比国际游轮中国官网. http：//www. rcclchina. com. cn/？hmsr = Baidu BrandZone&hmpl = PC&hmcu = title&hmci = homepage&hmkw = .［2017 - 12 - 07］.

［83］上海迪士尼乐园酒店. 上海迪士尼度假区［EB/OL］. https：//www. shanghaidisneyresort. com/hotels/shanghai-disneyland-hotel/.［2017 - 12 - 08］.

［84］珠海长隆企鹅酒店官方网站. http：//zh. chimelong. com/Penguinhotel/index. aspx.

［85］ClubMed 地中海俱乐部官网. https：//www. clubmed. com. cn/r/% E6% A1% 82% E6% 9E% 97/y.

［86］苏州西山牛仔风情度假村官网. http：//www. niuzai766. com/.［2017 - 12 - 07］.

［87］童游. 总有更好的亲子游［EB/OL］. http：//www. tongyou. la/about. php.［2017 - 11 - 09］.

[88] 麦味旅行官网. https: //www. imyway. cn/. [2017 – 11 – 09].

[89] 新东方国际游学. 2017 新东方国际游学亲子游学 [EB/OL]. http: //youx-ue. xdf. cn/special/qinziyouxue/. [2017 – 12 – 08].

[90] 新东方国际游学. 新西兰游学 [EB/OL]. http: //youxue. xdf. cn/t106213082. html#upc_106213082. [2017 – 12 – 08].

[91] 暑期亲子夏令营. MyChildren [EB/OL]. http: //www. xialingying. cc/mc/. [2017 – 12 – 08].

[92] 新东方国际游学. 2016 国际游学白皮书 [EB/OL]. http: //youxue. xdf. cn/arti-cle. php? id = 199. [2017 – 12 – 08].

[93] 亿欧. 你真的懂游学、亲子游吗? 5 大场景 4 个问题看 "教育 + 旅游" [EB/OL]. http: //www. iyiou. com/p/50850. [2017 – 12 – 08].

[94] 刘学莉. 亲子游市场的需求影响因素分析研究 [D]. 上海: 上海社会科学院, 2015.

[95] 中华人民共和国国家统计局. http: //data. stats. gov. cn/easyquery. htm? cn = C01. [2017 – 10 – 07].

[96] 中国社会科学网. [报告精读] 人口与劳动绿皮书: 中国人口与劳动问题报告 [EB/OL]. http: //ex. cssn. cn/zk/zk _ zkbg/201512/t20151203 _2740235 _2. shtml. [2017 – 10 – 07].

[97] 李琳, 钟志平. 中国老年旅游研究述评 [J]. 长沙: 湖南商学院学报, 2011 (6): 100 – 104.

[98] 携程网. 国内老年人旅行行为分析报告 [EB/OL]. http: //www. dotour. cn/article/ 17555. html. [2017 – 10 – 07].

[99] 乐昕. 人口老龄化背景下的我国老年人口消费研究 [D]. 上海: 复旦大学, 2014.

[100] 同程旅游. 中老年人旅游消费行为研究报告 [EB/OL]. http: //www. pinchain. com/article/91518. [2017 – /10 – 07].

[101] 途牛网. 2017 爸妈游消费行为分析报告 [EB/OL]. http: //www. dotour. cn/arti-cle/28648. html. [2017 – 12 – 09].

[102] 梁滔滔. 老年旅游市场分析与开发策略 [D]. 广州: 暨南大学, 2011.

[103] 婺源旅游网. 婺源概况 [EB/OL]. http: //www. wuyuan. cc/wuyuan/

20140913154634885. html . ［2017－12－09］.

［104］途牛网.“乐开花爸妈游”2017年中盘点：二、三线城市持续渗透“旅游养老”受热捧［EB/OL］. http：//www. dotour. cn/article/30063. html. ［2017－12－09］.

［105］乌镇旅游官方网站. http：//www. wuzhen. com. cn/.

［106］平遥古城网. http：//www. shanxipingyao. com/.

［107］平遥古城网. 平遥古城，乔家大院团队二日游［EB/OL］. http：//www. pygclyw. com/xlxq/222. html. ［2017－12－10］.

［108］乔家大院官网. http：//www. qjdywhyq. com/.

［109］廖光萍. 中国老年旅游市场的现状分析及开发对策［J］. 旅游纵览（下半月），2013（01）：42－43.

［110］厦门杏博湾（天沐）温泉度假村官网. http：//www. xbwtianmu. com/index2. asp.

［111］万宁兴隆忆云山水温泉度假酒店官网. http：//22594. hotel. cthy. com/.

［112］董红梅，王喜莲. 谈老年人“候鸟式”旅游［J］. 特区经济，2006（6）：211－213.

［113］候鸟时光官网. http：//www. houniaotime. com/.

［114］哈尔滨政府网. 哈尔滨市全面推进养生度假候鸟式养老［EB/OL］. http：//www. hlj. gov. cn/zwfb/system/2016/08/12/010786451. shtml.

［115］哈尔滨寿之源养老服务管理有限公司官网. http：//www. harbinszy. com/gongyu. php.

［116］吴晓山. 中老年红色旅游的市场特征及其发展策略——基于对广西四大红色旅游景区的调查［J］. 开发研究，2011（5）：62－65.

［117］北京市政府. 北京市推出23处红色旅游景点［EB/OL］. http：//www. beijing. gov. cn/sjbsy/rdgz/t1439232. htm.

［118］“世界无国界”旅游协会. 专家：五月节假日莫斯科和圣彼得堡中国游客增长一倍［EB/OL］. http：//cn. visit-russia. ru/content/zhuan-jia-wu-yue-jie-jia-ri-mo-si-ke-he-sheng- bi-de-bao-zhong-guo-you-ke-zeng-chang-yi-bei. ［2017－12－11］.

［119］界面新闻网.“红色旅游”备受追捧：俄最受中国游客欢迎5大“红色”胜地［EB/OL］. http：//www. jiemian. com/article/1072713. html. ［2017－12－11］.

［120］中红网——红色旅游网官网. http：//www. crt. com. cn/.

［121］浙江长兴农家乐旅游网. http：//www. cxnjl. com/.

[122] 巴马长寿养游俱乐部官网. http：//www. bamavip. cn/.

[123] 天海邮轮官方网站. http：//www. skysea. com/.

[124] 国家旅游局. 旅行社老年旅游服务规范［EB/OL］. http：//www. hfgj. gov. cn/ 10692/10696/201611/t20161107_2097454. html.

[125] 邹统钎，高舜礼等著. 探险旅游发展与管理［M］，北京：旅游教育出版社， 2010.

[126] Buckley R. Adventure tourism［M］. CBI international，2006.

[127] Williams P，Soutar G N. VALUE，SATISFACTION AND BEHAVIORAL INTEN-TIONS IN ANAD VENTURE TOURISM CONTEXT［J］. Annals of Tourism Re-search，2009，36（3）：413 – 438.

[128] 杨荣荣，王红姝. 基于中国雪乡游客调查的黑龙江省冰雪旅游反思［J］. 科协 论坛（下半月），2013（2）：150 – 151.

[129] 邹统钎，陈芸，李涛. 探险旅游者认知行为及性别差异分析——以北京地区为 例［J］. 旅游科学，2010（1）：52 – 60.

[130] 品橙旅游网. 探险旅游：唤醒中国游客独一无二的疯狂体验［EB/OL］. ht-tp：//www. pinchain. com/article/52106.［2017 – 12 – 18］.

[131] 搜狐网. 世界最大探险旅游公司 Intrepid 瞄准中国出境游［EB/OL］. http：// www. sohu. com/a/146111978_467197.［2017 – 12 – 21］.

[132] ATTA 中国. 2017 年中国旅游目的地白皮书［EB/OL］. http：// mp. weixin. qq. com/s/_BxTngWsCIPQhNXt4Wwm4Q.［2017 – 12 – 20］.

[133] 品橙旅游网 Virtuoso：最新调查揭示探险旅游最新趋势［EB/OL］. http：// www. pinchain. com/article/89586.［2017 – 12 – 18］.

[134] 萨米全球探险旅行网. 关于萨米［EB/OL］. http：//www. summitrip. com/news-details. aspx？id = 10.［2017 – 12 – 19］.

[135] 卡尔探险官网. http：//www. carladventure. com/.

[136] 卡尔探险. 卡尔探险——"90 后" CEO 的户外创业之路［EB/OL］. http：// mp. weixin. qq. com/s？__biz = MzI5OTMzOTgxMw = = &mid = 2247484370&idx = 1&sn = 4075e1156b8bee6b7420a38b46ab5565&mpshare = 1&scene = 1&srcid = 1220NJH sswgcfbCfJAqIV7Gi#rd.［2017 – 12 – 20］.

[137] 极意南北极网站. http：//www. jiyipolarcruise. com/index. html.

［138］兜峰网官网. http：//www. dftx. cc/.

［139］高山牦牛探险. 高山牦牛探险诚邀全国各地俱乐部合作（2017 年全年计划发布）［EB/OL］. http：//bbs. 8264. com/thread－566193－1－1. html.［2017－12－20］.

［140］高山牦牛探险. 新西兰南北岛 10 日品质游（高山牦牛首发）［EB/OL］. http：//mp. weixin. qq. com/s/wR2eqmkNWVPxvV27rA72aw.［2017－12－20］.

［141］慕嵘探险官网. http：//murongtrip. com/.

［142］赵兴政. 高端探险旅行的一点思考［EB/OL］. http：//www. 8264. com/viewnews－12748 0－page－1. html.［2017－12－21］.

［143］北京远飞鸟户外运动俱乐部有限公司官网. http：//www. yfn. com. cn/index. asp.

［144］ATTA 中国. 探险旅游贸易协会（ATTA）落户中国，探险旅游迎来"热词时代"［EB/OL］. http：//mp. weixin. qq. com/s/2id0BrayoLEdZWTFgKmlsg.［2017－12－20］.

［145］王晓丹. 新疆探险旅游市场研究［D］. 新疆师范大学，2009.

［146］中国旅游协会官网. http：//www. chinata. com. cn/.

［147］搜狐新闻. 探险旅游事故频发几成"夺命游"祸起无章可循［EB/OL］. http：//news. sohu. com/20111127/n327019513. shtml.［2017－12－21］.

［148］余志远. 成己之路：背包旅游者旅游体验研究［D］. 大连：东北财经大学，2012.

［149］曲金凤. 关于探险旅游发展现状的若干思考［J］. 旅游纵览（下半月），2016（1）：22.

［150］王丽. 探险旅游开发中的主要问题及对策研究［J］. 经贸实践，2016（17）：100.

［151］王晓丹. 新疆探险旅游市场研究［D］. 乌鲁木齐：新疆师范大学，2009.

［152］杨思彤. 谈如何发展探险旅游——以天门山翼装侠探险旅游为例［J］. 旅游纵览（下半月），2014（09）：131－132.